« Et surtout, n’en parlez à personne… »

Romain Gubert
Emmanuel Saint-Martin

« Et surtout, n'en parlez à personne… »

Au cœur du gang Madoff

Albin Michel

Ouvrage publié sous la direction
de Sophie Coignard

À Louise, Martin, Gabriel,
Louise et Madeleine

À Florence, Jules et Garance

qui ont bien voulu laisser Bernie envahir
leur vie pendant quelques mois.

Introduction

Quand il pénètre, ce 12 mars 2009, dans la Cour fédérale de Manhattan, Bernard Madoff sait qu'il vit ses derniers instants de liberté. Un signe ne trompe pas. À son annulaire gauche, il manque l'alliance qu'il porte depuis quarante-neuf ans. Il l'a retirée le matin même.

Pendant des décennies, à Paris, Genève, Luxembourg, Saint-Tropez, Londres ou New York, cet homme fut le héros des riches. Celui qui apportait à la fois rentabilité et sécurité. Celui chez qui c'était un privilège de placer son argent. Il a joué au golf, passé ses week-ends ou ses vacances avec ses amis, qui étaient aussi souvent ses clients, en sachant qu'un jour ils sauraient. Ce qu'il n'avait pas prévu, c'est que le mensonge durerait aussi longtemps. Que la pyramide de Ponzi qu'il avait échafaudée deviendrait un scandale d'envergure mondiale, qui mobiliserait les gouvernements de nombreux pays, et symboliserait les errements de la finance internationale.

Depuis que Charles Ponzi avait donné son nom à ce système pyramidal après avoir escroqué à Boston en 1920 quelque 40 000 Américains en leur promettant des rendements de 50%, les fraudes de ce type duraient toujours quelques mois, au plus quelques années. Car très vite, l'argent frais manquait pour payer les prétendus retours aux premiers investisseurs.

Le génie de Bernard Madoff aura été de s'inscrire dans la durée. Sa réputation de notable de Wall Street l'y a aidé, tout comme son sens inné de la psychologie humaine, qui lui permettait de manipuler les riches et leurs gestionnaires de fortune, mais aussi les plus hautes autorités de régulation, avec un talent hors du commun. L'escroc aux 65 milliards a surtout bénéficié de l'air du temps, où les financiers ont pris le pouvoir sur les esprits, où rien n'est plus normal que de gagner 100 millions de dollars par an pour dîner en ville et jouer au golf, où les barons des hedge funds éblouissent leurs clients avec de prétendues « stratégies » et des équations auxquelles personne ne comprend rien.

Mais qu'importe ! La vertu cardinale, dans l'univers de l'argent abondant, a pour nom discrétion, secret, silence. « Et surtout, n'en parlez à personne », répétait Bernard Madoff à ses clients, pour se prémunir contre la curiosité autant que pour leur faire éprouver leur chance de compter parmi les élus dans sa roue de la fortune.

Cette volonté de dissimulation nous est apparue dès les premiers jours de notre enquête. Elle est commune à tous les acteurs qui ont participé à cette incroyable mécanique. Clients floués, rabatteurs embarrassés, gestionnaires de fortune accablés, banques terrorisées... tout le monde ou presque veut se taire, soit pour protéger ses intérêts, soit pour échapper à la honte du « riche plumé ». En France, où le secret fait presque figure d'exception culturelle, les portes s'ouvrent encore moins facilement.

Nous sommes donc très reconnaissants de la confiance que nous ont accordée tous ceux qui ont accepté de nous rencontrer aux États-Unis, en France, en Suisse, au Luxembourg : des proches de Bernard Madoff, des intermédiaires très impliqués dans le système, des cadres de banque qui ont rendu la fraude possible, des victimes ainsi que leurs avocats...

Ce que nous avons découvert grâce à eux ? Un univers de copinage, d'amateurisme, d'approximations dans lequel les audits sérieux comptent moins que les relations mondaines et les chiffres « trop beaux pour être vrais » sont acceptés sans sourciller pourvu qu'ils permettent de continuer à s'enrichir.

Le 11 décembre, en avouant que « tout ça n'était qu'un mensonge », Bernard Madoff évoquait sa propre escroquerie. Son propos a pourtant une portée bien plus large. Le lendemain, tous les acteurs du système financier sur la planète se réveillaient comme après une explosion nucléaire : étaient-ils eux aussi irradiés ? En Europe, il a fallu peu de temps aux plus lucides pour réaliser que ce séisme n'était pas seulement américain. Mais qu'il risquait de toucher des milliers de personnes et de jeter une lumière crue sur le monde de l'argent.

1

Le jour d'après...

12 décembre 2008, neuf heures du matin. Dans son bureau du sixième étage de l'Hôtel des ministres, dans la forteresse Bercy, Stéphane Richard reçoit un appel sur son portable. Au bout du fil, c'est Nicolas Bazire. Les deux hommes se connaissent bien. Ils se tutoient depuis plus de vingt ans : ils sont tous les deux énarques, tous les deux issus de la promotion Fernand Braudel et sont sortis tous les deux en tête du classement. Le premier a choisi l'inspection des finances. Le second a intégré la Cour des comptes. Surtout, ils sont très proches de Nicolas Sarkozy[1]. Par amitié pour le Président fraîchement élu, Stéphane Richard, qui travaillait dans le privé, chez Veolia, a accepté de revenir servir l'État en juin 2007. L'Élysée lui a offert un poste discret : celui de directeur de cabinet de la ministre de l'Économie, qui permet de « cornaquer » Christine Lagarde à distance. Et d'avoir la main sur Bercy. Bazire, lui, est l'ancien directeur de cabinet d'Edouard Balladur à Matignon entre 1993

1. Nicolas Bazire sera le témoin de mariage de Nicolas Sarkozy avec Carla Bruni en février 2008. Quant à Stéphane Richard, il est en 1995 le patron de la branche immobilière de la Générale des Eaux. Et Jean-Marie Messier, président du groupe, lui demande de faire travailler l'avocat Nicolas Sarkozy.

et 1995. Il a mené avec Sarkozy la campagne présidentielle de 1995. Après la victoire de Chirac, ils ont traversé ensemble le désert des balladuriens. Après l'élection de Sarkozy, Bazire a choisi de rester dans le privé. Il est devenu le plus proche collaborateur de Bernard Arnault, le patron de LVMH.

Depuis le début de la crise financière, les deux amis aiment confronter leurs points de vue. Ce matin-là, Stéphane Richard décroche donc le téléphone en pensant évoquer avec Bazire le plan de relance annoncé quelques jours plus tôt. Mais ce n'est pas du tout l'objet de l'appel :

– Tu as vu cette affaire Madoff aux États-Unis ? demande Bazire.

Richard n'en sait pas grand-chose. Tout juste a-t-il entendu en se levant les infos à la radio qui annonçaient l'arrestation du courtier new-yorkais. Ce Madoff, il n'en a jamais entendu parler auparavant ; il lance à son ami deux ou trois banalités. Bazire l'interrompt :

– Tu sais, je crois que tu vas en entendre parler dans les jours qui viennent. Il y a beaucoup de Français qui ont investi là-dedans. Et d'ailleurs, Bernard Arnault était l'un d'eux. Coup de pot, il semble que nous n'ayons plus rien dedans.

Dix minutes plus tard, Stéphane Richard reçoit un autre appel d'un de ses amis, très fortuné. La conversation ressemble à celle qu'il vient d'avoir. Cette fois, il comprend que cette affaire n'est pas un simple fait divers américain.

Au même moment, Jean de Belot est au volant de sa voiture. L'ancien directeur de la rédaction du *Figaro*, débarqué quelques années plus tôt du quotidien, s'est reconverti dans la communication quand il a perdu son job. Il murmure à l'oreille de quelques grands patrons. Grâce à son carnet d'adresses très fourni (il fut longtemps journaliste économique), il fait aussi du lobbying pour défendre les intérêts de ses clients. Son téléphone sonne. C'est le directeur financier d'une grande entreprise française, spécialisée dans la sous-traitance automobile. Ce dernier lui parle de l'affaire. « On est directement touché. Je crois qu'on va avoir besoin de tes services. 14 h 30 ? Ça va ? » Jean de Belot change ses plans pour l'après-midi.

En l'espace de quelques heures, l'humeur, l'emploi du temps et parfois l'estimation du patrimoine de nombreuses personnalités vont se trouver profondément bouleversés au cours de cette journée du 12 décembre. Une sorte de vendredi noir après lequel rien ne sera plus jamais comme avant.

Jean-Pierre Michaux tombe lui aussi des nues en écoutant la radio. Bernard Madoff est un ami, un vrai. Les deux hommes se connaissent depuis 1989. À l'époque, Michaux est un important agent de change à Lyon. Madoff exerce le même métier à New York. Et le Lyonnais a organisé un week-end de ski à Megève pour ses confrères de Londres, Francfort ou New York. Cet hiver-là, il sympathise avec l'Américain sur les pistes de ski. Les deux hommes ne se perdront plus de vue. Lorsqu'il entend ce que le flash info raconte sur Madoff, Michaux a un pincement au cœur. Son ami le skieur, l'escroc du siècle ? Il refuse d'y croire.

Il est 9 h 30 et Pauline Leclerc-Glorieux envoie un e-mail à son patron, Gérard Rameix, le directeur général de l'AMF, l'autorité des marchés financiers, le gendarme de la Bourse. « Nous avons des raisons de penser que des produits de Bernard Madoff ont été largement diffusés en France. Il faudrait que nous en parlions au plus vite. » Entrée en 2002 à l'AMF à la sortie de l'école (elle est diplômée de Polytechnique et des Mines), la jeune femme a déjà une grosse expérience des séismes financiers. Et même si l'histoire ne ressemble à rien qu'elle ait déjà connu, elle n'est pas fébrile. Elle a simplement déjà compris qu'elle allait passer une drôle de journée. Cela fait partie du « job ». Et pour cause... À la tête du service des prestataires et des produits d'épargne de l'AMF, elle dirige une équipe qui, entre autres missions, surveille l'activité des sociétés de gestion, ces boutiques, petites ou grandes, qui placent la trésorerie d'entreprises, le patrimoine de particuliers fortunés et proposent des produits financiers au grand public. Un peu plus tôt, le patron de l'une d'elles, qui s'est pourtant toujours tenu à l'écart de Madoff, a tiré la sonnette d'alarme. Moins pour jouer au petit rapporteur que pour donner l'alerte : l'escroquerie va avoir un retentissement sur « la place », comme on dit dans le secteur, car beaucoup de ses concurrents ont, eux, fait affaire avec le broker américain.

Le décalage horaire, Bertrand Magon de La Villehuchet s'en moque. Il est dix heures du matin à Paris. Quatre heures du matin à New York. Mais il sait que son frère va lui répondre. À travers Access, sa société, Thierry de La Villehuchet vend le produit Madoff depuis quelques années. Sur les conseils de son frère, Bertrand a d'ailleurs placé 20 % de son important patrimoine chez l'Américain. Ce n'est évidemment pas pour demander ce qu'est devenu son argent qu'il appelle son petit frère, de neuf ans son cadet. Mais pour savoir comment va Thierry qui a, lui, mis toutes ses économies dans les fonds de Madoff. Et qui a surtout poussé ses clients, de grosses fortunes françaises, des gens du show-business, des têtes couronnées, des amis et beaucoup d'anonymes, à en faire autant. Au bout du fil, Thierry est atterré. Mais il reste étonnamment serein et rassure

Bertrand : « Écoute, il va falloir voir comment ça va tourner. Il faut attendre. On est tous au bureau et on essaye de comprendre. On a déjà appelé des avocats. Je te tiens au courant. »

À Boston, Harry Markopolos dort du sommeil du juste. Quelques heures plus tôt, ce sont des années de combat et d'incompréhension qui ont été balayées par la fameuse nouvelle.

Harry sort du cours de taekwondo de ses enfants lorsque son portable vibre. Il a deux messages d'anciens collègues, qui lui annoncent : « Madoff a été arrêté. » L'analyste financier se précipite sur les sites internet d'information pour en savoir plus. À part Madoff lui-même, personne n'est moins surpris que Markopolos aujourd'hui. Il n'est pas vraiment du genre à pavoiser, sur l'air de « je vous l'avais bien dit ». Mais il ne peut que savourer : dix ans qu'il tente d'alerter la SEC, le gendarme de la Bourse américaine. En vain. Il a raison de profiter de l'instant. Dans quelques heures, il va devenir le héros positif de la plus grande escroquerie financière de l'histoire. Il s'en aperçoit quand le téléphone sonne. C'est un reporter du *Wall Street Journal* : « On me dit que vous avez dénoncé Madoff à la SEC ? » Harry sourit. Le *Wall Street Journal*, il l'avait contacté en décembre 2005 pour raconter l'histoire, partager les preuves qu'il avait accumulées. Il avait échangé pendant plusieurs mois avec un reporter qui finalement n'avait jamais rien publié. Il veut bien parler au quotidien économique, mais pas tout de suite, et pas comme ça. Markopolos a besoin de temps pour pouvoir expliquer en détail. Il n'a pas envie de servir de machine à citations, « utilisées on ne sait comment ». Il appelle Gaytri Kachroo, une avocate rencontrée cinq ans auparavant et qu'il consulte de temps à autre. Ensemble, ils mettent au point une stratégie média élaborée. Markopolos parlera à un seul média par catégorie : un quotidien national (*The Wall Street Journal*), un local (*Boston Globe*), une agence (Bloomberg) et il donnera une interview télévisée, une seule, à la célèbre émission « Sixty Minutes ». Ce sera tout.

Au matin du 12, l'article de première page du *Wall Street Journal* ne comporte donc aucune citation. Mais son nom est mentionné, ainsi que ses efforts – vains – pour capter l'attention des régulateurs américains.

Dans son bureau de Manhattan, le patron de la Securities and Exchange Commission (SEC), Christopher Cox, n'a pas le temps d'ouvrir le *Wall Street Journal*. Il se prépare à la pire tempête de sa carrière, puisque la SEC va encore se trouver au cœur des polémiques. Pourquoi n'a-t-elle rien fait ? Pourquoi n'a-t-elle rien vu ? Voilà les questions avec lesquelles tous les journalistes de la planète vont le harceler. Et lui, en ce vendredi, n'a rien de consistant à répondre, parce qu'il ne sait pas grand-chose. Lorsque Cox demande qu'on le briefe, les cadres de la maison n'ont presque rien à lui apprendre. Tout ce qu'ils sont en mesure de lui répéter, c'est ce que Madoff a dit, après s'être dénoncé, par la voix de ses fils : le montant pharaonique de l'escroquerie, de l'ordre de 50 milliards de dollars[1] selon son auteur en personne. Mais comment a-t-il fait ? Tout l'argent a-t-il vraiment disparu ? Depuis combien de temps la fraude durait-elle ? La SEC n'a que des questions et bien peu de réponses. Ah si ! tout de même, il y a une information que ses équipes transmettent rapidement à Christopher Cox, et qui n'est pas pour le rassurer : la SEC a

1. Les enquêteurs découvriront plus tard que le total des fonds prétendument gérés par Madoff s'élevait à 65 milliards de dollars. Cette somme comprend le capital placé par les clients et les intérêts qu'ils pensaient avoir reçus au fil des années.

enquêté à plusieurs reprises sur Madoff, notamment en 2005 et 2006 à la suite des dénonciations de Markopolos. Et elle n'a rien trouvé. Cox est atterré. Il était déjà accusé de n'avoir rien fait pour prévenir la crise financière, le voilà avec le scandale du siècle sur les bras. Non pas qu'il s'inquiète pour sa carrière : nommé par George Bush en 2005, il a promis de démissionner lors de l'entrée en fonctions de Barack Obama, le 20 janvier 2009. Plus qu'un mois à tenir ! Mais à ses amis, il a confié à maintes reprises sa tristesse d'être devenu un « bouc émissaire ». En pleine campagne électorale, John McCain, le candidat de son camp, avait annoncé que s'il était élu, il le virerait... L'affaire Madoff l'enfonce encore un peu plus et efface toute chance de rester dans les mémoires autrement que comme « le pire patron de l'histoire de la SEC », comme l'écrira *Time Magazine*[1].

Une information pourrait le consoler, mais il n'en a pas connaissance : Barack Obama lui aussi doit subir quelques effets secondaires de l'affaire. Le Président élu est en train de chercher un successeur à Cox. Il se trouve que la candidate idéale, pour l'équipe Obama, est Mary Schapiro, une ancienne de la maison et actuelle patronne de Finra (Financial Industry Regulatory Authority), un autre organisme de contrôle des institutions financières. Elle non plus n'a rien fait pour arrêter l'escroc. L'équipe Obama ne sera rassurée que lorsque Mme Schapiro expliquera que la SEC n'a jamais partagé avec son organisation les dénonciations envoyées par Markopolos.

Ces ramifications politiques du scandale n'intéressent guère Martin Rosenman. Ce riche entrepreneur, qui vend et achète gaz et pétrole, n'arrive toujours pas à y

1. « The inside story on the breakdown at the SEC », *Time Magazine*, 26 février 2009.

croire : il est devenu investisseur chez Madoff très exactement deux jours avant les aveux. Dix millions de dollars, virés sur les conseils d'un ami, parce que tous ses autres investissements s'étaient brusquement effondrés. Dix millions, c'est loin d'être toute la fortune familiale mais c'est évidemment douloureux. L'homme d'affaires se dit qu'il y a quelque chose à faire. Deux jours seulement qu'il a donné l'ordre à sa banque d'effectuer le virement, on doit pouvoir récupérer l'argent qui est forcément là, quelque part. Les avocats sont convoqués. Rosenman ne le sait pas encore, mais il n'y aura pas d'issue : investisseurs de deux jours ou de vingt ans sont logés à la même enseigne. L'argent arrivé chez Madoff a disparu dans le même trou noir. Certes, techniquement, les 10 millions de dollars sont toujours sur le compte de Bernard Madoff, mais pour la justice cela ne fera pas de différence. L'argent trouvé sur les comptes de l'escroc devra être partagé entre toutes les victimes, nouvelles ou anciennes. Et ce sera bien peu.

Ce matin-là, à Paris, il y a au moins un homme heureux. Jean-Pierre Mustier savoure sa revanche. Responsable de la gestion d'actifs de la Société générale, ce polytechnicien est l'ancien patron de Jérôme Kerviel, le trader qui a coûté 5 milliards d'euros à sa banque. En janvier 2008, quand l'affaire Kerviel a éclaté, Mustier a été traîné dans la boue par les médias. C'est en tout cas ainsi qu'il a vécu ces moments. Et il ne l'a pas supporté. Beaucoup de commentateurs lui ont reproché son manque de vigilance vis-à-vis de son jeune collaborateur. Certains ont même insinué que son comportement brutal avait sans doute poussé Kerviel à vouloir se surpasser. Et à tricher. Mustier qui passait, avant « l'affaire Kerviel », pour un génie de la finance, a même dû offrir sa démission à sa hiérarchie, qui la lui a refusée.

Il sourit : la Société générale n'est pas exposée. En 2003, Alain Dubois, le patron de Lyxor, une filiale de la banque, avait dépêché plusieurs de ses collaborateurs pour étudier les performances de Madoff. Les auditeurs avaient procédé à un examen très poussé des performances de Madoff. Ils avaient aussi écouté le virtuose en personne parler de sa stratégie. Mais rien de ce que leur expliquait l'homme aux rendements miracles ne leur semblait clair. Alain Dubois avait passé un message à l'ensemble des collaborateurs de la banque : interdiction d'investir dans les fonds Madoff.

Ce 12 décembre au matin, à la tête de la Société générale, plusieurs cadres dirigeants s'envoient ainsi des mails joyeux. L'un d'eux pavoise : « On est propre là-dessus... » Et certains se réjouissent : la BNP-Paribas, la grande rivale, va, elle, se retrouver en difficulté. Et pour cause : il y a six ans, la BNP a déboursé 350 millions d'euros pour acheter Zurich Capital Markets, un portefeuille de produits structurés exposé pour plusieurs centaines de millions d'euros à Madoff. Et ça, pour l'employeur de Jérôme Kerviel, c'est une sacrée bonne nouvelle ! L'information n'est pas encore publique. Personne ne sait qui était client chez Madoff. Il faudra attendre le lendemain pour que le *Wall Street Journal* évoque le nom de la BNP parmi les victimes. Mais les cadres dirigeants de la Société générale, eux, savent déjà que, sur ce coup, ils ne seront pas la risée du marché. Contrairement à d'autres[1]...

Il est 14 h 30. À voir les têtes d'enterrement qui l'accueillent, Jean de Belot sent que l'heure est grave.

---

1. Un particulier attaquera néanmoins la Société générale pour défaut d'information et pour avoir investi, à sa demande, dans la sicav luxembourgeoise Luxalpha.

L'entreprise qu'il conseille a placé 40 % de sa trésorerie en fonds Madoff. C'est une calamité. Il y en a pour une centaine de millions d'euros. Si « le marché » l'apprend, c'est la ruine. Jean de Belot est sceptique. Pour lui, le scandale se passe aux États-Unis. Il ne comprend pas par quel mécanisme son client a pu « acheter » du Madoff. Ses interlocuteurs le lui expliquent. Ils ont investi dans une sicav baptisée Luxalpha, gérée par UBS, l'Union des banques suisses. Un placement tout ce qu'il y a de plus légal. Et qui n'était pas considéré comme risqué. Elle ne rapportait « que » 7 à 8 % par an. Et elle était constituée de bons du Trésor américain. Seulement voilà, cette sicav, c'était un fonds Madoff. Donc il n'en reste rien. Pas plus en bons du Trésor qu'en n'importe quoi d'autre...

Belot et ses clients réfléchissent ensemble. Faut-il le dire ? Comment ? Quand ? À qui ? Sur un cahier, le conseiller en communication fait la liste des personnes au courant au sein de la société. Ils ne sont que sept. Le patron doit les voir et les prévenir : il ne faut pas de fuites pendant le week-end. La position suivante est arrêtée : les membres du conseil d'administration seront informés au plus vite, le lundi matin[1].

En ce début d'après-midi, Pauline Leclerc-Glorieux a mis ses troupes en ordre de bataille. Dix de ses collaborateurs ont chacun une soixantaine de sociétés de gestion à appeler (il y en a 600 en France, elles sont obligatoirement agréées par l'AMF). Ils doivent recenser au plus vite leur « exposition Madoff ». Et avant tout, savoir si celles-ci ont investi dans Luxalpha, Thema ou

1. Le lundi, les administrateurs valideront la position suivante : l'exposition à Madoff ne devra pas être rendue publique. Il sera décidé de mettre en avant les baisses de commandes, etc.

Luxinvest, trois fonds « Madoff » légalement commercialisés en France. Mais les « gendarmes » ont reçu l'ordre d'être subtils. Il faut à tout prix se garder de répandre une rumeur anxiogène sur le marché et surtout éviter que l'AMF soit accusée de provoquer la panique. La question que Pauline Leclerc-Glorieux et ses troupes posent donc cet après-midi-là à leurs interlocuteurs habituels au sein des sociétés de gestion doit donc paraître anodine. Elle ressemble un peu à un questionnaire de sondage et se résume à ces quelques mots : « Que savez-vous de cette affaire ? » Très vite, le « sondage » porte ses fruits. Et ce n'est pas, mais pas du tout, brillant : de nombreuses sociétés de gestion ont bien du Madoff[1].

Cet après-midi-là, tandis que ses collaborateurs additionnent les millions sur leurs calculettes, Pauline Leclerc-Glorieux prend aussi contact avec ses homologues luxembourgeois et irlandais. Explication : les fonds impactés sont enregistrés au Luxembourg (Luxalpha, Luxinvest) ou en Irlande (Thema). Officiellement, elle ne leur demande qu'une chose : ont-ils davantage d'informations sur l'affaire ? Mais, en réalité, elle sait que l'AMF va devoir gérer dans les jours qui suivent un gros problème avec ses homologues de ces deux pays. En effet, même si ces fonds disposent d'un « passeport européen », les législations luxembourgeoise et irlandaise présentent de sérieuses lacunes pour la protection des investisseurs par rapport à la législation française.

À New York, c'est encore le matin. Peter Madoff arrive au bureau, comme d'habitude. Il est le seul des mem-

1. En fin de journée, l'estimation de l'AMF auprès des sociétés de gestion sera de 300 millions. Elle sera réajustée dans les jours qui suivront à un demi-milliard d'euros.

bres de la famille présent dans l'entreprise, aux 18e et 19e étages du Lipstick Building, au cœur de Manhattan. Bernard est assigné à résidence chez lui, ses deux fils sont terrés chez eux. La veille, c'est Peter qui a réuni les employés pour leur annoncer que son frère, leur patron, avait été arrêté par le FBI, et pour quelles raisons. Puis il leur a demandé de garder le silence et de se remettre au travail. Toute la journée, les traders ont donc traité les ordres d'achat et de vente d'actions comme si de rien n'était. Certains espèrent encore qu'ils vont pouvoir continuer leur activité.

Quand, un peu avant cinq heures de l'après-midi, ce 11 décembre, la nouvelle est tombée, ils ont pensé que c'était seulement la partie « gestion de portefeuille » de la société Bernard L. Madoff Investment Securities qui était visée. Le trading, la vente et l'achat d'actions, n'étant pas concerné. Ils espèrent donc que, pour eux, tout va se poursuivre comme avant. Après tout, Peter, qui depuis longtemps gère les opérations au jour le jour, est là, à la barre.

Mais ce matin du 12, les bureaux du Lipstick Building sont devenus le domaine du FBI et des enquêteurs de la SEC. C'est fini, les derniers ordres arrivés dans la nuit sont annulés.

Un peu plus tard, à Palm Beach, c'est soirée de gala au Mar-e-Lago, le très chic country club de Donald Trump, le milliardaire de l'immobilier et célèbre jet-setter. L'ambiance n'est pas franchement à la fête : les riches invités comptent leurs millions perdus. Mais on est entre gens bien élevés et on tente de faire bonne figure. En tout cas, jusqu'à ce que Robert Jaffe fasse son apparition. C'est le gendre de Carl Shapiro, riche entrepreneur de Boston, qui avait confié une grosse part de son argent personnel, et celui de sa fondation, à Bernard Madoff – plus de 500 millions de dollars partis en fumée. Jaffe, lui, travaillait pour l'escroc comme rabatteur : il lui trouvait des clients et touchait de grasses commissions sur les transactions. Alors, quand Jerome Fisher le voit traverser la salle de bal comme si de rien n'était, son sang ne fait qu'un tour. Fisher est un autre millionnaire de Boston, fondateur de la marque de chaussures Nine West Shoes. Il avait confié 150 millions de dollars à Madoff et a quelques explications à demander à Jaffe. « Ils en sont presque venus aux mains », racontera plus tard Donald Trump, le maître des lieux. Les esprits s'échauffent dans la haute société.

Au même moment, Bernard (dit Bernie) Madoff est dans son penthouse du 109 East 64e Rue, à Manhattan. Un peu plus tôt, un juge fédéral l'a laissé en liberté sous caution. Il est seul avec Ruth, sa femme. C'est elle qui répond au téléphone. Ceux qui appellent veulent d'abord savoir si tout cela est vrai. Elle leur répond que oui, que c'est une « immense tragédie ». Mais elle n'explique rien, ne présente pas d'excuses non plus, ni pour elle ni pour son mari. La veille, lorsque le FBI a frappé à la porte de l'appartement, c'est Bernie qui a ouvert. Il attendait cette visite. À l'agent Theodore Cacioppi et au collègue qui l'accompagnait, il a dit : « Je sais pourquoi vous êtes là. – Nous sommes ici pour voir s'il y a une "explication innocente" », lui a dit l'agent Cacioppi. « Il n'y a pas d'explication innocente », lui a répondu Madoff. Les deux fédéraux l'ont entendu ensuite résumer sa fraude (« j'ai payé les investisseurs avec de l'argent qui n'existait pas »), puis leur dire qu'il est ruiné, insolvable. « Ça ne pouvait plus durer, leur dit-il. Je sais que je vais devoir aller en prison. » Il leur a aussi assuré qu'il avait « tout fait tout seul ». Même maintenant que tout est fini, il pense toujours qu'il peut manipuler la terre entière...

2

Monsieur Gatsby

« Je te rappelle demain, promis. » Il est environ sept heures du soir, ce lundi 22 décembre. Le patron d'Access International Advisors a eu une longue journée, comme toutes celles qui ont précédé, depuis ce 11 décembre maudit, mais au téléphone il est, comme à son habitude, d'une exquise courtoisie. Il adorerait, dit-il à son interlocuteur, dîner demain soir avec ces amis communs qui sont de passage à New York. Ça lui changerait les idées. Mais la situation est telle en ce moment qu'il ne peut rien garantir.

C'est sans doute la dernière conversation qu'a eue Thierry de La Villehuchet, le patron d'Access, le plus gros des fonds nourriciers[1] qui drainaient de l'argent européen, et spécialement français, vers Madoff. Un peu plus tôt, le dernier de ses collaborateurs a quitté les bureaux du 22e étage du 509 Madison Avenue. « Je lui ai proposé d'aller boire un verre pour lui changer les idées, se souvient celui-ci[2]. Je ne le sentais pas très bien. En fait, ce que je craignais, c'était une crise cardiaque. Il en avait déjà eu une il y a quelques années. » La journée

---

1. Feeder funds en anglais. Voir le lexique en fin de volume.
2. Entretien avec les auteurs, le 24 février 2009.

n'a pourtant pas été la pire de ces dix derniers jours. Leon Cooperman, le patron d'Omega, fonds dans lequel il avait investi une partie de l'argent de ses clients, l'a appelé. Ils sont convenus de continuer à travailler ensemble.

Seul à son bureau, Thierry de La Villehuchet prend la plume et écrit trois lettres. Une pour son épouse Claudine, dite Metley ; une pour son frère aîné Bertrand et une enfin où il organise ses obsèques. Il souhaite être incinéré, sans cérémonie religieuse. Vers quatre heures du matin, inquiète de ne pas le voir rentrer dans leur maison de New Rochelle, dans la grande banlieue new-yorkaise, Claudine appelle un employé. Il faudra un moment pour trouver la clef du bureau, qui n'est d'ordinaire jamais fermé. Quand le gardien finit par y pénétrer, il est un peu plus de sept heures du matin. Thierry de La Villehuchet a un pied posé sur le bureau. Au sol, la corbeille à papier où a coulé le sang de ses veines tranchées. Avant de passer à l'acte, il a aussi avalé des somnifères.

Rebondir ou mourir

Depuis l'annonce de l'escroquerie, pour Thierry de La Villehuchet et son associé Patrick Littaye, les deux fondateurs d'Access, les nuits ont été courtes. Les journées aussi, entre les réunions interminables avec les avocats et le temps passé au téléphone avec les clients qui appellent de France sans tenir compte du décalage horaire.

Le jeudi précédant son suicide, à neuf heures du matin, Thierry de La Villehuchet est avec Patrick Littaye et quelques-uns de leurs collaborateurs dans la salle de réunion. Il sourit. Il vient de trouver le nom du fonds qui doit permettre à Access de renaître. « Nous l'appellerons Rebound », le rebond. Littaye fronce les sourcils :

– Allons, Thierry, ce n'est pas raisonnable. Nous avons deux ou trois ans de procédures judiciaires devant nous.

– Si, si… Il faut le faire. Personne ne nous en veut. Nos clients vont récupérer leur argent. Nous avons la tête haute. On va passer à autre chose, redémarrer tout doucement. Sinon, qu'est-ce qu'on va faire ? Rester les bras croisés à attendre des décisions de justice ? Il y en a pour dix ans. C'est impossible. Je ne peux pas…

La Villehuchet a fait les comptes. Il reste un demi-million de dollars en cash dans les caisses d'Access. Ce n'est pas assez pour réamorcer quelque chose de sérieux. Mais avec une dizaine d'investisseurs…

Une semaine après les confessions de Madoff à la SEC, Thierry de La Villehuchet pense déjà au lendemain. Ses clients ont perdu un milliard et demi d'euros. Et, parmi eux, les amis et la famille de cet aristocrate aux allures fitzgéraldiennes. Lui-même est ruiné. Il avait tout misé sur Madoff. L'été dernier, alors qu'il venait de toucher en une fois sa retraite du Crédit lyonnais, il a confié cette jolie somme à l'ami Bernie. Mais il veut rebondir.

Son associé le regarde, incrédule. Il connaît Thierry depuis si longtemps. Il le sait impatient, fonceur. Lorsqu'un sujet n'avançait pas, qu'une transaction ne se concrétisait pas comme prévu, il l'a si souvent vu arpenter la moquette à grands pas, prendre un feutre pour faire de grands dessins sur le paperboard de la salle de réunion en faisant de gros traits. Histoire de ne pas rester immobile. Mais tout de même, ce fonds « Rebound »…

Littaye, lui, est totalement effondré. Il y a quelques mois, il avait pris de la distance. Tout en restant actionnaire d'Access, il transmettait petit à petit son carnet d'adresses à un jeune homme dynamique, Guy de La Tour du Pin, qui les avait rejoints quelques années plus tôt. En prévision de ses vieux jours, il avait lui aussi mis chez Madoff tout son patrimoine. Il avait même contracté un crédit chez UBS, l'Union des banques suisses, pour pouvoir investir plus. Et pas pour une petite somme : 5 millions d'euros. Son calcul était simple : une fois déduits les remboursements du crédit, les performances de Bernie laissaient largement de quoi vivre…

Ce matin-là, devant l'obstination de son ami, Littaye lâche : « Thierry, attendons janvier ou février… On y verra plus clair. »

Une amitié

Littaye et La Villehuchet. Entre les deux hommes, c'est un drôle d'attelage et une vieille histoire. Leur amitié professionnelle est née dans les couloirs de Paribas, au début des années 70. Littaye est un Breton « de l'intérieur », diplômé de Centrale (promo 1963). La Villehuchet a fait Sciences-Po et c'est un « Breton de la mer ». Le père de Littaye est un baron de Paribas. La Villehuchet, l'aristocrate, a, lui, un parrain dans la place. Le weekend, depuis toujours, il régate. Il a même failli être sélectionné pour les Jeux olympiques de Mexico en 1968. Et c'est sur les pontons des ports bretons qu'il a rencontré Gustave Rambaud, un des jeunes dirigeants de la banque, lui aussi passionné de voile. C'est Rambaud qui lui a trouvé ce job chez Paribas.

Même âge, même milieu. Mais les deux hommes ne se ressemblent pas. « Littaye avait un bon bagage technique. Mais il était très prudent. Un peu suiveur. La Villehuchet était flamboyant, drôle, charmeur », raconte une connaissance commune. Littaye n'a aucun goût pour la voile – il a participé une fois à une régate sur le *Shield* de son ami… mais en tant que « lest » – et c'est tant mieux : Thierry et lui sont trop différents pour être rivaux. Et ils s'entendent à merveille. À Paribas, sous les ordres du même patron, Alain Leclair, les affaires marchent bien.

Lorsque Paribas crée un poste aux États-Unis pour renforcer l'équipe américaine, La Villehuchet postule. Mais le job lui passe sous le nez. Alain Leclair a choisi un autre jeune cadre, plus diplômé que lui. « Il était vexé, raconte Leclair[1]. La Villehuchet était ambitieux, au sens positif du terme. C'était un excellent deal maker, un bon négociateur, il avait un talent fou dans le contact avec ses clients. Mais ce n'était pas un "vrai" technicien de la finance. Il était compétent, mais il n'avait fait que Sciences-Po. Il n'avait qu'un vernis technique et ne parlait pas si bien que cela anglais. J'ai choisi un type plus diplômé, un ingénieur, pour partir à New York. Plutôt que de me faire sentir sa déception, il s'est mis à lire tous les matins le *Financial Times* et le *Wall Street Journal*. Je crois même qu'il a pris des cours d'anglais. Il m'a bluffé. C'était la bonne attitude... » La Villehuchet est habité depuis toujours par le rêve américain.

Un gentleman à New York

C'est l'élection de François Mitterrand en 1981 qui va accélérer le destin. La Villehuchet exècre la gauche qui veut nationaliser les banques, à commencer par la sienne. Il ne fulmine pas longtemps contre la « force tranquille ». L'agent de change Tuffier et quelques autres viennent de créer une société commune pour se développer aux États-Unis. Et La Villehuchet décroche le job. Il démissionne de Paribas. Il n'a pas 40 ans. Il est plein d'énergie. Il s'exile. Enfin.

À New York, il s'épanouit. Pour faire partager son enthousiasme à ses amis et à ses clients, il crée une sorte de club américain informel. Le concept est assez simple :

1. Entretien avec les auteurs, le 24 février 2009.

chaque année au printemps, à l'Automobile Club ou au Jockey Club à Paris, il organise une rencontre entre des personnalités américaines d'une part, des hommes d'affaires et des politiques français d'autre part. Objectifs : montrer aux premiers que même si l'Hexagone est dirigé par le parti socialiste et ses alliés communistes, il est possible d'y faire des affaires ; et exhiber devant les seconds toute la force du capitalisme américain. La Villehuchet réussit parfaitement sa mission : Raymond Barre, Paul-Louis Halley qu'il connaît déjà depuis quelques années, Pierre Bellon, le patron de Sodexho, et bien d'autres fréquentent ces agréables conférences.

« Mon frère était un libéral, raconte Bertrand de La Villehuchet[1]. Il parlait tout le temps des États-Unis. C'était pour lui *le* modèle. Tout y était mieux qu'en France. J'ai dirigé une entreprise en France. Je savais donc qu'il est possible d'y faire des affaires. Mais il ne voulait pas en entendre parler. Il n'y avait qu'une vérité pour lui : les États-Unis. »

Un coup de poker

Dans une carrière professionnelle, il y a ceux qui ont de la chance... et les autres. La Villehuchet fait partie de la première catégorie. En tout cas, dans les débuts de sa vie américaine. Nous sommes en avril 1990. Le Breton travaille maintenant pour le Crédit lyonnais aux États-Unis. La banque nationalisée rêve de partir à la conquête de l'Amérique. La Villehuchet est ravi. Le nouveau patron, Jean-Yves Haberer, est ambitieux comme dix. Il a même exigé que l'équipe new-yorkaise s'installe dans des bureaux majestueux où rien n'était

1. Entretien avec les auteurs, le 20 février 2009.

trop beau pour montrer la puissance du Lyonnais aux Américains.

C'est dans ce climat propice aux rêves les plus audacieux que La Villehuchet a un éclair de génie. Cela fait des mois que Drexel Burnham Lambert est au cœur d'une sale affaire. Michael Milken, la star de cette prestigieuse banque plus que centenaire, est impliqué dans un très gros délit d'initié. Pour faire taire les polémiques et surtout mettre fin aux procédures judiciaires, Drexel a accepté de payer 650 millions de dollars, la plus forte amende imposée jusqu'alors. Et ce n'est qu'un début… Pour se refaire une réputation, elle s'est lancée à fonds perdus dans des opérations plus coûteuses les unes que les autres. Elle est à deux doigts de la ruine. Sans en parler à ses patrons, La Villehuchet tente donc un coup de poker : mettre la main sur l'autre grande star de Drexel, Leon David Black, le responsable des fusions acquisitions. Pendant six mois, il lui téléphone une fois par semaine… La Villehuchet use de son charme, explique la stratégie du Lyonnais. Un jour, à la fin d'un déjeuner, il lance : « Et si on travaillait ensemble ? » Leon David Black sourit. Il sait déjà que Drexel est virtuellement en faillite. « Pourquoi pas ? » répond-il.

Black raconte au Français son grand projet. Il veut quitter Drexel. Et il a un coup en tête : mettre la main sur Executive Life, une compagnie d'assurances californienne certes en faillite mais qui regorge d'actifs plus intéressants les uns que les autres (les valises Samsonite, une station de ski…). Black veut monter son fonds, Apollo, dans lequel il fera venir tous les clients de Drexel qui vont le suivre. Mais il ne peut se lancer seul à l'assaut d'Executive Life. C'est un trop gros morceau pour lui. Il a besoin d'un partenaire. Si le Lyonnais est partant…

Tout juste de retour à son bureau, La Villehuchet se précipite sur son téléphone. Il appelle Philippe Souviron, son ami et son patron, alors directeur général adjoint du Lyonnais. Il lui demande de sauter dans le premier Concorde pour venir rencontrer Black. Les choses vont vite. Très vite. Haberer est ravi. Ce deal montrera à la planète finance que le Lyonnais n'est plus seulement une grosse banque de dépôt française. Le P-DG confie donc Black aux mains expertes de Jean-François Hénin, le patron d'Altus que le Tout-Paris surnomme « le Mozart de la finance » et qui vient rejoindre la banque nationalisée. La Villehuchet téléphone à Hénin et lui dit : « Je vous amène le pape des marchés ». Le patron d'Altus ne revient toujours pas de l'audace de ce collaborateur dont il n'avait jusque-là que très peu entendu parler. « Pour moi, La Villehuchet était un modeste investment banker du Lyonnais. Qu'il arrive à me décrocher Leon Black, c'était un cadeau hors du commun. Grâce à Black, le Lyonnais allait devenir un géant de la banque d'affaires aux États-Unis, ce qui n'a pas été apprécié de la concurrence. La Villehuchet nous faisait gagner cinq ans d'un coup. Sa démarche a été géniale[1]. »

1. Entretien avec les auteurs, le 26 février 2009. À cette époque, personne ne peut deviner qu'Executive Life va devenir une « affaire » et un conflit entre la France et les États-Unis. Pour le Lyonnais, l'affaire ne sera pas si juteuse que ça. Même si Leon Black a fait fortune avec son fonds Apollo (il gérera jusqu'à 40 milliards d'actifs), Executive Life coûtera au final plusieurs milliards aux contribuables français. Executive Life est effectivement un investissement très juteux. Ce n'est pas le Lyonnais qui en profitera. Mais certains de ses clients, à commencer par François Pinault. En 1991, les actifs à hauts risques d'Executive Life ont été vendus au Crédit lyonnais. Puis le portefeuille a été revendu à Artémis. Quant à la compagnie elle-même, rebaptisée Aurora, elle ne pouvait officiellement être vendue au Crédit lyonnais, une banque n'ayant pas le droit d'acheter une compagnie d'assurances aux États-Unis. Mais La Villehuchet n'est pour rien dans le montage.

La Villehuchet est donc une star. Mais son étoile ne brille pas longtemps. Après le désastre de la gestion Haberer (affaire Tapie, rachat de la MGM, etc.) et les pertes abyssales de l'année 1992, Jean Peyrelevade débarque et fait le ménage. La Villehuchet n'est pas particulièrement visé. Mais après les errements d'Haberer qui rêvait de développer « la banque-industrie », l'activité de dépôts passant au second plan, Peyrelevade opère un changement de cap à 180 degrés. Les cadres de la banque de dépôts reprennent le dessus. Aux États-Unis, La Villehuchet se retrouve sous la direction d'un patron qu'il n'aime pas. « Thierry connaissait tout le monde à New York, raconte son frère Bertrand. Il n'avait pas envie de jouer le rôle du type qui tient la porte[1]. » Très vite, La Villehuchet sait qu'il va partir... Il a des réseaux dans tous les milieux. Grâce à son carnet d'adresses, il veut monter sa propre entreprise.

Les Bretons de New York

Au même moment, la carrière de Littaye est en panne. Son vieil ami Thierry lui propose naturellement de s'associer avec lui. La Villehuchet a créé quelques mois plus tôt Access International Advisors, une structure destinée à sélectionner et commercialiser des hedge funds et des placements américains en France et en Europe. Ils seront ce qu'on appelle des feeder funds, des fonds nourriciers, pour ces rois de Wall Street qui fascinent le monde de la finance[2].

---

1. Entretien avec les auteurs, le 20 février 2009.
2. Hedge funds, feeder funds : voir le lexique en fin de volume.

Les clients affluent. À tel point que les deux hommes étoffent leur équipe. Ils embauchent des partners, des commerciaux d'un genre particulier : pour les recruter, les deux associés regardent de plus près leur carnet d'adresses que leur CV.

Michel de Yougoslavie se concentre sur les têtes couronnées. Philippe Junot sur la Suisse où il a d'innombrables connections. Littaye et La Villehuchet ratissent la France. Ils vendent leurs produits à des sociétés de gestion de patrimoine ou directement à des particuliers.

À New York, la petite équipe de juniors qui travaillent avec eux est composée de quelques fils de clients, ravis d'envoyer leurs rejetons à New York. On trouve là de jeunes Français diplômés de la fac, souvent des Bretons. « On était un peu le club des Bretons de New York », raconte avec nostalgie un ancien d'Access. Il y a aussi une poignée d'Américains (la secrétaire, le comptable et les quelques salariés chargés de la recherche). Dans cette petite « boutique » de 25 personnes dont une dizaine en Europe, l'ambiance est virile, très masculine. Saine émulation et efficacité sont les deux qualités que La Villehuchet demande à ses collaborateurs. En échange, le management est convivial. Et la boîte généreuse. Dans ces locaux qui occupent un demi-étage, organisés en open space par grappes de trois ou quatre, les portes de bureau des partners sont toujours ouvertes. « À condition que les "perfs" suivent, Thierry et Patrick nous foutaient une paix royale. Ils nous faisaient confiance. L'organisation n'était pas pyramidale mais par binôme. Chaque senior avait un junior pour le seconder », raconte un ancien salarié d'Access.

Jardin secret

Jean Chalon n'a jamais rien compris à la finance. Critique littéraire au *Figaro* pendant quarante ans, il n'a jamais eu de goût pour l'argent. Il aime les livres. Les livres anciens dont il a une collection à faire pâlir d'envie tout bibliophile. Mais aussi les siens, ceux qu'il écrit. C'est grâce à Liane de Pougy, une courtisane de la Belle Époque qui eut un nombre incalculable d'amants et d'amantes, qu'il rencontre Thierry de La Villehuchet, en 1994. Chalon, qui a déjà écrit plusieurs biographies de femmes de caractère – Marie-Antoinette, Alexandra David-Néel, Louise de Vilmorin –, s'est passionné pour cette « courtisane, princesse et sainte » – c'est le titre de son ouvrage. Il reçoit un mot très gentil d'un lecteur qui semble fasciné par le destin de celle qui, après la mort de son dernier mari, le prince Ginkha de Roumanie, entra comme novice dans le tiers ordre de Saint-Dominique pour se repentir de sa vie dissolue.

L'auteur de la lettre fort bien tournée lui propose de l'inviter à déjeuner au Jockey Club, l'un des cercles les plus fermés de la capitale. Le jour dit, un peu intrigué, Chalon se rend dans le petit salon qui a été réservé. Les serveurs sont courtois, le champagne frais, le vin excellent. La conversation de son hôte séduit Chalon : « Un admirateur comme celui-ci, vous y tenez. C'est rare. La Villehuchet connaissait parfaitement certains passages de mon livre. Il voulait tout savoir de l'amour de Liane et de Natalie Barney, sa maîtresse. Il était fasciné par ces lesbiennes et adorait la brillante méchanceté de Natalie Barney qui disait à l'un de ses ennemis : “Moi, vous vouloir du mal ? Vous êtes ce que j'aurais pu vous souhaiter de pire”[1]. »

---

1. Entretien avec les auteurs, le 10 février 2009.

Ce lecteur ne parle jamais de lui, si ce n'est pour dire à l'écrivain, du bout des lèvres, qu'il est « dans les affaires à New York », sans trop préciser lesquelles. « C'était un pince-sans-rire, il avait un sens inouï de la repartie. Je savais qu'il jouait un rôle avec moi. Il voulait se faire passer pour une sorte de Paul Morand, pour qui il avait beaucoup d'admiration. Mais il le faisait formidablement bien. Et nos rencontres étaient particulièrement agréables. »

Rien n'aurait dû pourtant réunir La Villehuchet qui adorait séduire les femmes et l'esthète Jean Chalon. Et pourtant... Ensemble, les deux hommes se régalent. « La Villehuchet était le riche le plus heureux que j'aie jamais rencontré, poursuit Chalon. C'était un épicurien, conscient de sa bonne fortune. » Au fil des années, deux ou trois fois par an, les deux hommes prennent l'habitude de se retrouver, toujours au Jockey Club, dans le même petit salon égayé par la présence de jolies jeunes femmes silencieuses. Et les discussions ne sont jamais les mêmes. « Il se passionnait pour la vie de Pauline de Tourzel, la fille de la gouvernante des enfants de Marie-Antoinette sur laquelle j'ai travaillé et qui était considérée comme la fille de Louis XVI tant elle était proche du dauphin. La Villehuchet n'était pas royaliste. Enfin, je ne crois pas... Mais ça l'amusait de refaire l'histoire. »

Chalon nourrit un regret. À chaque déjeuner, La Villehuchet insistait pour le convier dans son château. « Il tenait absolument à ce qu'on aille ensemble à Combourg, la ville de Chateaubriand, qui n'était pas loin. J'ai toujours refusé. Mais lors de notre dernière rencontre, j'ai failli dire oui. C'était à l'automne 2008. Il m'a dit : "Cette fois, vous venez. Je vais organiser une grande fête. Vous serez mon invité d'honneur. Je me suis fait plaisir. Je viens de réaliser mon rêve : m'acheter une Rolls. Elle vous prendra à Paris pour vous conduire à la fête." »

Un château et des réseaux

Ce château, c'était un peu la danseuse de Thierry de La Villehuchet. En tout cas, c'est ce que pensait sa femme, Metley (c'est un surnom, elle est française), qui trouvait que son mari dépensait vraiment beaucoup trop d'argent pour le vieil édifice. D'ailleurs, elle n'y venait presque jamais. Mais Thierry de La Villehuchet tenait bon. « Plouër », il en avait hérité de son oncle. Et il entendait bien être à la hauteur de la charge. Celle de gardien de cette grosse bâtisse en granit de trois étages, située sur la rive gauche de la Rance et dans la famille depuis le XVIIIe siècle. Au début des années 90, il a même investi une très grosse somme pour sauver un trésor inestimable – plus de 200 000 pièces –, constitué des archives seigneuriales du comté sous l'Ancien Régime et des archives privées de la famille depuis la fin du XVIIe siècle qui se détérioraient. Pour le plus grand bonheur des historiens qui trouvaient toujours porte ouverte.

Mais La Villehuchet savait aussi entretenir mille réseaux improbables. Qui n'avaient souvent rien à voir avec son métier. Son premier cercle, c'étaient les « voileux », ses copains de bateau, bien sûr. Le Breton se sentait bien avec tous ceux qui partageaient sa passion. Qu'ils soient membres du sélectissime Larmont Club de New York ou modestes habitués des pontons du port de Dinard. Sur son bateau, le descendant de cette riche famille d'armateurs du XVIIe siècle ne voyait plus que la mer. Et qu'importe qui l'accompagnait. Une grosse fortune, un client, un ancien vainqueur de l'America's Cup ou encore son vieil ami Bruno Troublé, frère d'Agnès B et créateur de la coupe Louis-Vuitton[1].

La Villehuchet n'était pas croyant. Mais il s'était démené pour devenir chevalier de l'ordre de Malte. Le bulletin new-yorkais de l'association caritative annonçait même, dans sa livraison de janvier 2009 – mise sous presse avant sa mort –, sa nomination en ces termes : « Thierry Magon de La Villehuchet, membre éminent de la communauté de la cathédrale Saint-Patrick de New York et financier reconnu, a rendu plusieurs services à l'Ordre grâce à ses relations à l'ONU et va devenir prochainement "chevalier". » « Cette histoire l'excitait beaucoup, raconte son frère Bertrand. Il disait à mes petits-enfants (j'en ai treize) que la prochaine fois qu'il les verrait, il viendrait avec sa cape pour les impressionner. »

L'ordre de Malte n'était pas le seul lien de Thierry de La Villehuchet avec l'Église. L'été, il recevait souvent dans le château de famille des évêques, parfois un cardinal. Nettement plus étrange, il allait aussi chaque année à Rome pour rencontrer, disait-il à ses proches, « ses » cardinaux. « Officiellement, c'était une retraite spirituelle où il retrouvait une dizaine de prélats pendant une semaine, raconte un de ses amis. Il jurait qu'il ne faisait pas de business avec eux. Mais je ne l'ai jamais cru. La spiritualité et Thierry, ça faisait deux[2]. »

Mais parfois, son amour de la liberté souvent proclamé le conduisait à des provocations d'un goût douteux. À la fin des années 80, alors qu'il était en tournée en Améri-

1. Les deux hommes se sont connus tout jeunes, Troublé a fini 6ᵉ aux Jeux olympiques de Mexico en 1968 auxquels La Villehuchet a été à deux doigts de participer.

2. Son frère Bertrand aussi le taquinait souvent sur ses « rapports » avec « ses » cardinaux. Mais Thierry de La Villehuchet lui a toujours assuré qu'il ne faisait pas d'affaires avec l'Église.

que latine et notamment au Chili, La Villehuchet a ainsi intrigué auprès du patron de l'agence locale pour obtenir un rendez-vous avec le général Pinochet. « Le représentant du Lyonnais était terrifié, raconte un de ses amis. Mais Thierry affirmait qu'il était un grand admirateur du général. Le type lui a décroché son rendez-vous. Et Thierry a pris un malin plaisir à faire agrandir la photo de la rencontre et à l'installer dans son bureau du Crédit lyonnais. Je n'ai jamais su s'il pensait réellement que Pinochet était un type formidable. En revanche, ce qui l'amusait beaucoup, c'était d'avoir cette photo dans le bureau d'une banque nationalisée par l'État français. »

La Villehuchet était effectivement de droite et ne s'en cachait pas. Il détestait la gauche et d'abord Mitterrand. Mais il n'a jamais rompu avec Laurent Fabius. Adolescent, élève à Saint-Martin de Pontoise, cette pension pour fils de bonnes familles, il avait sympathisé avec celui qui allait devenir Premier ministre. C'est d'ailleurs sur ses conseils que le Breton s'était inscrit à Sciences-Po, après avoir été recalé à Navale à cause de sa myopie. Malgré leurs divergences politiques, les deux hommes ne se sont jamais perdus de vue. « J'ai dîné trois ou quatre fois avec Fabius et mon frère, raconte Bertrand de La Villehuchet. Ils faisaient un gros numéro politique, gauche contre droite. C'était drôle. On sentait qu'ils avaient de l'estime réciproque, une complicité malgré leurs divergences. »

Témoignage de cette amitié réciproque, lorsque nous l'avons sollicité, Laurent Fabius n'a pas souhaité nous recevoir, mais nous a envoyé ce petit mot : « Je connaissais Thierry depuis notre adolescence, même si je ne le voyais que très rarement. C'était un garçon charmant, très attentif aux autres, très fidèle en amitié et qui ne m'a jamais parlé de ses affaires. Je suis convaincu que c'était un homme d'honneur. »

Mais c'est évidemment son réseau de businessmen que Thierry de La Villehuchet va mettre à profit pour démarrer Access. Et celui-ci est impressionnant : Paul-Louis Halley qu'il connaît depuis vingt ans, mais aussi les Cathiard, grande famille bordelaise qu'il a connue du temps où il était chez Paribas. Sans oublier Lionel Poilâne, un ami qui possédait un château non loin de Plouër et qui s'est tué en hélicoptère[1].

Très jeune, La Villehuchet a été admis au Jockey Club, ce cercle très huppé où n'entre pas qui veut. Un club dont Marcel Proust disait qu'il était le plus fermé du monde. Au Jockey, son carnet d'adresses se nourrit du Tout-Paris. Exilé aux États-Unis, il en reste un membre éminent et en fait son pied-à-terre parisien. C'est d'ailleurs là qu'il descend lorsqu'il est de passage (l'institution dispose de quelques chambres). Et qu'il reçoit ses clients… dont beaucoup sont aussi des amis.

Au fil des ans, Thierry de La Villehuchet est devenu une institution franco-américaine à lui tout seul. En novembre 2006, lorsque l'association des amis des Grandes Écoles de France organise, à Manhattan, un colloque sur le thème de la finance pour ses membres, tous diplômés de l'ENA, de Centrale, de Polytechnique et autres écoles prestigieuses, c'est naturellement vers lui que l'on se tourne pour intervenir. Le patron d'Access est loin de sentir le soufre. À ses côtés interviennent l'un des patrons de Calyon ou encore celui d'Ixis, la banque d'affaires de Natixis… qui sponsorisent l'événement.

D'ailleurs, les clients d'Access ne sont pas seulement des people ou des têtes couronnées. Le fonds réalise d'abord sa croissance grâce aux professionnels de la

1. Thierry de La Villehuchet restera proche des filles du célèbre boulanger après la mort de leur père.

finance. En moins de dix ans, les deux associés ont collecté près de 3 milliards d'euros d'actifs pour le compte des fonds qu'ils représentent en Europe[1] !

Littaye et La Villehuchet gagnent très bien leur vie : ils touchent une petite partie des frais de gestion, des droits d'entrée dans les fonds et surtout un pourcentage sur les performances. La Villehuchet s'éblouit lui-même de son succès. Décidément, les États-Unis permettent aux audacieux de se dépasser. Mais il a fallu, pour son malheur, que son chemin croise celui d'un homme fascinant.

Rencontre avec le diable

C'est Patrick Littaye qui introduit dès le début Bernie dans la sphère d'Access. La Villehuchet ne connaît Madoff que de nom. Et encore, comme courtier, pas comme gestionnaire de fonds. Littaye a rencontré Madoff au début des années 80. C'est l'un de ses anciens patrons, le Français Jean-Michel Cédile, qui le lui a présenté lors d'un de ses passages à Paris. Et qui l'a mis dans la confidence.

Littaye propose à son ami de démarcher Madoff, d'essayer d'en savoir plus sur son business. Et, pourquoi pas, de tenter de commercialiser son produit qui semble faire merveille. Seul problème, Madoff est méfiant : « Je ne veux qu'un seul interlocuteur », dit-il. Ce n'est pas surprenant : beaucoup de patrons de hedge funds aiment le secret et ne veulent travailler qu'avec un nombre très limité d'intermédiaires. Surtout quand ils sont performants et qu'ils n'ont donc pas besoin d'aller à la

1. Access commercialisera au total une dizaine de fonds différents.

pêche aux investisseurs. Mais La Villehuchet n'est pas du genre à laisser une porte fermée devant lui. Il déploie une énergie folle pour décrocher un rendez-vous. Une fois en face de Bernie, il tombe sous le charme. Et celui-ci accepte qu'Access devienne l'un de ses partenaires réguliers. Les Français mobilisent leurs équipes. Celles-ci font ce qu'on appelle une « due diligence[1] » du produit. Elles décortiquent la stratégie de Madoff, ses performances passées et la façon dont il travaille. « Les premiers mois, on a fait un énorme boulot de vérification, raconte un ancien salarié d'Access. Une fois qu'on lui a amené quelques clients, on lui a même demandé de nous envoyer l'ensemble des reçus des transactions qu'il réalisait pour notre compte. Et il s'est exécuté. Nous avons vérifié ticket par ticket. Et tout était nickel. Rien à dire. » Comment l'escroc de Wall Street a-t-il pu abuser les vérificateurs, parmi lesquels on compterait une énarque d'expérience et d'excellente réputation ? Les faux coupons de transactions qu'il fabriquait étaient de très bonne facture. De plus, il présentait les mêmes justificatifs du peu d'opérations réelles qu'il effectuait à tous ses clients. Et comme personne ne connaissait le montant des actifs qui lui avaient été confiés, cette mise en scène était plausible.

Rassurés, les fondateurs d'Access sont ravis. Ce type est un génie ! Sur la durée, ses performances se situent très au-dessus du marché. Elles ont surtout une particularité hors du commun : elles sont d'une régularité époustouflante. Tous les mois, il parvient à réaliser de modestes gains, et jamais de pertes. Sur l'année, le rendement est de 8 à 12 %, parfois plus. C'est spectaculaire.

1. L'obligation faite au dépositaire de vérifier l'emploi des fonds placés. Voir aussi le lexique.

Bernie est un génie, certes. Mais il est aussi extrêmement exigeant et pas commode du tout. Seuls Littaye et La Villehuchet ont le contact direct avec lui. Et, à chaque fois, il fait sentir aux deux hommes qu'il pourrait bien un jour se passer d'eux, car son fonds ne doit pas devenir trop gros. Et il ne laisse rien passer.

Patrick Littaye s'est ainsi fait engueuler il y a quelques années. Access venait alors de convaincre une grande compagnie d'assurances française d'investir chez Madoff. Pour héberger son investissement, l'assureur avait créé un fonds au Luxembourg, comportant plusieurs compartiments, dont l'un consacré à Madoff dans lequel étaient investis 23 millions d'euros. Et il commet une bourde. Alors que Littaye lui avait expliqué qu'il ne devait jamais contacter Madoff mais toujours passer par lui, l'assureur envoie les quatre-vingts pages de documents constituant le fonds luxembourgeois à l'escroc qui téléphone, ivre de rage, à Littaye. Dans le document figure une mention, selon lui, inacceptable : « Le risque sera à la discrétion des gérants. » Madoff fulmine : « Moi je ne marche pas là-dedans. Dans ce fonds, vous m'associez avec des types qui prennent des risques et à qui vous donnez carte blanche. C'est inacceptable. C'est irresponsable. Il n'y a aucun risque dans ce que je fais et je ne veux pas être associé à ce truc. Je ne veux pas que mon nom apparaisse là-dedans… »

Avec le recul, cette anecdote est édifiante. Madoff ne voulait pas se retrouver en compagnie d'autres gestionnaires dans un fonds. Pour éviter sans doute que trop de monde regarde de près ce qu'il faisait. Mais au lieu d'inquiéter les patrons d'Access, son attitude va au contraire les rassurer : si cet homme, certes un peu susceptible, ne veut pas être associé à des gens qui prennent des risques, c'est justement parce qu'il n'en prend aucun.

Avec Madoff, Littaye et La Villehuchet ont ajouté une corde à leur arc. Et dans leurs rendez-vous avec les patrons des sociétés de gestion, les partners d'Access se positionnent désormais sur un créneau : le business du « stay-rich ». Certes, ils proposent toute la gamme de leurs produits. Mais ils insistent particulièrement sur Madoff. Un choix idéal pour ceux qui ont déjà fait fortune, qui ne veulent prendre aucun risque et qui exigent tout de même une belle performance.

Et les clients en redemandent... Access, il est vrai, met en avant un argument de poids. Grâce à sa maison de courtage qui gère une part importante des ordres de bourse, Madoff « sent » le marché mieux que quiconque, il devine la tendance. C'est ce qui lui permet de faire des paris gagnants neuf fois sur dix... La plupart du temps, les investisseurs se laissent convaincre par un tel argumentaire. Eux aussi veulent en être. Eux aussi veulent profiter de ce magicien qui « sent » le marché. Et ils signent.

On leur explique aussi que n'importe qui ne peut pas entrer dans ce club. Il faut montrer patte blanche, et c'est 100 000 euros minimum, par exemple, pour être admis dans Luxalpha, la sicav qu'Access a créée en association avec UBS Luxembourg. Il faut ensuite s'engager à ne pas en sortir trop rapidement. « Il nous arrivait de refuser des clients dont on sentait qu'ils ne voulaient du Madoff que pour un an, raconte un ancien d'Access. Nous voulions des investisseurs de long terme. Et éviter aussi qu'ils soient trop gros et qu'ils sortent d'un coup. Même si, sur le papier, ils avaient tout à fait le droit de sortir tous les quinze jours de Luxalpha. »

Aveuglement jusqu'au-boutiste

Face à ces arguments, il y a pourtant quelques sceptiques. Pas un ne soupçonne l'escroquerie, bien sûr. Mais certains trouvent un peu gros le mélange des genres entre le courtage et la gestion de portefeuille. Éric Berloty est expert-comptable[1]. Il conseille aujourd'hui plusieurs clients détenteurs de grosses fortunes sur leurs investissements. Il se souvient de sa première rencontre avec Thierry de La Villehuchet en 2000. « C'était un type sympa comme tout. D'autant que nous avions en commun une passion : la voile. Mais quand il m'a expliqué "son" Madoff, j'avoue que je suis resté pantois. Je lui ai dit tout de suite que je pensais que son truc était du front running[2], du délit d'initié. Et que l'autre utilisait les informations de la maison de courtage pour obtenir des performances pareilles, ce qui est interdit. Il m'a juré que la SEC avait audité Madoff à d'innombrables reprises. Mais j'ai préféré m'en tenir à l'écart. » Berloty n'était pas le seul à s'interroger.

La scène se passe en 2002. Gilles du Fretay est le patron d'un fonds de fonds qu'il a baptisé HDF lors de sa création en 1986. Il gère 2 milliards d'euros d'actifs et c'est donc naturellement que La Villehuchet vient le voir pour lui proposer d'investir chez lui. Du Fretay n'est pas contre. Mais comme pour chaque placement qu'il fait, il veut au préalable voir la bête. Il exige de rencontrer Madoff. « Le type était très courtois, très agréable. Il m'a d'abord fait visiter sa maison de courtage et

1. Entretien avec les auteurs, le 13 février 2009.

2. Le front running consiste à profiter de la double casquette constituée d'une part par l'activité de courtier et de l'autre par celle de gestionnaire de fortune.

présenté quelques-uns de ses collaborateurs. Puis, lorsque nous avons commencé à parler sérieusement, je me suis vite rendu compte qu'il ne répondait pas aux questions précises que je me posais, notamment sur le montant total des actifs sous sa responsabilité, ce qui me gênait. Je voulais aussi comprendre son avantage compétitif par rapport aux 8 000 fonds qui existent sur le marché et dans lesquels je peux investir. C'est alors qu'il m'a fait une grande tirade sur les informations que lui apportait sa maison de courtage. Grâce à elle, disait-il, il connaissait les réactions du marché. Il pouvait donc prendre des paris et jouer sur les options[1] avec un minimum de risques d'erreur. Je n'ai pas voulu mêler l'argent de mes clients à un truc pareil et je n'ai pas donné suite[2]. »

À ceux qui émettent des doutes sur Madoff et sur la légalité de ses opérations, les partners d'Access offrent chaque fois la même réponse. Ils expliquent que l'ami Bernard a lui-même participé à l'élaboration de la loi de 1995 sur le front running. Il avait d'ailleurs acheté une pleine page de pub dans *Barron's*, où il se félicitait de cette nouvelle disposition... Aux plus sceptiques, toutefois, La Villehuchet offrait un dernier argument imparable : « Madoff fait peut-être un peu de front running. Mais après tout, ce n'est pas grave. Si un jour la SEC l'accuse de franchir la ligne jaune et l'oblige à suspendre ses activités, on reprend nos billes. Et on les met ailleurs... »

1. Voir le lexique en fin de volume.
2. Entretien avec les auteurs, le 16 février 2009.

La mort d'un rêve

2007 et plus encore 2008 sont deux années noires pour la Bourse. Access ferme plusieurs de ses fonds. Et dans ce climat de sauve-qui-peut sur les marchés, une « valeur sûre » résiste pourtant : Madoff. Et les clients en redemandent : ils en veulent tous. Luxalpha devient de plus en plus gros. Thierry de La Villehuchet est content. Mais inquiet : à plusieurs reprises, il confie à ses équipes qu'Access dépend trop de Madoff et qu'ils doivent absolument diversifier leur offre. Ceci dit, lui-même et sa femme sont convaincus des vertus de ce produit : ils se chargent comme jamais. Tout comme Patrick Littaye, qui ira jusqu'à s'endetter auprès d'UBS.

Leurs affaires dépendent de plus en plus de leur associé. Au début de l'année 2008, sur 3 milliards de capital au total, ils en ont plus de la moitié placée chez Madoff. Mais les autres fonds dans lesquels ils ont investi s'effondrent sous l'effet de la crise. Résultat : début décembre 2008, la part de Madoff dans les actifs d'Access est passée à 98 % (sur un total qui a diminué et atteint un peu moins de 2 milliards).

En novembre 2008, un mois avant que l'escroquerie n'éclate au grand jour, Patrick Littaye et Thierry de La Villehuchet vont le voir à son bureau. Ils veulent faire le point avec lui. Bernie rend son oracle : le marché sera encore un peu tendu pendant six mois. Mais sans émotion apparente, il s'étonne aussi. Depuis le mois de septembre, il y a beaucoup moins d'investisseurs entrants dans Luxalpha et beaucoup de sorties. Or son fonds reste positif alors que les Bourses ont perdu 20 à 50 % de leur capitalisation. Bernie sonde les deux Français pour comprendre ce phénomène. Même s'il n'en laisse rien paraître, l'escroc est déjà inquiet. La crise risque d'avoir raison de sa géniale martingale. Mais son instinct manipulateur est le plus fort. Loin d'alerter ses visiteurs, ses questions les rassurent presque.

Deux mois après le suicide de Thierry de La Villehuchet, son frère aîné Bertrand nous reçoit chez lui, place des Vosges, à Paris, au cœur du Marais[1]. Des tableaux d'art moderne, deux ou trois sculptures, des livres d'art et un petit secrétaire ancien... l'appartement est décoré avec un goût très sûr. Ancien patron de la régie publicitaire Interdeco et d'Hachette en Asie, Bertrand de La Villehuchet a fait une belle carrière. Désormais, il ressent des frissons lorsqu'il entend le nom de Madoff à la radio. « Thierry a choisi de se suicider non pas parce qu'il se sentait déshonoré. Mais par chagrin d'amour. Il n'a pas supporté d'être trahi après avoir fait partager son rêve américain à tant de gens. »

Bertrand parle avec chaleur de ce cadet si différent de lui, trop amoureux de sa liberté pour envisager d'avoir un enfant alors que lui-même a déjà treize petits-enfants. « Il a reçu plusieurs fois mes enfants et mes petits-enfants à New York, et à chaque fois, il se décarcassait pour leur faire faire des trucs chouettes. Mais ce n'était pas son truc. Il était trop jaloux de son indépendance. »

Pendant toute la semaine précédant le suicide de son frère, Bertrand de La Villehuchet lui a parlé quotidiennement. Et il a senti que celui-ci perdait pied. « Il a commencé par se battre. Il croyait sincèrement qu'il allait récupérer l'argent de ses clients. Mais plus il parlait à ses relations d'affaires, plus il comprenait qu'il était fini dans le secteur. Qu'il ne pourrait pas rebondir comme il en rêvait. Personne ne lui en voulait, car tout le monde savait qu'il avait mis sa fortune, plusieurs dizaines de millions d'euros, dans Madoff. Ce suicide, c'est

1. Entretien avec les auteurs, le 20 février 2009.

un peu comme s'il s'était mis au coin, comme s'il avait tiré sa révérence… »

Bertrand de La Villehuchet n'a pas seulement perdu un frère à cause de Madoff. Mais un cinquième de son patrimoine. Bertrand aimait son frère. Chacune de ses phrases en témoigne. Mais il est aussi lucide : « Je n'en veux pas à Thierry. C'est une victime de Madoff. Mais je ne l'absous pas totalement. Il aurait dû mettre en garde ses clients. Leur recommander de ne pas investir plus de 10 % de leur patrimoine dans Madoff. Sa propre exposition était une folie. Une folie… »

3

Le couturier et les bouches cousues

Le monde entier se souvient de la photo. Elle, délicieusement fraîche, dans sa robe de vestale. Lui, noceur confirmé, le visage bronzé sous son haut-de-forme, un œillet à la boutonnière. Elle a 21 ans, il en a 38. Ce début d'été 1978 est marqué, pour tous les magazines à l'eau de rose de la planète, par « le mariage du play-boy et de la princesse », le titre de couverture du magazine américain *People Weekly*[1]. Cette union entre Caroline de Monaco et Philippe Junot n'enthousiasme guère les parents de la jeune femme, Grace et Rainier de Monaco. Le Rocher a même tout fait pour s'y opposer, quitte à alimenter certains journalistes en confidences pour tenter de décrédibiliser leur futur gendre, présenté, ici ou là, comme un fêtard inouï, pilier de chez Castel et de la plupart des boîtes de nuit de Saint-Tropez. Un intrigant qui n'avait décroché son bac qu'à la seconde tentative et qui n'affichait qu'une ambition dans la vie : « Gagner de l'argent avec un minimum de travail[2]. »

Le mariage ne dure que deux petites années et sera même annulé, douze ans plus tard, par le pape Jean-

1. *People Weekly*, 3 juillet 1978.
2. *Ibid.*

Paul II. Pourtant, Grace et Rainier se trompent sur un point : leur premier gendre n'est pas seulement un play-boy dilettante. Son père, Michel Junot, fut très proche de Jacques Chirac, auprès duquel il siégea comme adjoint à la mairie de Paris. Cet ancien haut fonctionnaire, décédé en 2008, cultivait de nombreuses relations dans les affaires et fut un temps président de la firme américaine Westinghouse en France. Sa mère, Lydia Tyckjaert, était la fille d'un grand industriel danois. Après la fac de droit, Philippe Junot n'est pas seulement un noctambule invétéré. Parfaitement anglophone, il a travaillé chez un agent de change à New York, a tenté de monter une chaîne de fast-food en France bien avant l'arrivée de McDonald's. Et durant son bref mariage avec Caroline, il a monté sa propre boîte de consultant dans l'immobilier.

Un carnet en or

Longtemps après, au début des années 2000, Thierry de La Villehuchet et Patrick Littaye sont ravis lorsqu'ils embauchent Philippe Junot[1] comme partner de leur fonds Access. Avec lui, jubilent-ils, ils ont ferré un collaborateur de grande valeur. Junot est à la tête d'un patrimoine inestimable lorsqu'on exerce ce métier : l'un des plus beaux carnets d'adresses qui soit. Il connaît toute la jet-set, mais aussi beaucoup de gens dans la finance. Grâce à lui, ils comptent bien élargir le périmètre de leur clientèle fortunée.

Très bien introduit en Suisse, Junot se concentre à leur demande sur ce marché. Et il fait un malheur. S'il

1. Sollicité par les auteurs, Philippe Junot leur a expliqué que ses avocats ne souhaitaient pas qu'il s'exprime.

vend si bien le produit, c'est aussi parce qu'il y croit dur comme fer. D'ailleurs, il y investit au fil des ans une grosse partie de sa fortune personnelle. Il rencontre même Bernard Madoff à trois reprises. Et son impression est excellente. « On avait affaire à une légende de Wall Street qui avait participé à la création du troisième marché, et été président du Nasdaq ! Il nous envoyait tous les huit jours des avis d'opéré expliquant ce qu'il faisait et il n'y avait jamais de problème [...]. C'est quelqu'un qui dégageait une impression de calme, de sérieux, qui faisait plutôt profil bas. En contrepartie, c'est vrai qu'il ne fallait pas lui poser trop de questions[1]. »

Cette fascination demeure intacte, jusqu'au bout. Quelques semaines avant le désastre, Junot affiche encore une confiance absolue devant ses amis. L'un des participants à un dîner parisien en octobre 2008 se souvient de cet état d'esprit : « Il y avait l'héritière d'un magnat de l'immobilier et la fille d'un industriel. Mais Junot n'était pas là pour vendre son produit. Je n'ai pas su si certains invités possédaient du Madoff, car nous n'en avons pas parlé à table. Mais quand on s'est mis à évoquer la crise tous les deux, il m'a dit que ses affaires marchaient bien. Et que son produit ne subissait absolument pas les soubresauts de la Bourse. Il était très confiant[2]... » Quelques semaines plus tard, Junot, mais aussi ceux à qui il conseillait ce produit miracle, perdront tout...

Daniel H. et les camelots

Depuis des années, Philippe Junot compte parmi ses meilleurs amis le couturier Daniel Hechter. Il a passé

1. *L'Express*, 15 janvier 2009.
2. Entretien avec les auteurs, le 4 février 2009.

une partie de son été 2009 avec lui dans sa maison de Saint-Tropez et les deux hommes adorent aller ensemble voir des matchs de football. Ironie de l'histoire, ce n'est pas Junot qui a vendu du Madoff à Hechter. Ce sont les banques, tout simplement. Le couturier s'était naturellement tourné vers elles pour gérer sa fortune et leur avait confié une bonne partie de son patrimoine. Il nous reçoit dans un appartement du XVIe arrondissement magnifiquement décoré, où les installations d'art contemporain voisinent avec quelques sculptures plus classiques. « C'est l'appartement de ma fille[1]... » dit-il en ouvrant la porte. On s'étonne : a-t-il perdu toute sa fortune dans l'escroquerie de Madoff, au point d'être obligé d'habiter chez ses proches ? Il éclate de rire. Non, sa fille vit à Boulogne avec son mari. Elle a conservé ce petit appartement qu'elle prête à son père lorsqu'il est de passage à Paris.

Depuis qu'il a vendu son entreprise à des Allemands en 1997, Hechter s'est en effet installé en Suisse. « Le fisc m'a cherché des poux dans la tête pendant des années. J'ai eu droit à deux contrôles. Et j'ai gagné à chaque fois contre eux. Mais je ne voulais plus leur faire le plaisir de me racketter à tout bout de champ pour le restant de mes jours. J'ai donc choisi de vivre en Suisse. » Pieds nus dans ses mocassins, chemise en lin bleu marine sur un jean, Daniel Hechter est bronzé, serein. Il doit partir le lendemain jouer au golf au Maroc quelques jours. « C'est vrai... Je ne suis pas tout à fait dans le même état que le 12 décembre. »

Ce jour-là, c'est son gendre qui lui apprend « l'affaire ». « Il avait lui aussi un peu de Madoff en portefeuille. On en avait parlé ensemble dans le passé. Et il

1. Entretien avec les auteurs, le 16 mars 2009.

était aussi surpris que moi par ce qu'il venait d'entendre à la radio. » Hechter montre le canapé noir en cuir sur lequel il nous a invités à nous asseoir. « J'étais installé là, à votre place. C'était à huit heures du matin et je suis resté sonné pendant quatre heures. J'ai repensé à ce que j'avais placé chez Madoff. Cela représente plusieurs millions d'euros. Dix années de travail. C'était comme si on m'avait donné un coup de poing dans la figure. »

Ce matin-là, dans son canapé, Hechter cherche des informations sur internet, écoute la radio, tente d'en savoir plus auprès de sa banque. Il fait ses comptes. Une sorte de bilan de sa vie. Et puis, au bout de quatre heures, il se relève. Par chance, il n'a pas mis tous ses œufs dans le même panier et n'a investi qu'une partie de sa fortune dans des placements financiers. Le reste, il l'a placé dans l'immobilier. Dans sa belle maison de Saint-Tropez et dans plusieurs autres propriétés. Passionné d'art contemporain, il achète aussi beaucoup d'œuvres. Et adore parler de cette passion. Il montre une très belle toile qui trône dans le salon. Un soldat américain tient dans ses mains une bannière étoilée... L'affaire Madoff n'a rien enlevé à l'amour d'Hechter pour les États-Unis.

Ce matin de décembre 2008, le couturier pense aussi beaucoup à ses enfants. Aux quelques amis proches qu'il a perdus ces dernières années. Et il se dit, au bout de quelques heures, qu'il y a des choses beaucoup plus importantes que l'argent. Qu'il doit simplement se battre pour récupérer son bien, et surtout ne pas se morfondre. Il décroche son téléphone, appelle l'entreprise qui gère sa participation dans l'avion privé qu'il partage avec d'autres grandes fortunes pour leur dire qu'il est vendeur de ses parts. Puis il fait le tour de quelques copains pour organiser un gueuleton avec eux. Et parler de la vie, la vraie.

La première fois que Daniel Hechter entend parler de Madoff, au début des années 80, c'est par l'intermédiaire d'un de ses anciens amis d'enfance installé à New York. Hechter est alors au faîte de sa gloire. La maison de couture qu'il a créée lorsqu'il avait à peine 20 ans fonctionne plutôt bien. À 50 ans, il a en tête d'innombrables projets. Outre la gestion de son entreprise, il multiplie les casquettes. Président de la fédération française de la mode, il veut monter plusieurs chantiers humanitaires qui lui tiennent à cœur. Et puis, il y a le foot bien sûr, sa passion de toujours. Après avoir été à la tête du PSG (entre 1974 et 1978), il a des vues sur le Racing Club de Strasbourg (il le dirigera entre 1986 et 1989). Il est aussi une des figures du Tout-Paris. Johnny Hallyday, Michel Boujenah, Paul Belmondo ou encore Henri Leconte défilent chez lui où se déroulent des fêtes plus sensationnelles les unes que les autres.

Son ami d'enfance lui explique qu'il connaît bien un financier américain chez lequel il a placé la totalité de son patrimoine. Et que celui-ci fait merveille. La régularité des rendements est époustouflante. Quant aux performances, elles dépassent 10 % l'an. Hechter écoute. Mais ne donne pas suite. « À cette époque, j'étais dans l'action. Je n'envisageais pas une seconde de vivre de mes rentes. »

Dix ans plus tard, en 1997, Hechter a 60 ans. Il vient de vendre (fort bien au demeurant) sa maison de couture et tire sa révérence. Il s'installe à Genève. Et comme tout propriétaire d'un patrimoine important, il fait le tour des gestionnaires de fortune. L'un d'eux lui vante les mérites de ce type dont on lui avait parlé dix ans auparavant. Pour un homme qui prend sa « retraite » des affaires, le placement est idéal : « Je ne suis ni un spéculateur ni un flambeur. Cet argent était le fruit du travail de toute une vie. Je n'avais pas l'intention de le dilapider. Je voulais un truc sérieux et sûr. »

Avant de s'engager, Daniel Hechter en parle à son ami Philippe Junot dont il sait qu'il vend des placements financiers. Et Junot ne tarit pas d'éloges. « Tu peux y aller sans problème, lui explique Junot. Madoff est un grand monsieur de la finance, très sérieux, pas du tout flambeur. »

Le banquier suisse qui propose à Hechter d'investir dans un fonds baptisé Palmer-Trotanoy, constitué de Madoff, lui explique la façon dont l'Américain réalise ses performances. « Il avait très bien appris sa leçon et connaissait tous les arguments pour vendre le produit. Les choses étaient très claires. Selon lui, il sentait le marché. Grâce à sa maison de courtage, il en avait une perception à nulle autre pareille. Il m'a montré des tas de courbes pour me prouver que même en cas de baisse des marchés, il ne se trompait jamais. Il achetait et vendait toujours au bon moment. Il réussissait à gagner 1 % tous les mois sur le marché. Et 12 % par an. C'était vraiment plus que correct. »

Hechter reconnaît qu'il s'est fait avoir comme un débutant. « Je suis un entrepreneur, pas un financier. Et j'y ai cru. Aujourd'hui, je sais qu'au-dessus de 4 ou 6 %, les rendements sont forcément risqués. Que tout cela relève du pari. Mais à l'époque, j'étais crédule. D'autant que j'avais clairement signifié à mon banquier que je voulais quelque chose de sûr et surtout pas de spéculatif. » Hechter est un homme en colère. « Ceux qui m'ont vendu Madoff se sont comportés comme des camelots. Aujourd'hui, ils prennent un air désolé pour m'expliquer qu'ils n'ont rien vu. Et tant pis pour moi… C'est inacceptable. J'ai de quoi vivre. Je vais m'en remettre. Mais ce n'est pas le cas de tout le monde. Et c'est pour ça que je me bats. Je n'ai rien à cacher. Rien à vendre. Il s'agit de morale. » Hechter, qui a confié ses intérêts à un avocat et tente de négocier la rétrocession des fonds qu'il a perdus, a déjà prévu plusieurs actions spectaculaires. « Je peux organiser une grande conférence de presse. Je sais que j'aurai une cinquantaine de journalistes. Et là, je peux détruire la réputation de la banque dans laquelle j'ai placé mes économies. Je peux faire des révélations de nature à les ruiner. » Il veut aussi savoir si les commissaires aux comptes ont bien fait leur travail de vérification. Connaître les complices qui ont aidé Madoff à réaliser son escroquerie. Il tourne le regard du côté de la SEC, et surtout de la famille. « On me dit que sa femme, ses enfants et son frère ne savaient rien. Peut-être. Mais moi, je veux savoir une chose, et une seule : ont-ils placé une partie significative de leur argent dans les fonds de Bernard Madoff ? Si oui, à moins d'un cynisme époustouflant, ils sont peut-être effectivement innocents. Sinon, ils doivent aller en prison. Ils savaient et ils n'ont rien dit. »

Hechter sourit. « Ce mec est quand même une énigme. Son côté grand-père bien sage est fascinant quand on sait ce qu'il a fait. » Madoff rappelle au couturier un escroc qu'il a connu alors qu'il dirigeait le PSG. Un type sympathique, particulièrement habile, qui avait monté une double billetterie au Parc des Princes. « À l'époque, le commissaire de police qui enquêtait sur l'affaire m'avait dit : "Vous savez, monsieur Hechter, il y a effectivement des escrocs sympathiques." Et le flic m'avait raconté sa théorie sur les truands. Les méchants escrocs terminaient braqueurs et les flics n'éprouvaient pas de tendresse pour eux. Ceux qui arrivaient à monter des coups en abusant de la confiance ou de la crédulité par le charme et la séduction, c'était autre chose... »

Il suffit pourtant que Daniel Hechter pense deux minutes à ses amis très proches pour que son sourire s'envole. L'un d'eux a perdu 80 % de sa fortune. Il s'est même endetté pour acheter du Madoff. Et doit maintenant rembourser des crédits importants alors qu'il n'a plus rien. Un autre a perdu la moitié de son patrimoine. Avec Philippe Junot, il évite de parler de l'affaire. « Ça ne sert à rien de ressasser. Il a tout perdu. Son job, son argent. Et certains de ses amis qui lui en veulent énormément, ce qui est stupide, car les gens sont allés chez Madoff tout seuls comme des grands. Junot n'est pas un escroc. Il s'est fait avoir comme les autres. Et tout le monde savait que ce n'était pas un professionnel de la finance. Il se contentait de donner des conseils et d'être un go-between pour ceux qui voulaient du Madoff. » Et ils étaient nombreux !

Avec Junot, Hechter préfère donc évoquer l'avenir. « Philippe va rebondir. Il connaît tout le monde. Ces dernières semaines, il a même un projet dans les énergies renouvelables. Et je suis sûr qu'il va réussir. »

Le couturier, qui a reçu plusieurs messages d'avocats ou de personnalités escroquées, assume son nouveau rôle de porte-parole des victimes. « Je n'ai rien à cacher. Et si cela peut en aider d'autres... »

Omar Harfouch ne se terre pas non plus. Les Français connaissent un peu ce Libanais et Ukrainien – il a la double nationalité – qui a participé à une émission de télé-réalité sur TF1 en 2006 « Je suis une célébrité, sortez-moi de là ! », et répond souvent présent pour apparaître dans les programmes people ; il a fait un disque et deux livres : *Mystères, scandales... et fortune* et *Confessions d'un milliardaire*. En Ukraine, il possède aussi un groupe de presse, SuperNova, et a organisé la finale du concours Elite Model Look, ce qui lui vaut une réputation sulfureuse. Il nous a confié avoir perdu 5 millions de livres sterling[1]. Et il fulmine : « Personne ne m'a jamais parlé de Madoff. C'est ma banque qui a fait ce placement pour moi. Je vais mettre dix ans à récupérer ma mise. Et cela me rend fou. »

1. Entretien avec les auteurs, le 2 avril 2009.

Les silences du « Who's Who »

En France, c'est bien connu, on n'aime pas parler d'argent. On aime encore moins raconter comment on s'est fait avoir. Et la plupart des people sont sur la même longueur d'onde : motus. Ce sont des avocats qui les représentent et il n'est pas question pour eux d'évoquer « l'affaire ». Par honte ? Par pudeur aussi. Révéler leur exposition reviendrait à parler de leur patrimoine. Et surtout à lever le voile sur leur crédulité. Depuis le mois de décembre, certains noms circulent cependant. Sollicitée par l'intermédiaire de l'une de ses proches, Caroline Barclay, la veuve d'Eddy, reconvertie depuis quelques années dans les relations publiques et engagée auprès de plusieurs organisations caritatives, n'a pas donné suite à nos demandes d'entretien. Même refus de Nicolas Rachline, producteur de films, héritier de son grand-père, Marcel Bleustein-Blanchet, le fondateur de Publicis. Lui aussi s'est fait abuser. Certains estiment qu'il a perdu au moins la moitié du patrimoine que lui a légué le fondateur de Publicis. Soit, vraisemblablement, plusieurs dizaines de millions d'euros. Mais ce « nouveau pauvre » nous a fait savoir qu'il considérait nos demandes d'entretien comme une « intrusion » dans sa vie privée. Mêmes dénégations de la part de l'héritier d'un grand du cognac qui aurait perdu plusieurs dizaines de millions d'euros, d'un acteur de cinéma, d'un écrivain. Les noms de certains membres des familles Bouygues ou Racamier (les héritiers de la fortune Vuitton) circulent aussi avec insistance dans Paris. « Comprenez-moi bien, explique maître Didier Martin, de Bredin-Prat, l'un des plus gros cabinets d'affaires parisien qui défend, entre autres, trois personnalités ayant respectivement perdu 5, 15 et 20 millions d'euros après avoir investi chez Madoff par l'intermédiaire de Thierry de La Villehuchet. Mes clients n'ont pas envie de se ridiculiser en reconnaissant publiquement qu'ils se sont fait escroquer. Quel intérêt cela aurait-il à leurs yeux ? Quant aux sommes perdues, elles ne sont pas si importantes pour eux... même s'ils souhaitent évidemment les récupérer[1]. » La plupart des victimes françaises choisissent donc de ne rien dire. Et de tenir tout cela secret.

La justice américaine n'a pas de telles préventions. Elle a dévoilé le nom d'une toute petite partie de ces Français qui avaient un compte chez Madoff. Transparence oblige. C'est un listing de 163 pages... En le consultant, on découvre que certaines des plus grandes fortunes françaises ont été touchées. Cette liste est très incomplète et ne précise pas les montants investis par les clients. Elle mérite aussi quelques éclaircissements. Page 54, figurent les mots suivants : « Halley invest. Attn : Jerome Theot. 480, rue Louise, Bruxelles Belgique. » Page 99 : « JP Delattre. Rue du 8 Mai-1945, Clichy. » Page 29 : « Madame Doris Igoin. Ssc. Laurence Apfelbaum. Rue de Vaugirard. 75006 Paris France. » Page 38 : « Financière Agache. 11, rue François-Ier Paris France. » Page 116 : « Pargeral, 14, rue Royale 75008 Paris France »...

Derrière ces lignes se cachent quelques-uns des plus gros patrimoines de l'Hexagone ou ceux qui gèrent leurs intérêts. Parmi eux, Jean-Paul Delattre, qui fut longtemps gestionnaire de la fortune de Liliane Bettencourt. Ou encore Bernard Arnault, le patron de LVMH, par le biais de sa holding privée, la Financière Agache. Lorsque son nom a été rendu public, l'homme d'affaires, qui n'a pas la réputation d'être un tendre en matière d'argent, a tenu à préciser que son compte était

---

1. Entretien avec les auteurs, le 19 mars 2009.

inactif depuis 2004 et qu'il n'avait rien perdu dans l'affaire. Pour ne pas ternir sa réputation ?

Très chères amitiés

On l'aura compris, bien que victimes d'une escroquerie, ces personnalités font profil bas. Elles ne veulent pas détailler le chemin qu'elles ont emprunté avant de se faire piéger. Elles ont une image à défendre. Elles refusent d'étaler leur stratégie de défense sur la place publique. Sans doute certaines ont-elles aussi des petits secrets qu'elles souhaitent garder pour elles. Soit. Mais ce ne sont pas les seules raisons de ce silence assourdissant. Parfois, leur investissement n'était pas uniquement synonyme de « rendements », « profits » et « gros sous ». Mais aussi d'« amitié » et de « confiance ». Cette dimension affective rend leur situation plus douloureuse encore.

Prenons le cas des Guerrand-Hermès. Certains membres de la famille des fondateurs du groupe de luxe sont très impliqués dans plusieurs œuvres caritatives. Et notamment dans Fountain House, basée aux États-Unis, dont les actions en faveur des handicapés mentaux sont aussi ciblées vers l'Europe. Or Bernard Madoff était lui-même un donateur important de Fountain House. Et c'est peut-être par ce biais qu'ils ont été incités à investir chez lui. Quant aux Igoin, le fondateur de la dynastie, un ancien communiste reconverti dans la finance, fut un ami de ce cher Bernie à qui il a confié une partie de sa fortune.

Pour le clan Halley, il s'agit tout simplement d'une belle amitié de trente ans entre deux hommes. Sur le papier, Halley Invest n'est qu'une holding, celle de la famille du fondateur du groupe de distribution Promodès (Continent, Champion, Shopi, Huit à huit, Ed...).

C'est Jérôme Théot qui était officiellement chargé des investissements chez Madoff. Installé en Belgique depuis de nombreuses années, il est un peu « l'homme de confiance » des Halley[1]. Il est notamment présent au capital de Citra, la holding qui a absorbé Halley Invest au printemps 2008. Mais il n'est finalement pour rien dans cet investissement. La réalité est très différente. Fondateur de Promodès, Paul-Louis Halley, le patriarche décédé en 2003 dans un accident d'avion, connaissait depuis quarante ans Thierry de La Villehuchet, le patron d'Access qui s'est suicidé peu de temps après la découverte du scandale. Et c'est par l'intermédiaire de cet ami de longue date qu'il a investi chez Bernard Madoff. Les deux hommes se sont connus alors qu'ils étaient tous deux très jeunes, lors d'un séminaire à Marbella, en Espagne, en 1966. Paul-Louis Halley avait une petite trentaine d'années, il démarrait dans les affaires. Thierry de La Villehuchet n'avait, lui, que 23 ans et venait de se faire embaucher par Paribas. Il ne devait sa présence à ce séminaire qu'à une qualité : ses talents de « voileux ». Quelque temps plus tôt, il avait été à deux doigts d'être sélectionné pour les Jeux olympiques et Paribas lui avait demandé de faire le déplacement à Marbella. Ce séminaire avait été organisé par Jacques Pictet, le créateur du magazine *LSA* (*Libre-service Actualités*), magazine professionnel de la grande distribution. À l'époque, le secteur connaissait un démarrage fulgurant mais n'était pas aussi puissant qu'aujourd'hui. Pour Pictet, qui animait également le syndicat professionnel, il s'agissait de regrouper pendant quelques jours dans un cadre agréable des banquiers, des jeunes pousses du sec-

1. Les porte-parole de la famille, aujourd'hui, refusent de dire combien ses membres ont perdu. « C'est anecdotique », a-t-il été répondu aux auteurs.

teur et certaines personnalités (à Marbella, Jacques Borel, le fameux créateur des restaurants d'autoroute, était la guest star). Histoire d'apprendre à se connaître. Le programme était simple : moitié bateau, moitié colloque sur les enjeux du secteur.

Au cours de ce séminaire espagnol, Halley et La Villehuchet ont tout de suite sympathisé. Ils ont même gagné ensemble l'une des régates organisées pendant le séjour. Et ces deux « pionniers de Marbella » (une sorte de titre honorifique dans le métier de la grande distribution) ne se perdront jamais de vue. Lorsqu'il se rendait aux États-Unis, Halley passait toujours par New York voir son vieil ami. Lorsque La Villehuchet rentrait en Bretagne, il ne manquait jamais de téléphoner à son ami pour tenter de faire une sortie en mer avec lui. Entre le Breton et le Normand, une solide amitié s'était tissée. Et c'est bien naturellement que Paul-Louis Halley a investi une partie des actifs de la holding familiale chez l'Américain par l'intermédiaire de son ancien coéquipier… Même démarche pour sa fortune personnelle. Amitié, confiance, bouche à oreille. La technique était imparable.

4

Crédulité, cupidité, sérénité

En ouvrant la porte de l'appartement new-yorkais où il nous reçoit, Stephen Greenspan, veste en velours sur un pull à col roulé, nous dit : « Je me suis habillé comme un prof de fac parisien, je me suis dit que ça vous ferait plaisir[1]... » Greenspan a l'ironie facile, mais l'affaire Madoff lui aura donné une occasion en or de prouver son sens de l'humour. Professeur de psychologie, il a beaucoup étudié ce qu'il appelle « l'intelligence sociale », et notamment comment se développent les « compétences » à la vie en société. Il est aussi expert auprès des tribunaux et c'est grâce à cette expérience qu'il est devenu, depuis une dizaine d'années, un spécialiste en « crédulité ». Il s'est d'abord intéressé au sujet en tentant de comprendre les mécanismes en jeu dans les fausses confessions ou encore, dit-il, « comment des accusés finissent par se laisser convaincre par des policiers d'avouer un crime qu'ils n'ont pas commis ».

Il a ensuite élargi ses recherches et, pendant plus de deux ans, écrit un livre tout entier consacré à l'étude de la crédulité. Le 10 décembre 2008, son éditeur lui a envoyé, pour qu'il les relise avant impression, les épreu-

1. Entretien avec les auteurs, le 19 février 2009.

ves de l'ouvrage titré *Annales de la crédulité. Pourquoi nous nous faisons avoir et comment l'éviter.*

À ce moment de son récit, Greenspan marque une pause, puis enchaîne : « Et le 11 décembre, j'apprenais que je m'étais fait avoir par Madoff. » Éclat de rire. L'arroseur arrosé, l'expert pris en flagrant délit d'inexpertise... On aurait compris qu'il veuille se cacher à jamais. Mais l'éminent professeur choisit d'affronter bravement l'adversité et publie, dans un magazine spécialisé, le récit de ses aventures[1]. Évidemment, les ricanements ne lui sont pas épargnés. Greenspan cite lui-même ce commentaire d'un blogueur, qui remarquait l'homonymie entre le psychologue et l'ancien président de la FED, la banque fédérale américaine, accusé par beaucoup de n'avoir pas vu venir la crise financière : « Greenspan Alan finira dans l'histoire comme l'homme qui n'a rien vu venir ; Greenspan Stephen, de son côté, sera l'expert en crédulité qui a oublié de lire son propre livre. »

Expert en crédulité

Mais pour Greenspan, l'épisode – au cours duquel il a tout de même perdu une bonne part de ses économies – est surtout la preuve par l'absurde de la validité de sa thèse, à savoir que, même dûment avertis, nous sommes tous à la merci des escrocs.

Pour lui, tout commence par une visite chez sa sœur, en Floride, il y a une dizaine d'années. À ce moment-là, le professeur a placé l'essentiel de son patrimoine dans un classique fonds de pension. Mais sa sœur lui présente

1. « The psychology of the Ponzi Scheme. How Bernard Madoff made off with my money », *Skeptic Magazine*, 2009, vol. 14, n° 4.

son conseiller financier, « un homme très sympathique, très charismatique et qui connaissait parfaitement son affaire ». Le professeur, qui planifie alors sa retraite, se laisse convaincre et, sur l'avis du conseiller financier, place une bonne part de son argent dans un fonds, Rye, qui se révélera être l'un de ceux qui « alimentent » Madoff. « Je cherchais un investissement qui offrirait un rendement plus sûr, plus régulier que le marché des actions ; c'est exactement ce qu'il promettait. »

Quand, le 11 décembre, son conseiller financier l'a appelé pour lui dire que Bernard Madoff avait été arrêté, sa première question a été, dit-il : « Qui est Bernard Madoff ? » Comme de nombreux investisseurs entrés via des feeder funds, des fonds nourriciers, Stephan Greenspan n'avait jamais entendu parler de l'escroc de Wall Street. « Je savais qu'un gestionnaire avait cette sorte de formule magique qui permettait ces retours ; il est même possible que son nom ait été mentionné, mais j'avais toujours pensé que c'était quelqu'un qui travaillait chez Rye. »

Quant à la stratégie employée, notre psychologue savait « qu'il était question d'options avec lesquelles il jouait de telle manière que c'était absolument sûr... ». Mais en réalité, admet Stephan Greenspan, « tout ça était pour moi un grand mystère », comme pour tout le monde. La raison du succès de Madoff est justement, dit-il, à chercher de ce côté-là.

Le professeur Greenspan raconte alors cette histoire ancienne et célèbre, qui se déroule en France au XIXe siècle, celle de Thérèse Humbert. Cette fille de paysans toulousains prétendait avoir reçu l'héritage d'un riche Américain auquel elle aurait porté secours dans un train deux ans auparavant. Le testament devait être gardé dans un coffre-fort jusqu'à ce que la jeune sœur de Thérèse Humbert soit en âge d'épouser un des deux neveux du riche Américain. La haute société de l'époque, rassurée par le fait que le beau-père de Thérèse Humbert était maire de Toulouse, puis ministre, se précipita pour prêter de l'argent à l'escroc en jupons, prêts garantis sur le futur héritage. Aux investisseurs, Thérèse laissait voir le coffre-fort, sans jamais l'ouvrir. « Elle entretenait le mystère, tout comme Madoff le faisait avec ce bureau du 17ᵉ étage où personne n'entrait jamais et où il était supposé exercer ses pouvoirs magiques. Nous sommes attirés par la magie ! »

Et puis, il y avait ce que faisaient « les autres ». En matière d'investissement aussi, l'enfer c'est les autres. « J'étais ravi d'entrer dans un hedge fund parce que c'était ce que les riches faisaient, donc pour moi c'était sérieux. » Puis, délaissant de nouveau sa casquette de victime pour celle de psychologue : « Le plus fondamental dans les fraudes pyramidales de ce type, c'est la tendance des êtres humains à modeler leurs actions sur celles des autres, particulièrement pour les questions qu'ils ne maîtrisent pas complètement. » Puisque d'autres, à qui je fais confiance, y sont depuis si longtemps, pourquoi douter ?

De ce point de vue, dit-il, toutes les bulles économiques obéissent au même phénomène : le seul fait que d'autres gagnent ou semblent gagner beaucoup d'argent est pour la plupart des gens une preuve suffisante, qui surpasse tous les arguments contraires les plus raisonnables.

Ce parallèle entre escroquerie pure et simple et « bulles financières », notre psychologue n'est pas le seul à le faire. Grand théoricien de ces phénomènes et auteur d'une somme sur la question[1], l'économiste Robert Shiller ose la comparaison : « C'est exactement le même état d'esprit qui prévaut, dit-il. Les bulles financières

1. Robert Shiller, *Exubérance irrationnelle*, Valor Éditions, 2000.

sont d'ailleurs des pyramides de Ponzi[1] qui se produisent "naturellement", ce sont les dernières vagues d'investisseurs qui assurent les gains des premières, jusqu'à l'écroulement[2]. » De la même manière que les investisseurs américains ont accepté de croire, pendant quinze ans, que les prix de l'immobilier ne cesseraient jamais de monter, les clients de Madoff ont accepté de croire qu'il pouvait légitimement produire ces retours extraordinairement constants. « Le spectacle des autres gagnant de l'argent nous conduit à suspendre totalement notre esprit critique », dit Shiller.

Faut-il alors mettre en cause la cupidité des investisseurs ? Greenspan ne s'exonère pas de l'accusation, mais, dit-il, « Madoff n'offrait pas des intérêts particulièrement forts, au contraire ; dans mon cas, ce qui m'intéressait, c'était la stabilité. Je n'avais pas investi dans ce fonds en espérant devenir riche rapidement. Ce qui m'excitait en l'occurrence, c'était d'avoir trouvé un investissement qui pouvait me permettre d'épargner suffisamment pour pouvoir vivre une retraite sûre et heureuse... ». Finalement, dit-il, la crédulité peut être induite autant par « la peur de perdre de l'argent » que par la cupidité.

Les rescapés

Pour Helen Chaitman aussi, Madoff était un placement béton, un investissement de bon père de famille. En 2004, à 62 ans, elle avait enfin de l'argent à investir. Elle entendait parler du prétendu génie de la finance depuis des années, notamment par des clients qui y

1. Voir le lexique en fin de volume.
2. « Madoff's Mayhem », *Bloomberg Markets Magazine*, mars 2009.

avaient placé leur argent et avaient vu leur pécule grossir avec une régularité sans faille. Quand il fut temps de placer ses économies en vue de sa retraite, Helen n'eut donc aucun doute. « Franchement, je n'avais pas l'impression de faire des excentricités, loin de là. À l'époque, la plupart des fonds offraient 15, 20 ou 30 %. Après impôts, je faisais dans les 6 %[1]. » Elle se souvient même d'avoir dit à l'ami qui lui a parlé de Madoff : « Finalement, le seul risque, c'est la fraude. » Éclat de rire de l'ami : « Tu plaisantes, ce type est dans le business depuis les années 70, il a une réputation impeccable. » L'ami lui-même ne connaît pas personnellement l'escroc qui inspire tant confiance, mais c'est un membre du St Andrews Country Club, à Boca Raton, en Floride, auquel il appartient également, qui l'a introduit dans le cercle. Il explique même que Madoff a fait des jaloux à Wall Street et que ces jaloux l'ont dénoncé à la Securities and Exchange Commission, mais que le gendarme de la Bourse n'a « absolument rien trouvé ».

L'ami d'Helen a perdu 22 millions de dollars. Pour elle, la somme est nettement inférieure, mais c'est la quasi-totalité de son patrimoine qui s'est envolée. Et donc toute sa retraite. Elle a 67 ans. Elle sait maintenant qu'elle devra travailler « jusqu'à la fin ».

Pourtant, n'aurait-elle pas dû, elle aussi, savoir quelque chose ? Helen Chaitman n'est pas psychologue comme Stephen Greenspan, mais elle a une autre spécialité au moins aussi utile en l'espèce. Elle est avocate en droit des affaires, experte notamment « dans les fraudes bancaires ». Dans les années 90, elle avait ainsi défendu des investisseurs spoliés à la Bourse de New York pour 100 millions de dollars. C'était l'ère pré-

1. Entretien avec les auteurs, le 16 mars 2009.

Madoff, celle où l'on comptait les escroqueries en millions, pas en milliards.

Le 11 décembre, elle s'occupe de sa petite-fille de deux ans. C'est un coup de fil d'un ami avocat qui la prévient de l'arrestation de Madoff. « Pourquoi fais-tu une plaisanterie pareille ? » lui répond l'avocate... Helen dit avoir perdu plus que l'argent : le sentiment de sécurité que lui donnait ce placement. « Madoff, dit-elle, avait compris mieux que quiconque que les gens voulaient ça plus que des intérêts spectaculaires. Et il leur donnait cette sécurité[1]. »

Rien ne la met plus en rage que d'entendre suggérer que les victimes sont aussi coupables, sinon de cupidité, au moins de légèreté. Qu'elles n'auraient pas fait le travail minimum pour s'assurer que leur argent était en de bonnes mains. « La SEC disait que tout était normal. Comment aurions-nous pu savoir ? ! » Depuis l'arrestation de Madoff, Hélène est devenue l'avocate – bénévole – de plus de 300 investisseurs. Elle travaille notamment avec un groupe informel, on line, baptisé Madoff Survivors, les rescapés de Madoff. Chaque jour, ses membres échangent de 75 à 100 e-mails où il est question de l'actualité, des déroulements de l'enquête, mais surtout de ce qu'ils peuvent faire pour récupérer au moins une partie de leur mise. Ils essaient aussi d'attirer l'attention des politiques sur leur cas, notamment pour que le fisc américain consente à des règles plus souples quant au remboursement des taxes qu'ils ont payées, indûment, sur des intérêts qui n'existaient pas[2].

---

1. *Ibid.*

2. Ils ont largement obtenu gain de cause : le fisc américain les a autorisés à déduire de leurs impôts 95 % des sommes perdues, une interprétation généreuse de la loi.

Pauvres victimes riches contre « vraies gens »

Seulement, en cet hiver 2009, le Congrès américain a d'autres chats à fouetter : le système financier à secourir, l'industrie automobile à maintenir la tête hors de l'eau, le chômage qui monte, la pauvreté qui explose. Le sort de quelques milliers, ou même dizaines de milliers, d'investisseurs suffisamment riches pour pouvoir mettre leur argent dans un fonds aussi sélect n'émeut pas vraiment les foules. Les victimes le savent et rien ne provoque plus d'e-mails enragés sur Madoff Survivors qu'un article ou une émission de télé où l'on interviewe des « riches et célèbres ». « Pourquoi les médias continuent-ils d'ignorer qu'il y a beaucoup d'Américains normaux parmi les victimes ? » est le leitmotiv de ce site.

Il est vrai que certaines des victimes ont prêté le flanc à la critique. Prenez Alexandra Penney, écrivain à succès. Son livre *Comment faire l'amour à un homme*, en 1982, s'est vendu à plusieurs millions d'exemplaires. Cette ancienne rédactrice en chef du magazine *Self* avait « plus que tout peur de tout perdre ». Pour la rassurer, un ami lui avait conseillé Madoff. Ses ouvrages lui avaient rapporté assez d'argent pour lui permettre de vivre de ses rentes et se consacrer aux arts graphiques. Elle a tout perdu et a décidé de tenir un blog sur ses mésaventures et sa peur de devenir une *bag lady*, une vagabonde. Un blog[1] où elle raconte, entre autres choses, qu'elle doit de nouveau prendre le métro « pour la première fois depuis trente ans », ou qu'elle a peur de devoir vendre sa résidence secondaire de Palm Beach, ou se séparer de ses bijoux. Évidemment, les réactions n'ont pas tardé. Son site est inondé de commentaires acerbes destinés à

1. « The Bag Lady Papers », sur le site *The Daily Beast.*

cette pauvre petite fille riche. « Bienvenue dans la vraie vie », lui dit-on, avant de lui conseiller d'apprendre à repasser elle-même, puisqu'elle a confié qu'elle devrait se séparer de Yolanda, sa bonne colombienne qui repasse les chemisiers blancs qu'elle porte chaque jour, « soigneusement amidonnés ». « J'en ai quarante », avait-elle écrit.

Quand nous la joignons au téléphone, trois mois après le cataclysme, Alexandra Penney n'a pas le temps de nous recevoir. Elle est dans son cottage à Palm Beach, occupée à écrire le livre pour lequel elle vient de signer un contrat « pour un joli montant ». C'est vrai, dit-elle, je ne suis pas une vagabonde « et ne le serai sans doute jamais ».

Cette perception, ces réactions violentes du public, certains investisseurs les supportent mal. Comme si on leur refusait le statut de victimes. Du coup, ils décident d'agir pour faire changer cette image. Cela fait un peu plus de deux mois que Madoff a été arrêté quand nous recevons un appel. « J'ai entendu dire que vous cherchiez à parler à des victimes de Madoff », nous dit l'interlocuteur. Richard Friedman, un comptable de 60 ans, veut nous voir pour, dit-il, nous montrer que ces investisseurs sont « des gens normaux ». Richard et son épouse Cynthia nous reçoivent dans le salon entièrement blanc de leur « condominium » à Long Island, dans la grande banlieue de New York. Contrairement à l'immense majorité des autres victimes, les Friedman ne refusent pas les demandes d'interview, ils les sollicitent même et patiemment répètent leur histoire. Comment son père, expert-comptable, avait recontré Madoff via un client. Comment tout l'argent de la famille avait fini par être placé là, « à l'abri »[1]...

---

1. Entretien avec les auteurs, le 9 mars 2009.

Trois heures plus tard, penché sur les dizaines de relevés de comptes Madoff qu'il épluche à longueur de journée, Richard confie qu'il a découvert le pouvoir cathartique de ces interviews à répétition. « Vous ne pouvez pas imaginer ce que c'est que de se réveiller un matin et d'avoir tout perdu. » Il pensait avoir deux millions de dollars sur son compte personnel, sept millions sur celui de son père, aujourd'hui décédé, dont les intérêts servaient à assurer les soins de sa mère, atteinte de la maladie d'Alzheimer. Il n'avait en réalité rien. Un déclassement express qui les laisse hagards. « Madoff n'était pas celui qu'on croyait, mais du coup nous n'étions pas non plus ceux que nous croyions être. » Ils se voyaient comme des baby-boomers à l'abri du besoin, fiers d'avoir économisé toute leur vie, d'avoir fait de leurs enfants des médecins et des avocats, assurés de mener une vie sans ostentation mais confortable. Tout s'est envolé.

Lettres à un juge

Lorsque Bernard Madoff a comparu devant le juge Chin pour plaider coupable, le 12 mars 2009, le juge avait invité les victimes à lui écrire, et pour certaines à venir s'exprimer à l'audience. L'objectif était d'offrir une tribune à des personnes frustrées par sa décision de plaider coupable, ce qui signifiait qu'elles seraient privées d'un vrai procès où elles auraient pu, espéraient-elles, en apprendre plus sur l'escroquerie. Le juge a reçu des dizaines de lettres où les épargnants racontent leur histoire, leur détresse.

La lecture de ce paquet de lettres est fascinante. C'est d'abord le rêve américain à l'œuvre. Tous ceux qui écrivent, presque sans exception, expliquent qu'ils n'ont « rien à voir avec les "riches et célèbres" que montrent les médias ». Ils insistent sur leurs origines modestes, leur travail acharné et sa juste rétribution : une vie confortable et, surtout, « la sécurité ». Un autoportrait de l'Amérique telle qu'elle aime se voir : laborieuse, entrepreneuriale, sérieuse, prospère. D'où l'incompréhension que laissent paraître ces lettres, incompréhension de gens à qui la vie avait, généralement, plutôt souri. Qui avaient, comme beaucoup l'écrivent, « fait tout comme il faut, travaillé dur, épargné, vécu raisonnablement » pour, au moment d'en profiter, voir tout s'effondrer. « Nous n'étions pas des gens chic, je conduis une Honda de 2005 », dit William Robinson. « J'ai vécu toute ma vie avec modération, dans une petite maison », dit Neil Friedman, de Palm City.

Il y a Richard Shapiro, un promoteur immobilier de Californie, qui, explique-t-il au juge, a décidé, « il y a quatre ans, de vendre [s]es propriétés immobilières, pensant que le marché était devenu surévalué ». Il avait placé le fruit de cette vente chez Madoff… Il raconte au juge la profonde dépression dans laquelle il est tombé, ses quinze kilos perdus en trois semaines. « Nous avons été violés et Madoff devrait être traité comme un violeur. »

Il y a aussi Roger Peskin. Il avait 28 ans quand, en 1970, il créa *Gallery Guide*, un mensuel consacré aux arts. En 2004, il vend le magazine pour 2,5 millions de dollars, qu'il place immédiatement chez Bernard Madoff ; il remettra de l'argent à deux autres reprises, notamment 470 000 dollars de la vente d'une maison, trois semaines avant la chute finale. Il avait choisi l'ancien président du Nasdaq, car son intermédiaire lui avait assuré que « la première préoccupation de Madoff était la préservation du capital ». Il lui fallait des versements réguliers, puisque désormais ses seuls revenus provenaient de son capital placé. Mais tout ça a disparu. « Nos vies sont passées de la sécurité durement gagnée à une incertitude insupportable », a-t-il écrit au juge Chin à la veille de l'audience au cours de laquelle Bernard Madoff allait plaider coupable.

Laura Stein, 63 ans, ancienne publicitaire, et son mari Gene Wolsk, ex-producteur à Broadway, 80 ans, étaient, eux, investisseurs chez Madoff depuis vingt et un ans. Au fil des années, ils y ont placé une part de plus en plus importante jusqu'à l'automne 2008. « Nos autres investissements avaient baissé considérablement, nous avons mis le reste de l'argent chez Madoff », témoigne Laura.

Merci pour la sécurité !

Liliane Shalom, elle, n'a pas écrit au juge. Non pas qu'elle n'aurait rien eu à lui dire. Cette femme dynamique, pétillante, juive marocaine installée à New York, a le verbe facile. Simplement, dit-elle, elle essaie d'« oublier Madoff ». Certes, le fait qu'elle n'ait perdu qu'une partie de son patrimoine l'aide à relativiser. Sur les 7 millions de dollars de placements qu'elle possède, Bernie en avait 1,3 million. Non, la raison de son détachement est ailleurs : « Je suis née dans une famille immensément riche, au Maroc. Et un jour nous avons tout perdu, nous avons vécu dans une pauvreté incroyable[1]. »

Et puis il y a autre chose, un sentiment qu'elle n'ose pas vraiment partager avec les autres victimes de Madoff, quelque chose qui ressemble à de la reconnaissance pour l'escroc. Non qu'elle ne le déteste pas, comme tout le monde. Elle ne manque jamais une occasion de maudire son nom. Mais quand même, nous dit-elle, « pendant les huit ans où j'ai eu de l'argent chez lui, Madoff m'a apporté la tranquillité, la sérénité. Je savais que, tri-

1. Entretien avec les auteurs, le 13 mars 2009.

mestre après trimestre, je toucherais mes intérêts, que mon argent était en sécurité. Alors oui, c'était un mensonge. Mais franchement, est-ce que j'échangerais le million que j'ai perdu contre ces huit ans de sérénité ? Non, je ne crois pas... ».

5

La sicav de madame Bettencourt

Les sicav ont l'ambition d'apporter une certaine sérénité. Ces produits financiers assez basiques méritent rarement que l'on s'intéresse à leur histoire. Mais dans le cas de Luxalpha, c'est différent. Très différent. D'abord, parce que la plupart des victimes françaises ont investi chez Madoff par son intermédiaire. Ensuite, parce que l'origine de cette structure est tout à fait singulière.

L'histoire commence en 1997. Access est toute jeune. Littaye et La Villehuchet proposent à leurs clients d'investir chez le broker américain en ouvrant un compte en direct chez lui. À l'époque, pour Access, Madoff n'est pourtant pas un produit phare. La société commercialise une dizaine d'autres fonds.

Petite sicav entre amis

En 1997, la relation d'Access avec Madoff va pourtant prendre de l'ampleur grâce à une rencontre. Par l'intermédiaire d'un ami de Patrick Littaye, les deux patrons d'Access entrent en contact avec Jean-Paul Delattre, le gestionnaire des biens de Liliane Bettencourt, la femme la plus riche de France, héritière de L'Oréal, créé par son père Eugène Schueller, le chimiste et inventeur de Monsavon. À 76 ans, cette fille unique, mariée à André Bettencourt, un ancien ministre de De Gaulle, ne se contente pas de faire de la figuration. Elle siège au conseil d'administration de L'Oréal et préside son comité des rémunérations. Mais elle a délégué à Jean-Paul Delattre la gestion quotidienne de son immense fortune.

Delattre est le secrétaire général de la fondation Bettencourt-Schueller, créée par l'héritière. Il est aussi à la tête de deux holdings, Thetrys et Gespral, qui regroupent, outre les intérêts de la famille dans L'Oréal (celle-ci possède un tiers du capital de l'entreprise), dans Nestlé (les Bettencourt possèdent 3 % de la firme suisse), plusieurs grosses participations dans des sociétés ainsi que des centaines de millions d'euros de placements. En écoutant ses interlocuteurs, Delattre se laisse convaincre par les vertus du produit[1]. Celui-ci correspond tout à fait à une partie des besoins de Liliane Bettencourt. Mais aussi de sa fondation, l'une des plus riches de France, qui reçoit de la part de sa bienfaitrice entre 4 et 6 millions d'euros chaque année.

Pour une fondation, Madoff est en effet une aubaine. Ce n'est pas un placement risqué et son rendement est tout à fait correct, régulier et performant. Lors d'un conseil d'administration, Delattre évoque la question. Autour de la table siège notamment Michel Albert, énarque, ancien commissaire au Plan et ex-patron de l'UAP. Et personne ne trouve rien à redire à cet investissement…

L'affaire est donc entendue. Et ce d'autant plus que Delattre a obtenu un privilège rare : un rendez-vous

1. Selon les proches de Liliane Bettencourt, celle-ci n'a entendu parler de Madoff que le 12 décembre 2008.

avec Bernard Madoff. Une petite partie de la fortune de Liliane Bettencourt sera placée chez Madoff à travers un compte direct. Delattre tique pourtant sur un détail : avoir un compte en direct chez un broker américain, même ayant pignon sur rue et la meilleure réputation qui soit, pour lui confier plusieurs centaines de millions de francs, voilà qui n'est pas dans les habitudes de la maison. L'homme de confiance de Liliane Bettencourt veut donc rapidement s'appuyer sur une structure juridique fiable. Il exige que le placement Madoff s'effectue à travers une sicav immatriculée en Europe, ce qui permettra aussi de faire entrer d'autres investisseurs, des proches de Liliane Bettencourt. C'est que la somme en jeu s'élèverait à près d'un demi-milliard de francs pour la femme la plus riche de France. Et au moins autant pour ses proches qui, eux aussi, ont été convaincus par Access d'investir chez Madoff.

Un instrument sur mesure

Les patrons d'Access ne sont pas contre la proposition de Delattre. Ils sont même plutôt favorables à la création d'une sicav. Patrick Littaye évoque alors le projet avec Madoff. Et Bernie n'y voit aucun inconvénient. À une condition : que Littaye garde la main sur la collecte des investissements et reste son seul interlocuteur direct. Un temps, Access envisage d'enregistrer cette sicav en France. « Mais les exigences de l'AMF étaient telles que c'était tout à fait dissuasif, raconte un ancien collaborateur d'Access. C'était beaucoup plus simple et plus rapide de faire ça au Luxembourg. Il y avait moins de formalités. » L'opération est tout à fait légale et n'a rien à voir avec l'autre particularité du grand-duché, le secret fiscal, qui permet aux indélicats de frauder le fisc. Simplement, le Luxembourg tente alors par tous les moyens de devenir « la » grande place financière du vieux continent. Et pour réaliser cette belle et grande ambition, il déroule le tapis rouge à tous ceux qui ont de l'argent. Une sicav peut donc être créée administrativement en quelques jours. Et recevoir son agrément en quelques semaines. Alors qu'en France, les mêmes démarches prennent un temps fou.

La sicav sera donc luxembourgeoise. La banque dépositaire, gardienne des fonds, sera la très sérieuse BNP-Paribas. Quant au nom de la sicav, c'est toute une – vieille – histoire : Oreades, comme les nymphes des montagnes qui, dans la mythologie grecque, se livrent à la chasse au cerf et au sanglier et font un cortège autour de Diane.

Nous avons pu nous procurer le document de création d'Oreades. Il date du 17 novembre 1997 et précise que la société d'investissement à capital variable (sicav) est domiciliée 22, boulevard Royal à Luxembourg. Comme souvent dans ce genre de situation, ceux qui créent la société ne sont pas présents, ce jour-là, devant maître Frank Baden, le notaire chargé de rédiger l'acte de création. Ni Delattre, ni Littaye, ni les cadres de la BNP n'ont fait le déplacement. Tethys SCA et Gespral, les deux holdings domiciliées à Clichy, non loin du siège de L'Oréal, sont donc représentées par deux Luxembourgeois, Ben Dufour et Claude Bouillon, qui ont tous les deux reçu un mandat quelques jours plus tôt.

Dans ce document, on apprend aussi qu'Oreades a le droit de créer des filiales partout dans le monde sauf aux États-Unis. Mais que dans « le cas d'événements extraordinaires d'ordre politique ou militaire, de nature à compromettre l'activité normale de la société, son siège social pourra se délocaliser dans un autre pays ». Une disposition tout à fait classique. Plus intéressant, le président du conseil d'administration de la sicav est un cadre de BNP-Paribas. Paul-François Gauvin[1] siégera notamment aux côtés de Jean-Paul Delattre, le représentant de Liliane Bettencourt, et de deux autres cadres de la banque, Jean-Marc De Volder et Gérard Lebeau. Un auditeur est choisi, il s'agit de KPMG. Du grand classique en somme…

Révolution de palais

Oreades fonctionne ainsi jusqu'en 2004. Et plutôt bien. Les rendements obtenus pendant ces sept premières années d'existence de la sicav sont parmi les meilleurs que sert Madoff. En 2004, Access, la BNP-Paribas et surtout les gestionnaires de la fortune de Liliane Bettencourt décident pourtant de mettre fin à leur partenariat et de dissoudre Oreades. Chacun a de bonnes raisons de dire stop. Personne ne remet en cause les talents de Madoff, encore incontestés. Mais il s'est joué, au début de l'année 2004, une révolution de palais parmi la garde rapprochée de Liliane Bettencourt. Jean-Paul Delattre n'est plus en odeur de sainteté. Et c'est Patrice de Maistre, un ancien commissaire aux comptes de L'Oréal (entre 1998 et 2001), qui a repris la gestion des actifs de la famille Bettencourt, désormais réunis au sein d'une holding baptisée Clymène. Comme son prédécesseur, Maistre pilote aussi la fondation Bettencourt. Et il souhaite remettre à plat les investissements réalisés avant son arrivée. Petit à petit, il recrute aussi des financiers réputés très compétents. Parmi eux, Florence Woerth, diplômée d'HEC, ancienne de la banque Pala-

1. Le service de presse de la BNP-Paribas n'a pas souhaité donner suite à nos demandes d'entretien avec Paul-François Gauvin, qui dirige aujourd'hui BNP-Paribas en Norvège.

tine et de Rothschild & Compagnie... et accessoirement épouse d'Éric Woerth, le ministre du Budget de François Fillon. Elle entre chez Clymène en 2007.

La BNP, elle, souhaite aussi depuis plusieurs mois se retirer du jeu. Non parce qu'elle ne « sent » plus Madoff. Mais parce que cette gestion partagée entre Clymène, Access et ses propres équipes ne lui convient plus. Coincée entre des investisseurs qui ne sont pas n'importe qui et Access, la banque est en quelque sorte la troisième roue du tandem : elle joue un peu le rôle d'un comptable.

Restent les dirigeants d'Access. Ils souhaitent depuis longtemps passer à la vitesse supérieure. Pour une raison simple : ils ont de plus en plus de clients qui désirent entrer chez Madoff. Mais qui rechignent à investir directement chez le broker américain et préféreraient y placer leur argent à travers une sicav, beaucoup plus liquide, qui permet d'entrer et de sortir de ce placement à leur guise. Access songeait d'ailleurs depuis plusieurs mois à créer une seconde sicav qui pourrait justement héberger davantage d'investisseurs. D'un commun accord, il est donc décidé de mettre fin aux activités d'Oreades. C'est chose faite le 19 mai 2004. Lors de la dissolution, les choses se passent bien. Liliane Bettencourt récupère l'intégralité de son investissement ainsi que les intérêts cumulés, soit 100 millions d'euros[1]. Même chose pour les autres investisseurs, dont une grande entreprise française, qui récupèrent ensemble 200 millions d'euros. Bernard Madoff paye rubis sur l'ongle. Personne n'imagine alors qu'il utilise pour cela l'argent d'autres clients. La transaction se passe si bien

1. Tout en contestant ces montants, les proches de Liliane Bettencourt n'ont pas voulu nous dévoiler quelle fut l'exposition maximale à Madoff de la milliardaire entre 1997 et 2008. Ils ont en revanche accepté de nous donner le montant de ses avoirs dans Luxalpha au 12 décembre 2008 : 28 millions d'euros.

que, dans la foulée, Patrice de Maistre accepte d'investir à nouveau dans la sicav qu'Access s'apprête à créer et qui doit porter le nom de Luxalpha. Quant à Jean-Paul Delattre, qui reçoit une belle indemnité au moment de son départ de la fondation, il en place une grosse partie dans Luxalpha et tente aujourd'hui de récupérer sa mise.

Rétrospectivement, les proches de Liliane Bettencourt confient être passés à côté d'une catastrophe[1]. Si la sicav Oreades avait été élargie à d'autres clients, la femme la plus riche de France aurait pu en être considérée comme la « promotrice ». Et sa responsabilité aurait pu être pointée du doigt pour avoir encouragé l'investissement Madoff. Grâce à la dissolution d'Oreades en 2004, Liliane Bettencourt n'est plus qu'une victime parmi d'autres. Mais le boulet n'est pas passé loin… Dans l'entourage de Liliane Bettencourt, le soulagement est d'autant plus grand que depuis le mois de décembre 2008, soit au même moment que l'affaire Madoff, la milliardaire est bien plus préoccupée par un autre dossier judiciaire. Sa fille a entamé une procédure pour exiger une expertise sur l'état de santé de sa mère à la suite des innombrables dons importants que celle-ci a effectués au profit du photographe de mode François-Marie Banier…

Une belle vitrine

Au début de l'année 2004, puisqu'ils savent qu'Oreades va disparaître dans six mois, Littaye et La Villehuchet sont à la recherche d'une banque pour remplacer la BNP-Paribas et adosser la nouvelle sicav qu'ils veulent

1. *Le Monde*, 23 janvier 2009.

créer et qu'ils ont baptisée Luxalpha. La banque qu'ils choisiront devra notamment jouer le rôle de dépositaire des fonds collectés par Access. Mais aussi être l'administrateur principal de la sicav, comme le faisait BNP-Paribas avec Oreades. Le deal est clair : la banque partagera avec Access les frais de gestion qu'elle percevra des clients amenés par Patrick Littaye et Thierry de La Villehuchet. L'affaire est donc très intéressante pour la banque choisie : les commissions s'élèvent à plusieurs dizaines de millions d'euros par an. Littaye et son associé font ainsi le tour des grandes institutions installées à Paris et à Luxembourg. Et ils n'ont que l'embarras du choix : quatre d'entre elles se portent candidates.

Access choisit rapidement l'Union des banques suisses. D'une part, parce que ses dirigeants entretiennent avec celle-ci d'excellents contacts depuis plusieurs années. D'autre part, parce que l'UBS, numéro un mondial de la gestion de patrimoine, pourvue d'une excellente réputation auprès d'une clientèle fortunée, est une belle vitrine pour Access. La meilleure sans doute. Elle gère plusieurs milliards d'actifs à travers toute la planète[1].

Côté UBS, on est ravi. Avec le broker, la banque suisse entretient une relation de longue date. Ses responsables connaissent le New-Yorkais depuis plusieurs décennies. Et pour cause... Comme la plupart des banques qui travaillent avec les États-Unis, les cadres suisses passent par l'entreprise de courtage de Madoff pour acheter et vendre des titres à la Bourse de New York.

Nous avons pu nous procurer les documents officiels qu'UBS transmettait chaque année à la SEC, le gendarme de la Bourse américain, pour détailler – c'est une obligation aux États-Unis – le nom des courtiers avec les-

1. En 2008, UBS gérait plus de 1 800 milliards d'euros d'actifs.

quels elle travaillait. Bernard Madoff figure en tête de liste. En 2007, sur les neuf premiers mois de l'année, UBS déclarait ainsi à la SEC que BLMIS, la firme de Madoff, avait « géré » 14 % de ses ordres au New York Stock Exchange et 1 % de ceux passés au Nasdaq – sur ce marché, UBS traite elle-même, en interne, 98 % des ordres.

En février 2004, lors de la création de Luxalpha, UBS est donc enchanté. D'autant que les clients amenés par Access affluent. Certains Français qui détenaient des comptes en direct chez Madoff les ferment pour les transférer dans Luxalpha. C'est autant de frais de gestion supplémentaires à empocher. Et à Genève comme à Paris, tout le monde s'imagine que la fête va continuer éternellement…

6

Une si respectable banque suisse

Roger Hartmann est suisse. Il jouit d'une excellente réputation au Luxembourg. C'est un notable. Une personnalité. Il donne quelques cours de finance à l'université. Il accompagne le ministre du Trésor lorsque celui-ci se rend à l'étranger pour « vendre » la place financière luxembourgeoise. C'est un pilier de l'Association des banques et des banquiers luxembourgeois. Bref, c'est quelqu'un qui compte.

Lorsque Roger Hartmann annonce qu'il quitte la filiale luxembourgeoise d'UBS qu'il dirigeait depuis 2001 pour rejoindre le prestigieux cabinet d'audit Ernst & Young, toujours à Luxembourg, le journal économique et financier *PaperJam* réalise une grande interview de ce banquier quinquagénaire. Et celui-ci ne boude pas son plaisir. « Je voulais partir au plus haut. Je prétends que je pars au plus haut ! » dit-il en racontant comment UBS est devenu, sous sa houlette, « une plate-forme totalement incontournable en Europe ». « En 2001, nous n'étions pas "on the map", comme disent les Anglo-Saxons. Je suis aujourd'hui certain que nous sommes désormais vraiment présents, reconnus, parmi les tout premiers. » En six ans, dit-il, la filiale de la prestigieuse banque suisse a fait des étincelles. Elle est notamment devenue un géant de la gestion de fortune de gros patrimoines, a quintuplé le nombre d'actifs gérés et presque doublé son personnel. Et Hartmann raconte son succès sans fausse pudeur : « J'essaie en permanence de communiquer ma passion. Ma passion du travail bien fait, de la motivation. Ma passion de la qualité. Je suis un P-DG très fier d'être proche des gens. Et qui pense que cette proximité aide à mieux comprendre les besoins des gens. » Il donne aussi quelques clés de sa réussite : « J'adore créer, innover. Je suis un innovateur, un inventeur, j'ai besoin de créer. » Hartmann dévoile encore les secrets de son management. « Dans mes choix et décisions, il y a beaucoup d'estomac. Il y a plus d'estomac que d'analyse intellectuelle. On doit voir et sentir si on peut vraiment apporter de la valeur ou pas. S'il y a un doute, il ne faut pas. Je suis beaucoup plus un pionnier et un constructeur qu'un guerrier qui doit se battre dans des structures compliquées. » L'interview-fleuve, qui évoque au passage sa passion pour le patinage artistique, se termine sur ces quelques mots : « J'adore déménager les montagnes[1]. »

Depuis que l'affaire Madoff a éclaté, Roger Hartmann se fait nettement plus discret. À ses amis banquiers qui lui demandent comment il va, il se contente de cette réponse : « Sur un plan personnel, je vais très bien. » Mais les interviews, c'est fini[2]. Et pour cause... Tous les regards sont tournés vers lui. Depuis la création de Luxalpha en 2004 et jusqu'en janvier 2008, il en était l'administrateur et le managing director. Il est ensuite passé chez Ernst & Young, toujours au Luxembourg. Lequel était aussi l'auditeur... de Luxalpha entre 2004 et 2008.

---

1. Interview publiée dans *PaperJam*, le 22 octobre 2007.
2. Sollicité par les auteurs, Roger Hartmann a répondu par mail le 21 avril 2009 pour dire qu'il ne souhaitait pas répondre à leurs questions.

Une sicav au-dessus de tout soupçon

Luxalpha ! Ses performances, d'une linéarité étonnante, s'affichent fièrement. Les caractéristiques du produit aussi. C'est un OPCVM, un produit accessible au grand public[1] et doté de toutes les autorisations officielles.

En février 2004, Luxalpha avait en effet reçu l'agrément du gendarme de la Bourse luxembourgeoise, la Commission de surveillance du secteur financier (CSSF). Un agrément transmis en novembre 2004 à l'Autorité des marchés financiers (AMF). Un sésame officiel qui permet à Luxalpha de bénéficier du « passeport européen » et donc d'être commercialisé partout dans l'Union. Avec toutes les garanties... Au moins sur le papier.

La lecture de l'ensemble des prospectus publiés par Luxalpha entre 2004 et 2008 est très instructive, au regard de la suite de l'histoire. Ces plaquettes promotionnelles multiplient les approximations. Celles de février et d'août 2004 indiquent que le gestionnaire du portefeuille de Luxalpha est UBS[2]. Elles indiquent encore que la société de gestion, UBS donc, est respon-

1. OPCVM : organisme de placement collectif en valeurs mobilières. Voir aussi le lexique en fin de volume. C'est également un produit très réglementé qui doit recevoir un agrément dans un pays européen et doit obligatoirement distribuer un prospectus à ses clients. Celui-ci doit détailler son fonctionnement, la façon dont il est géré et la manière dont les fonds sont investis. Quant aux revenus de la sicav, ceux qui en achetaient depuis la France devaient déclarer tout à fait officiellement les revenus de cette sicav au fisc.

2. Elles précisent même que « la gestion de portefeuille comporte la gestion active des actifs du compartiment ainsi que le suivi et l'ajustement permanent des placements ».

sable de la gestion, de l'administration et de la distribution des actifs de la sicav. Ce qui est une disposition obligatoire au regard de la réglementation européenne. Or les conditions d'exercice de ce rôle pour UBS font débat aujourd'hui. Le véritable gestionnaire des fonds n'était-il pas Bernard Madoff ? Tout semble indiquer que oui. Autre élément embarrassant : ces prospectus ne mentionnent pas que les fonds collectés ont été confiés à Madoff. Or cela aurait dû figurer noir sur blanc.

Autre surprise : si le nom d'Access International Advisors est bien mentionné dans les documents de 2004 et 2007, la fonction d'Access, la société de Patrick Littaye et de Thierry de La Villehuchet, n'est signalée qu'en qualité de « conseiller de portefeuille du gestionnaire de portefeuille », un rôle tout à fait secondaire.

Reste la nature des investissements. En août 2004, le prospectus explique que « le compartiment[1] vise à donner aux investisseurs l'occasion d'investir principalement en valeurs mobilières cotées ou listées aux États-Unis et à réaliser une performance stable destinée à assurer une plus-value régulière tout en veillant à la sécurité du capital et à la liquidité du portefeuille. Les actifs du compartiment sont investis selon le principe de répartition des risques en actions cotées à la Bourse de New York ou au Nasdaq et/ou en bons du Trésor américain [T-Bills] ». Sur le papier, tout est donc limpide. Les souscripteurs peuvent dormir sur leurs deux oreilles.

Le dernier rapport annuel de Luxalpha date du 31 décembre 2007. Il est encore plus riche en informations édifiantes. Dans ce document de quinze pages, le

1. Autrement dit, la sicav Luxalpha.

nom de Bernard Madoff n'apparaît pas. Comme dans toutes les plaquettes promotionnelles, celui d'UBS figure en revanche absolument partout. Prenons le « board of directors » de Luxalpha : outre un avocat et Patrick Littaye, les quatre autres membres de la direction de Luxalpha sont des cadres d'UBS. À commencer par Roger Hartmann, « chairman » de Luxalpha et ancien de la banque suisse. Autre rubrique, les « day to day managers ». Ils sont quatre, tous salariés d'UBS. La banque dépositaire et le « distributor » sont encore une fois UBS. Quant au siège social de la sicav, il se trouve au 33, avenue Kennedy à Luxembourg. C'est-à-dire... au siège même d'UBS Luxembourg. Suit une multitude de renseignements techniques et légaux. Pages 6 et 7, c'est le rapport des auditeurs de Ernst & Young qui ne trouvent rien à redire sur la gestion de la sicav et considèrent que les documents qu'ils ont décortiqués donnent « a true and fair view of the financial position » (une image juste et vraie des positions financières) de Luxalpha. La description des activités du fonds est elle aussi très précise[1]. Elle explique que « le fonds est investi à 98,7 % aux États-Unis. Que, pendant l'année 2007, il a été investi pendant 243 jours en bons du Trésor américain. Et durant les 122 autres jours de l'année, dans des actions, plus particulièrement dans un panier de 49 entreprises américaines représentatives du S & P 100 », l'équivalent américain du CAC 40. De quoi faire évidemment sourire, quand on sait qu'il n'en était rien. Et qu'une fois collectés, les fonds s'envolaient...

1. Le prospectus 2007 indique, entre autres particularités, que le fonds est également spécialisé dans l'achat et la vente d'options sur ces actions.

Lucratives commissions

Le rapport annuel pour l'année 2007 dit encore autre chose. On y apprend qu'en 2005, les fonds investis dans Luxalpha ne représentaient « que » 885 millions de dollars. Et qu'à la fin 2007, ils s'élevaient à 1 milliard et 509 millions. En clair, en deux ans, Madoff a doublé la collecte de fonds réalisée par le biais de Luxalpha. Et ce, grâce à UBS et à Access qui commercialisaient le fonds. Et, bien sûr, aux sociétés de gestion qui en ont proposé à leurs clients... Restent trois pages particulièrement croustillantes, puisqu'elles donnent quelques détails sur les rémunérations des uns et des autres. On y apprend que sur les 247 millions de dollars de gains pour l'année 2007, le fonds a distribué 11,9 millions de dollars aux managers. Plus 11,4 millions pour les récompenser de la performance de Luxalpha. Des sommes que se sont partagées UBS et Access. Mais ce n'est pas tout. UBS a aussi touché 2,9 millions de dollars en 2007 pour assurer sa fonction de banque dépositaire. Quant aux auditeurs de Luxalpha, Ernst & Young, ils ont perçu 84 382 dollars pour leur audit de la seule année 2007.

Sur la durée, ces rémunérations représentent des sommes considérables : depuis la création de la sicav, UBS a perçu une commission de gestion représentant 0,80 % des actifs de placement (1,5 milliard de dollars au 31 décembre 2007), ainsi qu'une commission de performance égale à 16 % de la performance trimestrielle des actifs de placement. Entre 2004 et 2008, UBS et Access ont donc gagné 66,6 millions de dollars grâce à Luxalpha.

Pour résumer, UBS apparaissait sur tous les documents, dans lesquels le nom de Madoff, lui, ne figurait jamais. La banque suisse justifiait ces émoluments par la vigilance qu'elle exerçait sur les placements réalisés. Et le tout était contrôlé par Ernst & Young. Qui n'a rien vu, rien entendu jusqu'à ce fatidique mois de décembre 2008 où tout a basculé[1].

La clause en petits caractères

Au regard de la réglementation européenne, les responsabilités d'UBS paraissent bien réelles. Première faute, la banque pourrait être accusée de n'avoir pas respecté ses obligations de dépositaire. Les termes de la directive n° 85/611/CE, transposée au Luxembourg en 2002, sont pourtant clairs : « La garde des actifs d'une sicav doit être confiée à un dépositaire. La responsabilité du dépositaire n'est pas affectée par le fait qu'il confie à un tiers tout ou partie des actifs dont il a la garde. » En un mot, peu importe qu'UBS ait confié les actifs de Luxalpha à Bernard Madoff, puisqu'elle en est de toute façon responsable. Et c'est d'ailleurs sur ce terrain que les avocats concentrent leurs attaques. « La responsabilité de dépositaire implique la restitution des actifs », explique Jean-Pierre Martel, du cabinet Orrick Rambaud Martel pour qui UBS n'était « qu'une simple boîte aux lettres pour Madoff ». L'avocat, qui représente des clients français impactés à hauteur de 150 millions d'euros, a d'ailleurs choisi d'attaquer non seulement la banque suisse mais aussi les membres du conseil d'administration de Luxalpha, pour la plupart cadres d'UBS, à titre personnel. Mais il y a pire. Bien pire pour la réputation de la vénérable institution helvétique. À certains des souscripteurs de la sicav, l'UBS a fait signer un bulletin de souscription stipulant, en petits caractères, une

1. Ernst & Young Luxembourg a refusé de donner suite à la demande d'interview des auteurs.

clause les prévenant que sa responsabilité était limitée : « UBS [Luxembourg] SA n'est pas le gardien des actifs du fonds qui sont déposés chez un courtier américain dans un compte ségrégé au nom du fonds [...]. Le risque de perte des actifs corrélatif au défaut (même très improbable) du courtier américain est supporté entièrement par les souscripteurs et, sujette au respect de ses obligations de contrôle conformément à la réglementation luxembourgeoise, UBS a seulement l'obligation limitée de restituer les fonds recouvrés auprès du courtier américain. UBS ne garantit pas la restitution des fonds en cas de défaut de celui-ci. »

En clair, UBS annonce qu'en cas d'accident, elle ne remboursera pas les fonds investis. Mais seulement ce qui restera, une fois les dégâts constatés ! Une disposition tout à fait troublante lorsqu'on connaît la suite de l'histoire. Mais dont la légalité est plus que contestable : la directive européenne n° 85/611/CE et la loi luxembourgeoise ne permettent en effet absolument pas de limiter la responsabilité du dépositaire. Alors, pourquoi l'avoir stipulé dans les contrats ?

Cette clause aurait dû être signalée à la CSSF, le gendarme de la Bourse luxembourgeoise. Il semble que cela n'ait pas été le cas. « C'est une véritable contre-lettre occulte, tempête l'avocat Jean-Pierre Martel. Elle est en parfaite contradiction avec les statuts et les prospectus de Luxalpha. Luxalpha n'aurait jamais obtenu le visa de la CSSF ni le passeport européen si les mentions portées sur cette version du bulletin de souscription avaient été inscrites dans les prospectus. » Ce constat est certes accablant pour UBS, mais aussi pour les banques et les sociétés de gestion qui ont commercialisé le produit. Et encore, s'il n'y avait que ces éléments troublants...

Le mystère Oddo

Avec 19 milliards d'euros d'actifs sous gestion et 800 salariés, Oddo est une des belles réussites financières de ces dernières années. Il y a vingt ans, cette ancienne charge d'agents de change ne comptait qu'une cinquantaine de collaborateurs. Mais alors que le métier d'agent de change disparaissait, Oddo (la famille du même nom contrôle encore l'entreprise) a réussi une formidable reconversion. C'est aujourd'hui une banque d'affaires, un des leaders français de la gestion de grandes fortunes mais aussi du conseil en ingénierie financière aux entreprises. Début 2008, Philippe Oddo décide de recruter plusieurs poids lourds pour renforcer sa structure et consolider, notamment, la direction des investissements. Pour diriger celle-ci, il embauche un vieux routier du métier et un gros calibre, Thierry Deheuvels, qui était jusque-là responsable de l'asset management[1] chez AGF, par ailleurs actionnaire d'Oddo. Dès son arrivée, celui-ci passe au crible tous les investissements de la maison. Ce n'est pas un cow-boy, mais il est bien décidé à faire le ménage pour repartir sur des bases saines. Avec cette philosophie : simplifier les positions de la maison. Et surtout, face à la crise financière qu'il sent venir, sécuriser et rationaliser les investissements. Un travail ingrat puisqu'il consiste à décortiquer dans les livres de comptes informatisés des centaines de lignes.

Deheuvels tombe sur une dizaine de positions qui, selon lui, posent problème. Et dont il estime devoir sortir. Parmi elles, il tique sur les 30 millions qu'Oddo a investis plusieurs années auparavant dans Luxalpha.

---

1. Voir le lexique en fin de volume.

« Soyons honnête, Deheuvels n'a pas “senti” l'escroquerie, raconte Arnaud Ploix, un cadre de chez Oddo[1]. Mais il a expliqué qu'il ne comprenait tout simplement pas la mécanique de Luxalpha et qu'il valait mieux s'en éloigner. » Ironie de l'histoire : en interne, certains ont un peu grincé des dents car les performances étaient bonnes, surtout à un moment où les marchés s'effondraient. Deheuvels a pourtant été suivi. Le 4 novembre 2008, Oddo donne donc ordre à UBS de solder ses positions dans Luxalpha lors de la prochaine fenêtre où cela est possible, c'est-à-dire le 17 novembre. À partir de cette date, l'attitude d'UBS est pour le moins curieuse. Elle fait traîner les choses. Et refuse de verser son dû à Oddo. Un fait rarissime dans le secteur où toutes les relations sont basées sur la confiance. Du coup, le 15 décembre, Oddo envoie des huissiers chez UBS pour exiger le paiement de ses biens. Puis entame une action judiciaire… qui sera vite couronnée de succès puisque Oddo obtient, dès mi-janvier 2009, le paiement de ses 30 millions d'euros par UBS, lourdement sanctionnée par la justice luxembourgeoise[2].

Une drôle d'histoire tout de même, qui suscite plusieurs questions. En refusant de payer ce qu'elle devait à Oddo avant que Bernard Madoff ne se dénonce, UBS suspectait-elle quelque chose de l'escroquerie ? Soupçonnait-elle que Madoff était à deux doigts d'une faillite ? Rien ne permet de l'affirmer. Mais l'affaire Oddo est en tout cas particulièrement troublante. Tout comme un autre événement survenu, lui aussi, en novembre 2008. Soit un mois avant que Bernard Madoff aille se confesser devant les enquêteurs de la SEC.

1. Entretien avec les auteurs, le 28 janvier 2009.
2. UBS a fait appel de cette décision de justice.

Le 17 novembre 2008, le conseil d'administration de Luxalpha décide de désigner Access Management Luxembourg en lieu et place d'UBS comme société de gestion. Dans la foulée, un prospectus est même rédigé, officialisant cette nouvelle situation. En clair, UBS se retire de la gestion et ne reste que la banque dépositaire. Une démarche validée, puis aussitôt annulée par la CSFF. Et pour cause : le visa du gendarme de la Bourse luxembourgeois n'a été accordé que le 10 décembre 2008. Soit la veille du jour où Madoff se confiait à la SEC. Plusieurs anciens salariés d'Access nous ont assurés que la démarche – le retrait d'UBS au profit d'Access – était engagée depuis le printemps. Et que ce changement était purement administratif. Soit... Mais tout de même, la concordance des dates est étonnante... Très étonnante.

La banque autiste

Ces dernières années, c'est sur le plateau de Kirchberg, un peu à l'écart du centre-ville de Luxembourg que la plupart des grandes banques se sont installées. Sur le boulevard Kennedy, Merrill Lynch, Swiss RE, Aberdeen Asset Management, Fidelity, Northern Trust occupent des locaux superbes et futuristes. Le long de cette grande artère, tout est fait pour que les salariés de ces institutions financières trouvent leur bonheur : un luxueux magasin de décoration, qui vend des canapés hors de prix, côtoie une très chic salle de sport et une boutique de costumes de marque. Il y a même un inévitable restaurant de sushis. Ainsi qu'une enseigne, The Last Supper, pour les déjeuners avec les clients. Dans ce quartier des affaires construit il y a quelques années, la puissance d'UBS est manifeste. Son bâtiment est l'un des plus grands. De la rue, en regardant derrière les grandes baies vitrées, on distingue des jeunes gens en cravate s'affairant derrière des ordinateurs, des jeunes femmes en tailleur dans des salles de réunion. Il y a même un grand drapeau suisse dans un bureau. Malgré ses larges fenêtres, le bâtiment est en réalité une forteresse… Même ceux qui fument une cigarette au pied du building écourtent la discussion avec un inconnu qui ne porte pas de badge UBS autour du cou. Des directives ont été données. Personne ne doit parler. Lorsqu'on appelle UBS Luxembourg pour parler de Luxalpha, on est instantanément renvoyé vers le service de communication d'UBS à Zurich qui n'est guère plus loquace[1].

Depuis le début de l'affaire Madoff, l'attitude d'UBS défie l'entendement. La banque multiplie les faux pas face aux innombrables procédures judicaires dont elle fait l'objet.

Le 18 décembre 2008, quelques jours après les stupéfiantes révélations de Bernard Madoff, la banque suisse publie ainsi un communiqué étonnant : « UBS n'a pas investi les actifs de ses clients dans des fonds Madoff, sur aucun marché ni aucune place financière – y compris aux États-Unis, aux îles Caïmans, en Suisse, au Luxembourg, au Royaume-Uni et en Australie. […] Plusieurs articles de presse indiquent qu'UBS est le gestionnaire

1. Tout au long du mois d'avril 2009, les auteurs ont échangé une dizaine de mails et de conversations téléphoniques avec le service communication d'UBS pour préparer un rendez-vous que la banque avait accepté d'organiser avec l'un des avocats d'UBS qui suit l'affaire. Pour préparer ce rendez-vous, nous avions adressé une dizaine de questions précises concernant le rôle d'UBS dans la sicav Luxalpha. Ce rendez-vous, qui devait avoir lieu le 29 avril 2009, a été annulé deux heures avant avec cette explication : « La raison de cette annulation est due à certaines avancées sur ce dossier que nous ne souhaitons pas commenter en détail. » Est-ce un signe qu'UBS était, alors que nous bouclions notre ouvrage, en train de revoïr sa stratégie ?

de la sicav Luxalpha. Ce n'est pas le cas, dès lors que le rôle d'UBS est limité à celui d'agent administratif et de dépositaire. La gestion de la sicav Luxalpha est assurée par Access Management Luxembourg, qui ne fait pas partie d'UBS. »

Deux mois plus tard, lors de la présentation de ses comptes annuels (où il annonce 13 milliards d'euros de pertes), le patron d'UBS se fait étonnamment discret sur l'affaire Madoff. « Tout est clair comme du cristal. Nous savons quel était notre rôle. Et lequel il n'était pas. » Fermez le ban. Quant aux provisions que l'entreprise a réalisées pour l'ensemble des contentieux qu'elle doit gérer, elles ne dépassent pas 520 millions d'euros. Or Luxalpha représente à lui seul un risque de plus de 1,5 milliard d'euros ! Un peu plus tard, les communicants d'UBS affirmeront que « le fonds Luxalpha avait été créé pour des clients aisés, suite à leur demande explicite d'accéder à un fonds fait sur mesure qui leur permettait de continuer à investir leurs actifs dans Madoff. Ces clients étaient représentés par des établissements financiers sophistiqués qui étaient entièrement conscients de la nature de ces investissements. Ces investisseurs, leurs conseillers et la CSSF étaient informés que le seul but de Luxalpha était d'investir les fonds dans Madoff[1] ». UBS tente à tout prix d'éviter de porter le chapeau.

1. Communiqué du 25 février 2009.

7

Guerre civile chez les élites

Très vite l'affaire prend une dimension politique. Les enjeux, il est vrai, sont immenses. La législation, réputée laxiste, du Luxembourg attise les tensions en Europe. Et particulièrement en France.

Alors qu'il était encore ministre des Affaires européennes quelques jours plus tôt, Jean-Pierre Jouyet, le nouveau président de l'AMF, ne fait pas dans la dentelle : « Je ne crois pas qu'une telle situation soit possible en France. Pour deux raisons : la première, c'est que nous sommes extrêmement stricts sur les règles dépositaires et la responsabilité des dépositaires. Ce n'est hélas pas le cas au Luxembourg. La deuxième raison pour laquelle ça ne se passerait pas, c'est qu'en France, nous avons une règle dite de ségrégation des actifs, c'est-à-dire que l'on compartimente les actifs suivant les classes de risque et les classes de reconnaissance, ce qui n'existe pas dans d'autres réglementations. » En clair, la loi française protège beaucoup mieux les épargnants que la loi luxembourgeoise. Et en France, UBS aurait déjà été mise au pas…

À l'assaut de Bercy

En cette fin du mois de décembre, l'avocat Jean-Pierre Martel travaille déjà sur le dossier. Plusieurs grosses fortunes françaises ainsi que quelques entreprises ont fait appel à lui. Elles sont touchées à hauteur de 150 millions d'euros dans l'escroquerie de Bernie Madoff. Et toutes ont souscrit du Luxalpha. Fondateur du cabinet Rambaud Martel qui compte une centaine de collaborateurs, l'avocat est une pointure dans le monde des affaires. Il conseille des groupes du CAC 40 sur leur stratégie et les épaule lorsqu'ils lancent des batailles boursières. Dans le passé, il a notamment défendu Casino, Pechiney ou le CDR, le consortium de réalisation créé pour porter les actifs dépréciés du Crédit lyonnais. Depuis 2006, son cabinet a pris encore plus d'ampleur lorsqu'il s'est associé avec le cabinet américain Orrick. Fin décembre, Martel a déjà mis sa tactique au point. Pas question de se lancer dans une procédure collective, une class action[1], aux États-Unis qui prendrait des années pour un résultat incertain. Il veut s'appuyer sur la législation européenne. Et faire plier UBS, la banque dépositaire.

Mais ce n'est pas gagné. Si, sur le papier, tout semble accabler UBS, il faut encore que les autorités luxembourgeoises jouent le jeu. Or depuis que l'affaire est connue, elles font le dos rond. Martel en est donc convaincu : il faut faire pression sur le Luxembourg. Et de la façon la plus efficace possible : en activant les relais politiques français. Il connaît bien Christine Lagarde, la ministre de l'Économie, qui, avant d'entrer en politique, était avocate dans un cabinet d'affaires anglo-saxon. Problème : celle-ci ne semble pas s'intéresser plus

1. Voir le lexique en fin de volume.

que cela à ce dossier. En pleine tourmente financière, l'escroquerie est certes spectaculaire. Mais elle ne se situe pas au cœur de ses préoccupations. Peut-être ne souhaite-t-elle pas passer pour la petite sœur des riches, celle qui monte au créneau pour défendre des grandes fortunes, fussent-elles victimes ? Pour la ministre, en outre, il ne faut pas troubler le grand public et lui laisser penser que son épargne serait menacée par le premier escroc venu.

Martel veut donc convaincre Christine Lagarde qu'il y a un combat légitime à mener. L'avocat dispose pour ce faire d'un atout au sein même de son cabinet. Il se nomme Pascal Clément, l'ancien garde des Sceaux du gouvernement de Dominique de Villepin qui a quitté le gouvernement en mai 2007, après la victoire de Nicolas Sarkozy. Sa reconversion a été des plus rapides : avocat depuis le début des années 80, il s'est fait réélire député UMP aux législatives de 2007 puis a aussitôt été embauché par le cabinet Orrick Rambaud Martel.

Pascal Clément est aussi un ancien collègue de Christine Lagarde, avec qui il était au gouvernement lorsqu'elle était secrétaire d'État au Commerce extérieur. C'est donc lui qui est envoyé au feu et mandaté pour faire du lobbying. But : convaincre la ministre qu'il y a « un sujet »...

À Bercy, deux hommes sont exactement sur la même longueur d'onde que les lobbyistes. Franck Saudo, le conseiller technique chargé des dossiers boursiers, et Emmanuel Moulin, le directeur adjoint de cabinet de Christine Lagarde, estiment que l'affaire Madoff est anecdotique : ces 50 milliards d'euros envolés ne sont qu'une goutte d'eau par rapport à l'ampleur de la crise que traverse la planète. Mais c'est effectivement une occasion en or pour attaquer le Luxembourg.

Quelques semaines plus tôt, les deux hommes ont déjà engagé – et gagné – un bras de fer contre les fonctionnaires du grand-duché pour réformer une directive européenne[1] concernant les sociétés de gestion. Les discussions ont été houleuses. Car le projet sur lequel Luxembourgeois et Français se sont affrontés porte un coup aux intérêts du grand-duché : il s'agissait de permettre aux sociétés de gestion dûment agréées dans un pays européen de pouvoir offrir leurs services dans le reste de l'Union européenne. Or la France excelle dans « l'industrie » de la gestion de patrimoine. Et c'est aussi un des points forts du Luxembourg. À une différence près : les sociétés de gestion hexagonales sont très franco-françaises. Les Espagnols ou les Allemands n'ont pas l'idée d'investir leur fortune en France. Tandis que les Luxembourgeois, fiscalité particulièrement attrayante oblige, sont en position de force à l'international. La directive permet donc aux Français d'offrir leurs services à l'extérieur de leurs frontières. Les clients européens bénéficieraient des mêmes protections que les épargnants français, ce qui serait un sérieux argument de vente. Une disposition dont le Luxembourg ne voulait pas entendre parler. Car elle s'attaque au poumon économique du pays : des milliers d'emplois dépendent de cette activité. Et pas seulement ceux des seigneurs de la finance. Mais des armées de comptables, secrétaires, agents administratifs et autres huissiers.

À l'automne 2008, Saudo et Moulin l'ont finalement emporté. Mais, dans la foulée de l'affaire Madoff, ils veulent pousser leur avantage. Et, avec l'appui des services de l'AMF qui leur ont transmis une note très détaillée[2] sur les innombrables subtilités de la législation luxem-

---

1. Baptisée UCIT IV.
2. Les auteurs ont pu consulter cette note dont s'est largement inspiré Bercy pour préparer sa charge contre le Luxembourg.

bourgeoise, ils rédigent le brouillon d'une lettre qu'ils vont faire passer à leur patronne.

Déclaration de guerre

À Bruxelles, Christine Lagarde est réputée pour sa courtoisie, son charme et son esprit de consensus. Ses homologues l'adorent. Et pas seulement parce que cette ancienne avocate d'affaires parle parfaitement l'anglais et connaît tout de l'art du compromis. Elle n'a pas la morgue et l'arrogance de la plupart de ses prédécesseurs et joue profil bas. Jusqu'au 14 janvier 2009, Jean-Claude Juncker, le Premier ministre luxembourgeois qui préside l'Ecofin, le Conseil des ministres des 27, faisait plutôt partie de ses supporters. Mais, ce jour-là, quelque chose s'est rompu entre eux. Christine Lagarde lui a déclaré la guerre. Sa lettre de deux pages à Charlie McCreevy, le commissaire européen chargé du marché intérieur et des services, se passe de commentaires : « Les développements de l'affaire Madoff mettent d'ores et déjà en lumière un problème particulier. Des divergences d'interprétation et de transposition semblent exister entre les États membres [...]. Cette situation conduit à une protection des investisseurs qui diffère d'un pays à l'autre. » Elle s'appuie sur l'article 7 de la directive OPCVM concernant les dépositaires. En France, explique-t-elle, la banque dépositaire est responsable des actifs que lui ont confiés les dépositaires. Et elle les contraint à une très grande vigilance. « Cette voie n'a pas été suivie par la totalité des États membres qui ont, pour certains, limité la responsabilité du dépositaire à une obligation de moyens sans aller jusqu'à une restitution des actifs sous-conservés. » Plus loin, elle demande à la Commission de légiférer sans attendre sur le sujet.

Même si le Luxembourg n'est pas cité dans cette lettre, inutile de préciser que les choses sont très claires. D'autant que Christine Lagarde en a envoyé une copie à Jean-Claude Juncker, le Premier ministre du grand-duché... Au Luxembourg, on est évidemment ivre de rage. Et la réponse ne se fait pas attendre. Un journal français, *La Tribune*, est contacté. Diplomatiquement, Luc Frieden[1], le ministre luxembourgeois du Trésor et du Budget est envoyé au feu plutôt que Jean-Claude Juncker. Sur la forme, le ministre ménage ses deux agresseurs : « J'ai eu Jean-Pierre Jouyet au téléphone, ce qui m'a permis de lui expliquer nos textes[2]. Je salue l'initiative de Christine Lagarde qui demande une analyse approfondie des textes en vigueur dans les différents pays. Nous sommes toujours favorables à une harmonisation supplémentaire. » Mais sur le fond, la colère de Frieden est à peine masquée : « J'ai relu hier soir encore les textes législatifs. En France, peu de gens connaissent leur contenu. Nous avons toujours plaidé pour un cadre juridique clair en Europe afin que le marché financier puisse fonctionner partout de manière similaire. Nous attachons une grande importance à la protection des investisseurs. Nous avons transposé dans notre droit la directive européenne sur les fonds. Non seulement les textes luxembourgeois sont exactement les mêmes que ceux qui existent en France, mais les principes généraux du droit sont aussi similaires, car notre code civil est, à maints égards, identique au code civil français[3]. » Ambiance, ambiance... L'affaire serait

1. Les auteurs ont sollicité début mars un entretien avec le ministre, mais les responsables de la communication n'ont pas donné suite.

2. Frieden et Jouyet se connaissent depuis longtemps. Hauts fonctionnaires, ils occupaient les mêmes fonctions au Trésor dans leurs pays respectifs.

3. *La Tribune*, 14 janvier 2009.

ainsi entendue : la responsabilité du dépositaire et donc d'UBS serait exactement la même qu'en France. À quelques détails près, toutefois… « Je ne connais pas les relations contractuelles particulières entre le fonds, la banque dépositaire et le sous-dépositaire », indique Luc Frieden dans le journal luxembourgeois *Lëtzebuerger Land* du 16 janvier 2009. C'est qu'au Luxembourg, les choses ne sont pas si simples.

Mélange des genres…

C'est une sorte de Bible. L'ouvrage, publié en 2001 et réédité en 2007, est préfacé par Jean-Nicolas Schaus, le directeur général de la CSSF, le gendarme de la Bourse luxembourgeoise, l'équivalent de l'AMF en France. Dans ce livre qui porte sur les OPCVM et les sicav et qui sert de document de référence pour tous les banquiers du grand-duché, un homme analyse la responsabilité du dépositaire. Bien avant l'affaire, Claude Kremer, le président de l'Association luxembourgeoise des fonds d'investissement (ALFI), écrit qu'effectivement le dépositaire reste responsable des fonds qui lui ont été confiés. Mais il introduit deux nuances. La première est de taille : selon lui, le dépositaire, sauf s'il est coupable de négligences graves, « peut limiter, voire supprimer, sa responsabilité par le jeu de dispositions conventionnelles avec le déposant ». Autre précision : toujours selon lui, cette responsabilité n'est pas engagée « en cas de force majeure ». À relire ces commentaires, on constate que ces nuances servent objectivement la banque suisse.

Coïncidence étonnante, l'auteur de cet article prémonitoire n'est pas un juriste comme les autres. Outre ses fonctions à l'ALFI, Claude Kremer, qui siège dans un comité consultatif de la Commission luxembourgeoise de surveillance du secteur financier, l'autorité qui doit donc dire si UBS a agi en conformité avec les lois luxembourgeoises, est avocat. Et il exerce ses talents dans le même cabinet, l'étude Arendt & Medernach, que Paul Mousel, le défenseur d'UBS. Plus extraordinaire encore : Mousel est lui aussi membre d'un comité consultatif du CSSF ! Et avec qui siègent-ils dans ces instances du gendarme de la Bourse ? Avec Roger Hartmann, l'ancien patron d'UBS Luxembourg qui est également présent dans les comités banques et lutte antiblanchiment… Un joyeux mélange des genres[1]. Mais qui n'est absolument pas une exception au grand-duché.

Et pour cause : le Luxembourg vit principalement des activités financières qui représentent près de la moitié de son PNB. Toutes les grandes banques – on en dénombre 200 – sont installées ici. Et en moins de quinze ans, le Luxembourg est devenu le deuxième centre de fonds d'investissement après les États-Unis. Autre particularité : le grand-duché, qui ne compte que 450 000 habitants, gère 2 000 milliards d'actifs. Quant à sa capitalisation boursière, elle dépasse 550 milliards de dollars. Soit plus que Hong Kong et deux fois plus que Singapour… En clair, au Luxembourg, une grosse partie de la population travaille pour l'industrie

1. Le 22 janvier, Claude Kremer a d'ailleurs choisi de s'expliquer sur ce sujet dans une lettre aux adhérents de l'ALFI en reconnaissant que l'affaire Madoff représentait pour lui un « dilemme personnel ». « D'un côté, en tant que président, je désire défendre et promouvoir notre industrie […]. Mais d'un autre côté, ma position d'avocat travaillant pour une étude ayant pour client une très médiatisée banque dépositaire pourrait donner l'impression de créer un conflit d'intérêts. Personnellement, je ne travaille sur aucun cas en relation avec l'affaire Madoff et il n'y a donc techniquement parlant pas de conflit […]. Au sein de mon cabinet, j'ai informé mes associés que je souhaite rester à l'écart de tout cas ayant un rapport avec l'affaire Madoff. »

financière. L'affaire Luxalpha est par conséquent un cas d'école qui intéresse tout le monde.

Madoff n'est donc pas simplement l'auteur d'une rocambolesque escroquerie. Il est aussi celui qui met en danger le fonds de commerce de nombreux employeurs du grand-duché : 17 fonds d'investissement sont concernés. Certes, par rapport aux 2 300 fonds enregistrés au grand-duché, ce n'est pas grand-chose. Mais tout de même. Herald, Norvest, M.A.R.S, BG Umbrella, LRI Invest Alpha, Global Fund, Luxinvest… Outre Luxalpha et son milliard et demi de pertes, la liste des fonds luxembourgeois qui ont perdu de l'argent à cause de Madoff donne le tournis.

Le stress, voilà l'ennemi

Nous sommes 59, rue Royale, à Luxembourg, dans un joli petit pavillon qui héberge l'ABBL, l'Association des banques et des banquiers luxembourgeois. Sur la table basse, le visiteur est invité à consulter un document intitulé « Quelques consignes élémentaires en matière de santé ». Le prospectus a été publié par l'association pour la santé au travail du secteur financier le 9 octobre 2008, trois semaines après la faillite de Lehman Brothers. Son contenu en dit long sur l'ambiance qui plane sur le grand-duché depuis quelques mois. Madoff, bien sûr. Mais aussi la faillite des banques islandaises, dont la plupart avaient une filiale ici, la quasi-faillite de Dexia, celle de Fortis… Depuis le début de la crise financière, le Luxembourg est dans la tourmente. Le document recommande, dans les périodes difficiles, « de garder les habitudes essentielles de la vie quotidienne. Boire le moins possible d'alcool. Éviter les tranquillisants. Garder intact le break du week-end. Ne pas négliger vos hobbies. Ne pas négliger l'activité physique. Essayer de garder la sérénité, le courage et la sagesse ».

Jean-Jacques Rommes, le directeur de l'ABBL, a bien lu ces recommandations. En apparence en tout cas, il est serein. En apparence seulement. Car il est, en réalité, ivre de rage. Contre la France. Derrière sa barbe poivre et sel et ses petites lunettes qui lui donnent un air de professeur, rien ne transparaît. « Je suis un observateur de la place financière, dit-il, vous comprendrez bien qu'il n'est pas question de pointer tel ou tel des adhérents de notre association. Je ne suis chargé que de défendre la réputation collective des banques installées à Luxembourg[1]. » On le taquine : tout de même, l'attitude d'UBS vis-à-vis de ses clients est embarrassante. Elle jette une sale réputation sur le reste des banques qui ont une antenne ici. Comment les investisseurs vont-ils garder confiance dans la place du Luxembourg si certaines banques jouent sur les failles de la législation pour alléger leurs obligations ? Rommes ne se démonte pas. Les banquiers sont eux aussi capables de pratiquer la plus belle des langues de bois. « Certains de nos membres ne comprennent pas la stratégie d'UBS. D'autres se sentent solidaires. Et affirment qu'ils auraient fait pareil. »

Et Rommes de décortiquer l'affaire Luxalpha à sa sauce. « Que voulez-vous qu'UBS restitue aux investisseurs ? Les titres Luxalpha ? Ils ne valent rien. Ensuite, si l'on regarde ce qui s'est réellement passé, il faut être précis. Tous ces gens qui attaquent UBS voulaient du Madoff à tout prix. Ce sont eux qui ont imposé à UBS de confier les fonds à l'escroc. Les torts ne sont pas forcément là où on pense… » Quand on évoque avec lui la guerre franco-luxembourgeoise sur le sujet, son discours change, comme s'il oubliait les préceptes de son petit

1. Entretien avec les auteurs, le 12 mars 2009.

bréviaire de « zénitude » : « Votre ministre est l'otage des grandes fortunes qui ont investi dans Madoff. Le vrai problème n'est pas au Luxembourg. Il est aux États-Unis. Le coupable, c'est Madoff. Mais c'est tellement plus simple de s'en prendre à nous. Or je ne crois pas que votre ministre donne des leçons à Obama, à la SEC ou à la législation américaine... » Et de tempêter contre Nicolas Sarkozy. « Il s'en prend au Luxembourg qui serait soi-disant un paradis fiscal. C'est facile. Mais il reste silencieux sur Monaco et Andorre. Ou contre les Britanniques qui ont Jersey. C'est de l'hypocrisie et de l'arrogance. »

« OK, tip-top ? »

Charles Muller est un pédagogue. Sous les ordres de Claude Kremer, il est l'un des responsables de l'Association luxembourgeoise des fonds d'investissement (ALFI). Il ponctue chacune de ses explications d'un « OK, tip-top ? » pour être sûr que son interlocuteur le comprenne bien. C'est que, pour lui, les choses sont claires. L'affaire UBS n'est pas si compliquée que cela. À la tête de l'association qui regroupe l'ensemble des professionnels luxembourgeois de la finance, il a choisi de se battre pour faire comprendre au monde entier, et aux Français en particulier, que le Luxembourg n'est pas une zone de non-droit. Et pour redorer le blason du grand-duché, il a décidé d'employer les grands moyens. Il a passé un contrat avec un institut de sondage français, Opinion Way. Et surtout créé un groupe de travail sur l'affaire : vingt-quatre professionnels de la finance qui doivent réfléchir aux conséquences du scandale, mais aussi tenter d'y voir plus clair sur les responsabilités d'UBS et des autres banques impliquées. Et pour que leur travail soit crédible, il a passé au crible les éventuels conflits d'intérêts des uns et des autres. But de ce petit groupe : répondre à quelques questions précises. Et faire cesser les rumeurs. La législation française est-elle plus protectrice que celle du Luxembourg ? Y a-t-il des failles dans la législation qui exonèrent de ses responsabilité la banque dépositaire ? Que doit-elle restituer ?

« Au début de l'affaire, on a été un peu pris de court. Nous n'avons pas répondu aux attaques. Et on s'est laissé totalement déborder. C'est la première fois qu'une escroquerie de cette ampleur a lieu. Soyons clairs, on s'est planté sur la com. C'était Noël. On était franchement tétanisé par l'affaire et par l'agressivité de Paris. Et on a fait la politique de l'autruche[1]. » Mais Muller est optimiste : « Je suis sûr que toutes les parties finiront par trouver un arrangement. C'est stupide, cette guerre entre Européens. C'est contre-productif. Et ça décrédibilise l'ensemble de la place européenne. On va y arriver. OK, tip-top ? » Et de confier son rêve : qu'UBS choisisse de négocier avec ses clients. Pour qu'enfin la place de Luxembourg retrouve son calme. Et qu'on ne parle plus du tout de ces choses qui font tellement de tort au business.

Avertissement sans frais

En cette fin mars 2009, trois mois après le début des hostilités contre UBS, Jean-Pierre Martel n'est pas mécontent. L'autorité de régulation luxembourgeoise, la CSSF, a commencé à lui donner raison. En tout cas, à hausser le ton. Elle a ainsi demandé à UBS de « mettre en place l'infrastructure nécessaire, c'est-à-dire les moyens humains et techniques suffisants et les règles

1. Entretien avec les auteurs, le 12 mars 2009.

internes nécessaires, pour accomplir l'ensemble des tâches liées à sa fonction de banque dépositaire d'un OPCVM luxembourgeois ». Dans un communiqué, tout en reconnaissant continuer ses discussions avec UBS, elle a rappelé que « la mauvaise exécution de l'obligation de "due diligence[1]" constitue un manquement grave au devoir de surveillance d'une banque dépositaire » et a enjoint UBS Luxembourg « d'analyser et de rectifier toutes les structures et procédures en relation avec son obligation de surveillance découlant de son statut de banque dépositaire ». Qu'en termes choisis ces choses-là sont dites !

La CSSF demande aussi à la banque suisse de « veiller à réparer les dommages [...] sans préjudice de clauses contractuelles contraires valides et opposables et/ou, le cas échéant, d'une éventuelle décision judiciaire en la matière »... Plus important, elle constate aussi une « mauvaise exécution » de l'obligation de due diligence d'UBS, qui constitue « un manquement grave au devoir de surveillance d'une banque dépositaire... ». Un peu plus tard, en avril, elle a aussi mis en liquidation la sicav Luxalpha. Les autorités ont évolué en quelques semaines. Face aux silences du gendarme de la Bourse luxembourgeoise, plusieurs avocats avaient envisagé – et l'avaient fait savoir – de déposer plainte contre la CSSF, puisque c'est elle qui avait donné un agrément pour que Luxalpha soit commercialisé. La CSSF a enregistré le message et montre désormais les gros yeux. Histoire que personne ne vienne ergoter sur sa part de responsabilité. Après tout, n'était-ce pas son rôle de surveiller les agissements des uns et des autres ? Décidément, rien n'est jamais simple dans le grand-duché.

---

1. L'obligation faite au dépositaire de vérifier l'emploi des fonds placés. Voir aussi le lexique en fin de volume.

8

Christine et Jean-Pierre se chamaillent

Ce samedi 13 décembre en milieu de matinée, dans les splendides salons du Quai d'Orsay, Bernard Kouchner ne reçoit pas un homologue hongrois, russe ou argentin. Le ministre des Affaires étrangères chaperonne la passation de pouvoir entre Jean-Pierre Jouyet, le secrétaire d'État aux Affaires européennes, et Bruno Le Maire, son successeur. Mais la cérémonie prend surtout des allures d'hommage à Jouyet. Kouchner est un peu triste. Les deux hommes, ministres d'ouverture de Sarkozy, ont travaillé ensemble pendant dix-huit mois en bonne entente. Ils se sont un peu marché sur les pieds. Mais pas trop. Il n'y a pas eu de psychodrame et de querelles d'ego, comme ce fut le cas chez les couples qui les ont précédés où les relations entre le ministre des Affaires étrangères et celui qui était en charge des Affaires européennes tenaient de la guerre de tranchées. Et pour cause : le partage des rôles s'est fait assez naturellement : à Jouyet, brillant haut fonctionnaire et parfait connaisseur des coulisses européennes – il a été le directeur de cabinet de Jacques Delors lorsque celui-ci présidait la Commission européenne à Bruxelles –, les dossiers techniques. À Kouchner, la figuration médiatique. La présidence française de l'Union européenne s'achève et Jouyet, l'un des meilleurs amis de François

Hollande qui n'a pas toujours été très à l'aise dans son costume de ministre de Sarkozy, considère qu'il a rempli sa mission.

Il quitte le gouvernement pour aller diriger l'AMF, l'Autorité des marchés financiers. Ce n'est pas seulement un parachutage politique : ancien directeur du Trésor et ancien patron de l'inspection des Finances, Jouyet a effectué un petit passage dans le privé. Il a surtout une qualité indispensable pour jouer ce rôle de gendarme. Il est l'ami personnel de nombreux grands patrons et connaît bien la subtilité de la vie des affaires.

La dame du cocktail

Jean-Pierre Jouyet est rentré la veille de son dernier Conseil européen, où les 27 ont signé un important accord sur le développement durable, baptisé d'un de ces noms abscons que seuls les eurocrates savent inventer, le « paquet énergie/climat ». Menée par Nicolas Sarkozy, encore président de l'Europe pour quelques jours, cette réunion a beaucoup marqué les esprits par la marche forcée imposée par le Président français. Jouyet et ses collaborateurs sont pour beaucoup dans cette réussite, saluée par de nombreux chefs d'État et de gouvernement européens. Dans le salon d'honneur, entre le champagne, des petits fours, des amis, quelques personnalités, des ambassadeurs étrangers, Jean-Pierre Jouyet et son équipe savourent le moment et partagent une sincère émotion : c'est la fin d'une belle aventure.

Une femme qu'il ne connaît pas s'approche du héros du jour et le dialogue prend un tour surréaliste :

– Vous avez vu cette affaire Madoff ?

– Non, madame.

– C'est très grave, vous savez. Très très grave. Vous allez en entendre parler.

Dans sa tête, Jouyet ne voit pas absolument pas de quoi cette dame lui parle avec tant d'indignation. Sa nomination à l'AMF date du jour même et il ne doit prendre ses fonctions que le lundi suivant. C'est tout juste s'il ne se demande pas si ce Madoff dont on lui parle est un ministre bulgare à qui Nicolas Sarkozy a passé un savon. Non, vraiment, il ne voit pas.

Ce n'est que le lendemain, le dimanche 14 décembre, alors qu'il est invité sur Europe 1 pour parler de l'Union européenne, qu'il commence à se dire qu'effectivement, ce Madoff a un vague rapport avec ses nouvelles fonctions. La journaliste Jannick Alimi lui pose une question sur l'escroc américain dont le flash qui précède vient de parler. Et, en fin politique, Jouyet, qui ne connaît strictement rien au dossier à ce moment-là, fait une réponse un peu floue et très brève. Mais de bon sens : « Dans cette affaire que nous suivons de très près, nous n'avons qu'un objectif, la protection des épargnants. »

La protection des épargnants… Lorsque Jouyet arrive le lendemain matin, place de la Bourse, à l'AMF dont les fenêtres donnent sur le palais Brongniart, l'ancienne corbeille, où se déroulaient autrefois toutes les transactions boursières, Gérard Rameix, le numéro deux de la maison et Michel Prada, son président sortant, l'attendent avec le sourire. Mais ils n'ont pas le temps de lui faire faire le tour du propriétaire. Pendant le week-end, les mauvaises nouvelles ont continué à affluer. Et le constat est assez lourd : il y a au total une centaine de fonds français impactés par la banqueroute Madoff. Il y aurait de 3 000 à 5 000 victimes. De très grosses fortunes, bien sûr, mais aussi des épargnants qui ne savaient absolument rien de l'escroc de Wall Street et, comme Jean-Pierre Jouyet quelques jours auparavant, n'avaient jamais entendu prononcer son nom. Ils avaient souscrit à des sicav dont on leur avait vanté... la régularité des rendements !

Communiqué dangereux !

Jusque-là, la presse américaine s'est focalisée sur les riches et célèbres que Madoff a bernés, tels Steven Spielberg ou Élie Wiesel. Mais le *New York Times* a publié pendant le week-end un papier citant le nom de la BNP-Paribas comme l'une des très grosses victimes « institutionnelles ». Et ce n'est que la première. Car, dans la foulée, plusieurs autres noms sont sortis. Ceux de Natixis, d'Axa et d'autres grandes institutions financières bien connues des Français. Dans tout Paris commencent aussi à circuler les noms de sociétés de gestion qui ne seront pas épargnés. Or, depuis quelques années, celles-ci ne se contentent plus de gérer la fortune des privilégiés. De plus en plus, elles captent aussi l'épargne du grand public. Elles ont constitué des fonds, des organismes de placement collectif en valeurs mobilières (OPCVM) dont les tickets d'entrée ne sont pas si élevés.

La mission de l'AMF consiste à surveiller comment se comporte tout ce petit monde sur le marché. Elle doit veiller à ce qu'il n'y ait aucune distorsion entre l'information dont disposent les professionnels et celle qui est portée à la connaissance du grand public. L'AMF déteste donc que les rumeurs s'invitent sur le marché. Or, ce lundi matin, celles-ci animent toutes les conversations.

Il va falloir réagir vite. Éviter que les épargnants avisés, ceux qui savent qu'ils ont un peu de Madoff, puissent « vendre » leurs parts de fonds afin que les autres, qui ne le découvriront que dans quelques semaines, payent seuls les pots cassés.

Jouyet n'avait pas pensé à tout cela lorsqu'il parlait de protection de l'épargnant. Mais il ne s'est pas trompé sur la « ligne » de l'AMF. Dans les heures qui suivent son arrivée place de la Bourse, ce lundi 15 décembre, il va donc travailler sur le dossier Madoff avec des équipes qu'il ne connaît pas encore. Comme baptême du feu, c'est réussi. D'autant que les problèmes s'accumulent. Dès le matin, la société de gestion Oddo, qui avait demandé à sortir de Luxalpha en novembre et qui n'a jamais été payée par UBS, la banque dépositaire qui administrait la sicav, informe l'AMF qu'elle envoie sans délai des huissiers dans la filiale luxembourgeoise de la banque suisse pour obtenir son dû.

Il est temps de prendre des mesures. Il faut éviter que chaque société de gestion joue un jeu personnel. Le gendarme du marché doit donc dicter la conduite à tenir. Un communiqué est rapidement rédigé dans la journée du mardi. Il est sobre. « Les contacts pris par l'AMF avec les sociétés de gestion d'actifs montrent que certains OPCVM de droit français détiendraient, dans des proportions variables, des actifs subissant les conséquences de l'affaire Madoff. L'exposition au risque Madoff est indirecte et s'élèverait à plusieurs centaines de millions d'euros ; elle provient de l'investissement dans des fonds qui sont affectés par la fraude Madoff. La situation de ces fonds est aujourd'hui incertaine, tous n'ayant pas communiqué sur leur exposition au risque Madoff. L'incertitude pesant sur plusieurs fonds d'investissement coordonnés de droit luxembourgeois et irlandais rend délicate la bonne valorisation des OPCVM de droit français investis dans ces fonds d'investissement. » Suivent un certain nombre de recommandations techniques importantes. En résumé, les sociétés de gestion touchées doivent toutes prévenir leurs clients. Elles doivent également suspendre la vente et l'achat de parts de fonds investis chez Madoff, même partiellement[1]. Le collège de l'AMF, l'organe décisionnel du gendarme de la Bourse, valide en urgence le communiqué. Il n'a même pas le temps d'être réuni physiquement et chacun de ses seize membres l'approuve par e-mail. Il sera rendu public le lendemain.

Le savon de Bercy

Nous sommes le mercredi 17 décembre. À 18 h 30, l'Agence France-Presse reçoit le communiqué de l'AMF. Les journalistes du desk affectés à gérer le flux des informations savent qu'ils tiennent un « urgent », une dépêche importante. La phrase « l'exposition au risque Madoff s'élèverait à plusieurs centaines de millions d'euros » est reprise en titre de la dépêche qui sort presque aussitôt de l'agence. Les radios et les télés reprennent l'information. Quant aux quotidiens, qui sont en train de boucler leur édition du lendemain, ils font eux aussi de la place pour pouvoir évoquer ce sujet majeur.

Dans son bureau de Bercy, Emmanuel Moulin, le directeur adjoint de cabinet de Christine Lagarde, découvre la dépêche AFP en temps réel sur son ordinateur. Il est ivre de rage. Il n'y a pas mieux, selon lui, pour déclencher la panique. Il décroche son téléphone et appelle Jean-Pierre Jouyet. Les deux hommes se connaissent bien. Le nouveau président de l'AMF a été le patron de Moulin lorsqu'il était directeur du Trésor quelques années plus tôt. Le même Moulin lui explique

1. Seule exception : les cas où la proportion de l'investissement en Madoff est si faible que sa valorisation à zéro n'affecte que marginalement la valeur de chaque part.

en des termes assez vifs que sa communication n'est pas très heureuse. Et même désastreuse !

Passons sur le fait que le collaborateur d'un ministre passe un savon au patron d'une autorité administrative indépendante, un acte qui en dit long sur l'organisation des pouvoirs en France. Toujours est-il que, dès le lendemain, l'AMF corrige le tir. Elle publie un second communiqué. Sur le fond, il ne dit pas autre chose que le premier, mais apporte quelques précisions supplémentaires. Son titre, toutefois, indique clairement qu'il est question de calmer le jeu : « L'AMF estime que la quasi-totalité de l'exposition des OPCVM français à l'affaire Madoff ne concerne pas le grand public. » Et de détailler ladite exposition[1] comme suit : « Si les conséquences pour ces investisseurs sont dommageables à titre individuel, ce montant total doit néanmoins être ramené à l'encours des OPCVM français qui s'élève à 1 400 milliards d'euros. Par ailleurs, une centaine de fonds français sont concernés sur les 11 000 OPCVM agréés. 92 % de l'exposition se concentre sur des OPCVM qui n'ont pas été distribués au grand public : 66 % du risque pèse sur des fonds destinés à une clientèle fortunée et 26 % sur des fonds distribués à des investisseurs institutionnels ou à une clientèle restreinte ; 8 % du risque concerne des OPCVM distribués au grand public. » Difficile de faire preuve d'une meilleure volonté de désamorcer la bombe lancée la veille !

Jean-Pierre Jouyet, Gérard Rameix et Christine Lagarde font le tour des radios et des télés pour assurer le service après-vente de ce deuxième communiqué. Et marteler le même message : dormez en paix, bonnes gens ! Le discours est rodé : « Les petits épargnants sont

1. Soit 500 millions d'euros recensés ce 18 décembre 2008.

épargnés. Ce sont des encours professionnels qui sont touchés. Et ce n'est pas par les grands réseaux traditionnels des banques que c'est passé[1] » (Christine Lagarde). « Cela ne porte que sur des investisseurs avisés, professionnels, qui disposent en général de fortunes importantes. Il n'y a aucun fonds grand public qui soit impliqué[2] » (Jean-Pierre Jouyet).

Quelques mois après cet épisode très chaud, l'AMF temporise en son sommet. « Nous n'avons rien à nous reprocher dans cette affaire. Nous avons été transparents et très réactifs », explique Jean-Pierre Jouyet[3]. Comprenne qui voudra...

Le rêve de Jean-Pierre

En mars 2009, le monde entier sait désormais qui est Madoff. À la tête du service des prestataires et des produits d'épargne de l'AMF, Pauline Leclerc-Glorieux et ses équipes ont vérifié que chacun des fonds français exposés avait bien informé ses clients. Depuis le mois de décembre, elle s'est fait transmettre l'ensemble des courriers que ceux-ci ont adressés. Histoire d'être sûre que la présentation des faits n'est pas trompeuse. Certains ont un peu traîné et ne l'ont pas fait avant la fin janvier. Mais à la connaissance de la jeune femme, tous ont désormais fait le nécessaire[4].

Mais Pauline Leclerc-Glorieux et ses collaborateurs s'intéressent désormais à un autre sujet. Les sociétés de gestion qui ont investi dans Luxalpha n'avaient pas à enquêter d'arrache-pied avant de proposer à leurs

1. AFP, 18 décembre 2009.
2. *Ibid.*
3. Entretien avec les auteurs, le 9 avril 2009.
4. Entretien avec les auteurs, le 1er avril 2009.

clients d'y investir. Cet OPCVM ne faisait pas partie des hedge funds pour lesquels les vérifications doivent être très poussées, puisqu'ils ne sont pas réglementés par la SEC ou par l'AMF. On trouve ainsi, parmi les 8 000 hedge funds, le meilleur et le pire. Dans le cas de Luxalpha, l'AMF ne pouvait exiger de déployer l'artillerie lourde puisqu'il s'agissait d'un fonds bénéficiant d'un label européen, donc réputé à l'abri des fraudes.

Les conditions de commercialisation de Luxalpha sont en revanche bien plus intrigantes. Access, qui réalisait une grosse partie de son activité en France, n'était pas connue de l'AMF. Sur le papier, ses dirigeants vendaient à des professionnels, à des sociétés de gestion, ils n'avaient donc pas à se manifester auprès de l'AMF. Mais, dans les faits, les choses sont bien différentes. Beaucoup d'investisseurs ont demandé à ceux qui géraient leur fortune d'acheter du Madoff après avoir été convaincus par Access... qui vendait aussi Luxalpha à des particuliers. Et peu importe si ceux-ci étaient fortunés ou pas. « Il y a là quelque chose de troublant », affirme Pauline Leclerc-Glorieux.

Selon les informations que les auteurs ont pu se procurer, l'AMF regarde en réalité de près la nature des relations qu'entretenait le trio Access/sociétés de gestion/particuliers. Et pour cause. Depuis plusieurs années, les conseillers en investissements financiers (ils sont 5 000 en France) qui vendent des produits financiers aux particuliers sont tenus de se faire connaître auprès de l'AMF. Et les professionnels de la finance qui travaillent avec eux doivent s'assurer qu'ils sont bien enregistrés. Ce qui n'était pas le cas d'Access. Ce n'est pas tout. « Depuis le début de l'affaire Madoff, plusieurs particuliers victimes du broker américain ont saisi le médiateur de l'AMF », confie Thierry Francq, le numéro deux de l'institution qui a succédé à Gérard Rameix. « Ce service, qui répond aux questions des épargnants et reçoit leurs griefs vis-à-vis d'intermédiaires financiers ou de banques, a notamment relevé un certain nombre de choses qui, par incidence, ont retenu toute notre attention. » En avril et en mai 2009, l'AMF a ainsi lancé plusieurs « contrôles » sur certains acteurs français du marché, contrôles qui pourraient éventuellement déboucher sur l'ouverture d'une procédure de sanction, la peine maximale étant l'interdiction temporaire ou définitive d'exercer. Les investigations visent notamment des gestionnaires de fonds de fonds (un fonds ayant investi dans plusieurs fonds dont certains produits Madoff), et des intermédiaires qui n'auraient pas commercialisé la sicav Luxalpha ou d'autres fonds exposés dans les règles de l'art ou encore qui auraient incité un particulier à ouvrir un compte direct chez Madoff sans lui expliquer clairement dans quoi il s'engageait et la nature des activités du courtier.

Sans rien dévoiler du travail de ses collaborateurs, Jean-Pierre Jouyet évoque son grand rêve : « Il y a beaucoup d'intermédiaires en France qui commercialisent les produits financiers. L'AMF doit donc renforcer ses pouvoirs de contrôle dans ce domaine. Il faudrait créer un système de “blind test” où nos agents viendraient constater de manière anonyme la façon dont on vend les produits financiers auprès des particuliers. Ce qu'on leur dit. Et si le vendeur sous-estime les risques ou au contraire sur-vend le produit dans son argumentation… »

Les grands moyens, en somme, afin de faire le ménage dans le secteur. Mais au fait, qui avait raison, Christine ou Jean-Pierre ? Dans le premier communiqué, l'AMF fait son travail de gendarme en informant l'ensemble de la place des risques encourus. Dans le second, publié à la demande de Bercy, il s'agit de rassurer coûte que coûte les petits épargnants. Quitte à laisser le couvercle fermé sur le problème de l'assurance vie, un produit qui ne dépend pas de la surveillance de l'AMF mais qui concerne potentiellement tout le monde. Or beaucoup de compagnies d'assurances ont réalisé des placements chez Madoff. Mais, contrairement aux sociétés de gestion et aux banques, rien ne les oblige à livrer leurs petits secrets[1]. Est-ce tout à fait normal ?

1. Certains l'ont pourtant fait. Axa a révélé son exposition à Madoff inférieure à 100 millions d'euros. AGF-Allianz, pour sa part, a choisi d'indemniser ses clients. L'AFER a rendu publique la somme de 600 000 euros liée à Madoff, tout à fait marginale par rapport aux encours gérés par le numéro un de l'assurance vie.

9

Les yeux fermés

Au sommet de l'État, on va vite réagir à l'explosion de ce scandale venu de New York. Dès qu'il entend parler de l'affaire, le vendredi 12 décembre au matin, le directeur adjoint du cabinet de Christine Lagarde décroche donc son téléphone. Emmanuel Moulin veut savoir si, dans les jours qui viennent, il doit s'attendre à ce que la presse publie des articles sur le thème « Quand l'État investissait chez Madoff ». Il passe donc un coup de fil à Ramon Fernandez, le numéro deux du Trésor, qui le rassure aussitôt. Les vérifications ont été faites, il n'y a rien. Autre coup de fil, cette fois au fonds de réserve pour les retraites qui a placé une partie importante de ses actifs (22 milliards d'euros) sur les marchés financiers. Même chose, pas de catastrophe. Finalement, il n'y a que la Caisse des dépôts qui soit touchée. Et encore, c'est une de ses filiales qui a placé une toute petite partie de sa trésorerie dans la sicav Luxalpha. Montant de l'exposition : un petit million d'euros. Rien de scandaleux par rapport à la totalité des actifs que la vénérable maison a placés sur les marchés. Ouf… l'honneur est sauf. Soulagé, Moulin peut donc conserver son sourire bonhomme. Et rassurer sa patronne, l'Élysée et Matignon.

Dans la journée du 11 décembre, cet énarque atypique – adepte du « rétropantouflage », il a passé deux ans dans le privé chez Citigroup comme banquier senior avant de rejoindre Bercy à l'été 2007 – pousse tout de même un petit peu plus loin ses investigations. Bien sûr, l'État n'a pas la tutelle des banques privées. Mais depuis le début de la crise financière, celles-ci ont été perfusées par un peu plus de dix milliards d'euros d'argent public, délivrés sous forme de prêts.

Moulin sait que Nicolas Sarkozy a les banques françaises dans le collimateur. Et que le Président ne manque jamais une occasion de sermonner leurs dirigeants. Quelques jours avant l'affaire Madoff, il leur a même demandé de renoncer à leurs bonus. Depuis le mois d'octobre, Bercy fait, à la demande de l'Élysée, un point plusieurs fois par semaine avec les principaux banquiers de la place pour tout connaître de leurs difficultés. Objectif : garder la main et réagir au plus vite en cas de besoin. René Ricol, ancien président des experts-comptables et des commissaires aux comptes, a été nommé médiateur du crédit avec cette mission : obliger les banques à continuer à prêter de l'argent aux entreprises. Bref, officiellement, les banques ne sont pas sous tutelle. Mais dans la réalité... Moulin veut donc savoir si celles-ci sont touchées par « l'affaire ». Et dans quelle proportion.

Les vilains petits secrets des banques

La plupart des banques sont en train de faire plancher leurs équipes sur le sujet. Elles ne peuvent donner de réponses claires. Pour avoir une idée précise, il faut attendre la fin du week-end. Et lorsque le bilan tombe, il est tout simplement calamiteux. La quasi-totalité des banques françaises ont investi chez Madoff. Elles n'ont pas fait dans le détail. Dexia en est pour 85 millions d'euros. Natixis, 450 millions. BNP-Paribas, 350 millions...

Mais le plus embarrassant pour ces banques, c'est d'être obligées de raconter leurs petits secrets. Un récit qui n'est pas toujours à leur avantage.

Si la BNP est exposée, dit-elle, c'est qu'elle a en réalité prêté des sommes importantes à ses clients new-yorkais, des fonds d'investissement et des gestionnaires d'actifs, principalement des Américains. Elle a pris en garantie... des titres de l'escroc new-yorkais ! BNP-Paribas peut s'enorgueillir de ne pas avoir poussé ses clients à acheter des produits Madoff. Certes. Mais si ses créanciers américains ne peuvent plus rembourser leurs emprunts, la banque mettra la main sur des titres qui ne valent plus rien. Une jolie histoire. Qui ne correspond pas tout à fait à la réalité. Car la banque a aussi accepté, les yeux fermés, d'acheter des produits Madoff pour les clients qui lui demandaient de le faire. Certes, elle ne les y a pas incités. Mais les conditions dans lesquelles elle a acheté ces titres qui ne valent plus rien ne sont pas claires. Car certains de ses clients accusent la banque de ne pas les avoir mis en garde sur la spécificité du produit. Des accusations que conteste l'établissement.

Chez Natixis, l'ambiance n'est pas plus à la fête. Subprimes[1], actifs toxiques, faillite de Lehman Brothers, mauvaises opérations sur les activités de dérivés actions, prêts aux banques islandaises... rien n'a été épargné, depuis le début de la crise, à cette filiale commune de la Caisse d'épargne et des Banques populaires qui devait, sur le papier, devenir un champion mondial. Depuis sa création, son cours de Bourse ne cesse de dévisser.

1. Voir le lexique en fin de volume.

Mais le détail de son « aventure » avec Madoff ne manque pas de sel. Dans un communiqué publié le 19 décembre, soit huit jours après la révélation du scandale, Dominique Ferrero, le directeur général, explique que la banque n'est pas si exposée que cela. Son explication est étourdissante : Natixis comptait de nombreux clients désireux d'entrer dans les fonds de l'ancien président du Nasdaq. Et elle n'a fait que leur prêter de l'argent pour qu'ils réalisent cette opération ! En bref, ce sont les clients de Natixis qui ont commis une erreur, pas elle... Attablé au Sélect, un café du quartier de Montparnasse, Thierry Ottaviani fulmine[1]. Président de SOS Petits Porteurs, il se bat depuis plusieurs années pour défendre les épargnants. Et lutte notamment pour défendre le million et demi de Français qui ont été incités à acheter des actions Natixis à travers le réseau des 8 000 agences des Banques populaires et des Caisses d'épargne et qui ont quasiment tout perdu de leur investissement[2]. « En clair, résume-t-il, Natixis explique sans aucun état d'âme qu'elle a envoyé ses clients au casse-pipe en leur prêtant de l'argent par brassées entières pour acheter du Madoff. C'est inacceptable et cela montre le cynisme des banquiers. » Il est difficile de lui donner tort.

Dans beaucoup d'autres banques, c'est aussi la Bérézina. Seuls le Crédit agricole et la Société générale affichent des pertes inférieures à 10 millions d'euros. Mais à quelques jours des fêtes de Noël, toutes les zones d'ombre n'ont pas encore été éclairées. L'assurance vie, par exemple. Voilà, en théorie, un placement très sûr. Mais l'assurance vie ne dépend pas de l'Autorité des

1. Entretien avec les auteurs, le 3 février 2009.

2. Le jour de son introduction en Bourse, en 2006, le titre Natixis valait 19,55 euros. Il dépasse aujourd'hui à peine un euro.

marchés financiers (AMF). Elle relève du code des assurances. Les particuliers ignorent de quoi sont composées les « parts » des produits auxquels ils ont souscrit. Personne, sur la place, ne se vante d'avoir versé dans son cocktail un peu de Madoff...

La solitude du gestionnaire de fonds

Nous sommes le 27 janvier 2009. « L'affaire » a éclaté un bon mois auparavant. Ce jour-là, au Pavillon Gabriel, dans les jardins des Champs-Élysées dans le VIIIe arrondissement de Paris, Michel Cicurel reçoit ses clients autour d'un buffet Potel et Chabot. Comme tous les ans en début d'année, le président de la Compagnie financière Edmond de Rothschild brosse une analyse du marché, dévoile sa vision de l'économie et donne quelques clefs sur la stratégie de la maison. Il y a là quelques anciennes gloires du CAC 40, bon nombre d'héritiers de dynasties industrielles et beaucoup d'inconnus aussi. Tous ont néanmoins un point commun : ils ont confié leur fortune à la Compagnie financière. Et pour beaucoup, cela représente plusieurs dizaines de millions d'euros de placements.

Dans cet exercice annuel, le brillant Cicurel est souvent iconoclaste. Cette fois, il a baptisé son intervention « Apocalypse no ! ». Dans son discours, il loue le sang-froid et la sagesse des épargnants, petits et grands, au cœur de la tempête. « Ce sont eux, d'abord, les acteurs de base du capitalisme, qui enseigneront aux vigies de la tour de contrôle les vertus du long terme sans lesquelles il n'est pas de création de richesse », affirme-t-il, alors que le capitalisme semble devenu totalement fou. Vient le tour des questions. Nombreuses. Certaines sollicitent les talents d'oracle de Cicurel qui, en 2007, tirait déjà la sonnette d'alarme sur une probable chute des marchés.

D'autres, plus pointues, concernent les performances de la maison. Mais de l'affaire, il n'est pas question. Enfin presque. Seul un client aborde le sujet. Et encore, sur la pointe des pieds. Il demande juste quelles sont les suites judiciaires qu'entend donner la Compagnie financière à cet « accident »...

Certains clients qui ont confié leur argent au baron Benjamin de Rothschild sont pourtant très en colère contre les gestionnaires de la vénérable maison qui est un peu la Rolls Royce de la gestion de fortune. Mais dans ce genre de réunion publique, pas question de déballer ses petites affaires personnelles. Chacun préfère régler ses comptes dans le secret des confortables bureaux du 47, rue du Faubourg-Saint-Honoré, l'hôtel particulier de la Compagnie, coincé entre le palais de l'Élysée et la résidence de l'ambassadeur de Grande-Bretagne.

Sylvie[1], la fille d'un patron de la grande distribution décédé il y a quelques années, est l'un de ces clients très mécontents. Elle n'a perdu que 8 000 à 10 000 euros à cause de Madoff, ce qui ne représente pas pour elle une grosse somme. Mais elle est ivre de rage contre celui qui gère sa fortune.

Ce qu'elle reproche surtout à ceux qu'elle a chargés de veiller sur son argent, c'est de ne pas l'avoir informée en détail de ce qu'ils en faisaient. « Je ne suis pas une spéculatrice et je n'aime pas l'univers financier. Les traders et leurs bonus indécents me donnent des haut-le-cœur. J'ai toujours exigé d'avoir des placements sains et équilibrés. Et voilà que je me retrouve victime d'une escroquerie... » Pour cette héritière, la société de gestion n'est certes pas complice de l'escroquerie de Madoff. Mais elle doit prendre en charge les dégâts col-

1. À sa demande, son prénom a été changé.

latéraux. « Après tout, il y a des frais de gestion, des droits d'entrée. Je n'ai pas demandé à investir dans Madoff, ce n'est pas à moi d'assumer leur erreur. Certains gestionnaires ne sont pas allés se fourrer dedans. »

Depuis le mois de décembre, Michel Cicurel et ses équipes tentent de calmer ces clients en colère. Certains ont directement appelé pour se plaindre. D'autres se contentent d'envoyer des courriers. Le président de la Compagnie financière a envisagé un moment d'indemniser au cas par cas certains d'entre eux. Puis il s'est ravisé, histoire de ne pas reconnaître une forme de complicité. Et puis, comment différencier ceux qui en voulaient ? Et ceux qu'on a mis dedans ? Car la situation de la Compagnie est particulière. Touchée pour près de 40 millions d'euros, elle n'est, selon Cicurel, pas la seule responsable. « Nous avions des clients qui avaient du Madoff et qui souhaitaient garder ce placement. Nous avons donc créé un fonds pour eux, baptisé Mars, qui incorporait leurs avoirs Madoff[1]. »

Problème : la Compagnie financière a ensuite vendu ce fonds à une grosse partie de sa clientèle, qui, elle, n'avait jamais entendu parler de Madoff.

La colère de certains clients vient aussi d'une interview de Michel Cicurel, publiée le 21 décembre dans le *Journal du Dimanche*, soit dix jours après la révélation de l'affaire. Il affirmait qu'il avait appris par hasard le nom de l'escroc de Wall Street en lisant la presse et disait aussi : « La financière Edmond de Rothschild n'a jamais investi dans Madoff. » Et les propos de Cicurel sont étonnants. « C'est une escroquerie bâtie sur une technique éculée, archiconnue et très facile à voir. Apparemment Madoff, puisque j'ai découvert son nom dans la presse, affichait des performances hors pair qui

1. Entretien avec les auteurs, le 5 mars 2009.

n'ont presque jamais baissé en dix-huit ans. Je suis ahuri que la SEC n'ait rien vu. Tout le monde est en état de choc. J'espère que ça ne touchera pas trop de petits porteurs. Et c'est pénible pour la communauté juive new-yorkaise. L'escroquerie n'est jamais défendable. Et voler les associations philanthropiques de sa propre communauté… » Cicurel regrette aujourd'hui d'avoir dit ce qu'il a dit. « Je rentrais la veille de Chine et je n'avais pas toutes les informations sur un sujet qui reste obscur[1] », confie-t-il. Un mois plus tard, le 27 janvier, la Compagnie financière Edmond de Rothschild met d'ailleurs les points sur les *i*. Et reconnaît que ses clients français ont perdu 40 millions d'euros. Une goutte d'eau, certes, puisqu'elle représente moins de 0,2 % de l'ensemble des fonds gérés rue du Faubourg-Saint-Honoré[2]. Mais pas pour les clients touchés. Certes, sur les 1 850 clients français qui ont investi dans le fonds, seuls 200 d'entre eux ont une exposition supérieure à 100 000 euros. Mais certains n'ont pas fait dans le détail. Plusieurs ont plus d'un million d'euros investis en Madoff. Une cliente affiche même, selon nos informations, une perte de 10 millions d'euros[3]… Depuis décembre 2008, le banquier a mené l'enquête auprès de ses équipes. « Nous sommes sereins. Nous avions fait toutes les “due diligences” nécessaires avant de créer Mars. Nous avions passé au crible la stratégie de Madoff, la façon dont il travaillait. Nous n'avons certes rien vu. Mais la SEC non plus. Cet homme a trompé tout le monde. » Ironie de l'histoire, Cicurel confie passer une partie de ses vacances à Antibes. Il connaît très bien le restaurant que fréquentait Madoff lorsqu'il était dans la région… « J'ai peut-être

1. Entretien avec les auteurs, le 5 mars 2009.
2. 23 milliards d'encours sous gestion fin 2008.
3. La Compagnie financière n'a pas voulu nous confirmer cette information.

même déjeuné à côté de lui un jour. Mais sans le savoir. Je ne lui ai jamais serré la main. »

Le lobbyiste déprimé

Aforge, Marignan, la Compagnie financière… Depuis le début de l'affaire, les noms des sociétés de gestion qui ont perdu l'argent de leurs clients dans la fraude circulent dans tout Paris. Mais un homme a évité le pire pour la profession. C'est Alain Leclair, l'ancien patron de Thierry de La Villehuchet et de Patrick Littaye chez Paribas. Pendant toute la seconde quinzaine du mois de décembre, Leclair a réussi un joli coup. Président de l'AFG, l'Association française de gestion financière, fédération professionnelle qui regroupe l'ensemble des sociétés de gestion françaises, il a réussi à éviter la publication de ce qui aurait ressemblé à une « liste noire », celle des gestionnaires de fortune impliqués dans l'affaire Madoff. « Ça aurait jeté l'opprobre sur certaines d'entre elles. Ce n'était pas nécessaire. »

Petites ou grandes, filiales de grandes banques ou structures indépendantes, toutes ces sociétés font le même métier. Elles gèrent le patrimoine des grosses fortunes privées, l'épargne de particuliers plus modestes ou encore la trésorerie d'entreprises qui n'ont pas les moyens de s'offrir les talents d'un directeur financier. Et le tout dans la plus grande transparence, au moins sur le papier : elles sont agréées par l'AMF, l'Autorité des marchés financiers, le gendarme de la Bourse à qui elles rendent des comptes. La mission de l'AFG est assez classique : elle défend les intérêts de la profession. Elle fait du lobbying auprès de Bercy, des députés ou de la Commission européenne pour faire évoluer favorablement la législation…

Pour Alain Leclair, cette « affaire est plus qu'embarrassante. Elle est dévastatrice. Madoff n'a rien inventé. Il s'est inspiré de *L'Arnaque*. Vous savez, ce film avec Paul Newman et Robert Redford qui jouaient le rôle de faux bookmakers. Ils avaient tout mis en place pour faire croire aux gogos que tout était bien réel. La course de chevaux. La salle des paris. Le caissier qui versait les gains. Dans le film, il y avait même un policier dans un coin. Sauf que tout était faux. Eh bien, Madoff, c'est la même chose. En mieux. Il commercialisait son produit par l'intermédiaire de vraies banques. Il y avait des auditeurs sérieux qui contrôlaient tout ça. Et même le gendarme, la SEC, qui opinait du chef. Et cela pendant vingt ans. Et hop ! À la fin, il ne reste rien[1]... » Même s'il avoue s'être régalé en regardant il y a quelques années *L'Arnaque*, aujourd'hui, Alain Leclair ne sourit plus.

Cette histoire est ce qui pouvait lui arriver de pire. C'est un peu tout un monde qui s'écroule. Leclair a été l'un des premiers Français, au sein de Paribas, à créer une activité d'asset management[2]. Il n'a jamais pensé qu'il aurait à essuyer les conséquences d'une telle escroquerie qui jette incontestablement le trouble sur une profession qu'il aime. Personnellement, il n'est pas très à l'aise non plus. Il connaissait très bien Thierry de La Villehuchet et Patrick Littaye, les fondateurs d'Access qui ont commercialisé Madoff en France. Il fut leur patron chez Paribas à la fin des années 70. En devenant le président de l'AFG, élu par ses pairs, il pensait jouer le rôle de « sage » de ce métier pendant quelques années. Avant de se retirer. C'est raté.

Même s'il a longtemps ferraillé contre Michel Prada, le patron de l'AMF et prédécesseur de Jean-Pierre

1. Entretien avec les auteurs, le 24 février 2009.
2. Voir le lexique à la fin de l'ouvrage.

Jouyet, pour que celui-ci n'alourdisse pas sa profession d'innombrables réglementations, il sait que son métier ne repose que sur une chose. « Lorsqu'un particulier vous confie ce qu'il a de plus précieux, son argent, il doit avoir confiance. Cet argent, c'est le fruit de son travail. Il le destine à ses enfants et il compte sur vous pour le faire fructifier. Pas pour que le premier venu parte avec la caisse. Il y avait déjà les bonus indécents des traders. Et maintenant, cette rocambolesque affaire. Si les gens se mettent à croire que l'on joue au Monopoly avec leur patrimoine, alors c'est la fin du métier. »

Ce dossier, il le sait, sera son dernier combat. Une rude bataille, car les dagues sont sorties au sein de la profession. Les adhérents de l'AFG qui n'ont pas succombé aux charmes de Madoff – ils ne sont pas si nombreux ! – ont beau jeu de plastronner, d'expliquer à la cantonade qu'ils n'y sont pas allés parce que « ça sentait vraiment trop mauvais ». Édouard Carmignac est de ceux-là. Dans *Le Figaro* du 6 février 2009, le patron de Carmignac Gestion, qui veille sur quelque 17 milliards d'actifs, savoure sa revanche : « Nous avons été approchés plusieurs fois par des émissaires de Madoff, mais je n'ai jamais donné suite. Pourtant, dans les dîners parisiens, on m'expliquait sans détour que j'étais nul et qu'il avait des performances bien meilleures. Cela m'a poussé à regarder de près le système. Madoff avait une société de Bourse et des activités de gestion. Ses émissaires vous expliquaient que, comme il recevait les ordres à l'ouverture des marchés, il pouvait voir se dessiner la tendance et prendre des positions gagnantes sur des titres. J'ai été agent de change et si j'avais fait ça, je me serais retrouvé en prison. De toute façon, compte tenu des milliards qu'il gérait, le système ne pouvait pas fonctionner, les sommes en jeu étaient trop importantes. Enfin, il gagnait de l'argent quoi qu'il arrive, même dans des marchés baissiers. On peut gagner à la baisse, mais la performance n'est jamais régulière, il y a des bons et des mauvais mois, même si le bilan est positif. Madoff, lui, n'avait jamais de mauvais mois. Il est sidérant que beaucoup aient raté ces trois signaux d'alerte. Sans doute parce que faire partie du club d'investisseurs flattait l'ego. »

Rembourser ?

Ambiance, ambiance... D'autant que parmi les membres de l'AFG qui ont investi dans Madoff, c'est le sauve-qui-peut. La société de gestion Meeschaert a ainsi choisi de rembourser l'intégralité de ses clients touchés par l'affaire, sans attendre la suite des procédures judiciaires. Plus significatif encore, c'est la famille Meeschaert elle-même, sur son patrimoine personnel, qui entend rembourser ses clients. Le communiqué publié à cette occasion se passe de commentaires : « Nous avons décidé de faire ce geste commercial fort pour prouver à nos clients que la moralité fait aussi partie des valeurs de certains acteurs du monde de la finance. » Pour Leclair, c'est un séisme. Dans le métier, Meeschaert n'est pas n'importe qui. Même si son poids n'en fait qu'un joueur de taille moyenne (elle compte 160 collaborateurs), sa réputation est irréprochable. C'est l'une des maisons les plus rigoureuses de la place. Créée il y a trois générations, elle a toujours placé l'éthique avant les performances. Et si Meeschaert décide de rembourser ses clients, bientôt toute la profession va devoir s'aligner. Rétrospectivement, Cédric Meeschaert justifie cette initiative qui ne lui vaut pas que des amis : « Deux mois après l'affaire, nous n'arrivions à rien. Notre conseil, le cabinet Gide, est très confiant sur l'issue des procédures. Mais il estime que celles-ci vont durer longtemps. Un an, peut-être davantage. Nous avons donc jugé que ce n'était pas à nos clients, ceux qui nous ont fait confiance, de subir ce préjudice. Il ne s'agit absolument pas de reconnaître une quelconque responsabilité. Seulement voilà, nous nous substituons à eux et nous prenons l'ensemble de la procédure à notre charge. C'est un devoir et une question de confiance[1]. » Un joli coup commercial ? Sans aucun doute. Mais pas seulement. Car ce que ne dit pas Cédric Meeschaert, c'est que ses plus gros clients lui ont rapidement fait savoir que Madoff ou pas, ils entendaient bien récupérer l'intégralité de leurs biens. Certains ont placé leur fortune depuis deux ou trois générations dans cette institution dirigée, avant lui, par son père et créée par son grand-père. Ce sont, notamment, les grandes familles industrielles du nord de la France. Mais aussi et surtout les congrégations religieuses qui ont confié à Meeschaert un patrimoine dépassant parfois plusieurs dizaines de millions d'euros. Si l'un de ces clients se mettait à faire du grabuge… les autres le suivraient instantanément.

Ce que tait aussi Cédric Meeschaert, ce sont ces coups de fil rageurs que certains gestionnaires de fortune, ses concurrents, ont passés à son père Luc, pour lui dire en termes choisis ce qu'ils pensaient de son initiative. Et surtout pour s'indigner qu'il ait choisi de rendre tout cela public. « Faites ce que vous voulez avec vos clients, a expliqué l'un d'eux à Luc Meeschaert. Mais faire de la publicité sur le fait que vous les remboursiez, ce n'est pas fair-play. Vous auriez dû garder tout ça secret. »

Et si Meeschaert était seul… Certaines sociétés de gestion agissent plus discrètement, et au cas par cas, pour câliner en secret – par exemple en les exonérant de frais de gestion ou en supprimant les primes de gestion – certains de leurs plus gros clients afin de ne pas les voir par-

1. Entretien avec les auteurs, le 17 février 2009.

tir chez un concurrent. Alain Leclair est donc désespéré. Sa plus grande crainte : que les particuliers se retournent contre leurs gérants de fortune qui, après tout, percevaient des frais de gestion. Et même, dans certains cas, des rétrocommissions de la part d'Access ou des autres « rabatteurs » de Madoff. Ce qui n'est pas illégal. À une condition toutefois : que le client en soit clairement informé ou bien que ces commissions soient réintégrées dans la performance du fonds et donc profitent à l'investisseur. Mais ce n'est pas tout. Au cours de notre enquête, nous avons appris que plusieurs sociétés de gestion concernées par l'affaire avaient fait des enquêtes internes pour déterminer si ceux qui avaient « vendu » le produit Madoff avaient touché des rétrocommissions à titre personnel. Une manière comme une autre de se prémunir contre d'éventuelles poursuites judiciaires de la part de leurs clients. La panique gagne.

10

La guerre des avocats

Nous sommes le 22 janvier 2009, rue de Miromesnil, dans le VIIIe arrondissement de Paris. Le joli petit hôtel particulier en fond de cour héberge l'Association française de gestion financière (AFG), organisme professionnel représentant les sociétés de gestion.

Ce jour-là, Alain Leclair, le maître des lieux, a organisé une sorte de réunion de crise. Ironie du sort, la salle réservée pour l'occasion sert d'ordinaire à former de jeunes professionnels aux nouvelles techniques du métier, à leur apprendre la prudence ou tout simplement à leur enseigner ce qu'ils ont le droit de faire ou pas. Ce 22 janvier 2009, les participants ne sont pas là pour apprendre les règles de la finance, mais pour évoquer un cas concret. Très concret.

« Ce que nous dirons doit rester entre nous »

À tous ceux qui se sont déplacés, il a été demandé de garder le secret sur ce qui va se dire. Alain Leclair le précise une nouvelle fois : « Je vous rappelle la règle du jeu : c'est une réunion de travail. Ce que nous nous dirons doit rester entre nous[1]. » Dans la salle de réunion, il y a une vingtaine de personnes. Des avocats pour la plupart. Alain Leclair a aussi convié Colette Neuville, la présidente fondatrice de l'Association des actionnaires minoritaires (ADAM), personnage très écouté sur lequel il compte s'appuyer pour sauver les meubles.

Cette rencontre a pour but de coordonner les actions judiciaires que les uns et les autres sont en train de préparer au nom de leurs clients pour tenter de récupérer ce qui peut l'être des milliards engloutis. Et surtout, pour définir une stratégie commune. Alain Leclair demande à chacun de se présenter en détaillant le montant des pertes de ses clients. Le cabinet d'avocats Stehlin défend plusieurs sociétés de gestion dont les clients ont perdu 100 millions d'euros. Le cabinet Lecoq-Vallon représente une vingtaine de particuliers, des grosses fortunes pour la plupart. Perte : plusieurs millions d'euros. Le cabinet Avens conseille des sociétés de gestion ainsi qu'un assureur, exposés à hauteur de 50 millions. Un autre avance le chiffre de 80 millions d'euros... Confidentialité oblige, personne ne dévoile l'identité de ses clients.

Leclair fait le point : les participants représentent tous des victimes de Madoff, qui, pour la plupart, ont investi dans la sicav Luxalpha.

Alain Leclair évoque ses discussions avec l'Autorité des marchés financiers. Détaille la façon dont il recommande de communiquer avec les médias. Puis demande à Colette Neuville de dévoiler leur stratégie d'attaque. Celle-ci, en véritable pro de « l'agit-prop » des assemblées générales du CAC 40, où elle en a fait trembler plus d'un, propose ni plus ni moins de faire un putsch. De prendre le pouvoir chez Luxalpha. Elle détaille ses inten-

1. Les auteurs se sont procuré le compte rendu confidentiel de cette réunion.

tions. Il faut à tout prix éviter une liquidation de la sicav, histoire de ne pas s'enliser dans des procédures à n'en plus finir. Elle raconte qu'elle étudie la possibilité de demander la démission du conseil d'administration de la sicav pour y faire nommer des administrateurs représentant les victimes. Ce qui permettrait d'avoir ensuite accès à des documents. Et d'accélérer le processus judiciaire.

Alain Leclair donne ensuite la parole aux avocats. La réunion, jusque-là très technique, prend alors une tout autre tournure. Si ceux qui défendent des sociétés de gestion approuvent sans réserve la stratégie de l'AFG, d'autres en effet ne sont pas du tout sur la même longueur d'onde. Et le disent. Hélène Feron-Poloni, avocat du cabinet Lecoq-Vallon, explique ainsi à ses confrères et aux membres de l'AFG que son combat est très différent du leur. Elle représente des particuliers. Ces derniers ont confié leur patrimoine à des sociétés de gestion, des professionnels éclairés. Et ce sont eux qui ont recommandé d'investir dans la sicav Luxalpha. Ses clients ne connaissaient pas Madoff. Et n'en ont jamais entendu parler avant le scandale. Les sociétés de gestion prélèvent une partie du capital et des frais de gestion pour « conseiller » leurs clients. À charge pour eux de vérifier où ils placent l'argent.

Tous les regards sont tournés vers l'avocate. Courageusement, elle annonce la couleur. Quelle que soit la responsabilité d'UBS, d'Access, des commissaires aux comptes ou de Bernard Madoff, ses clients se réservent la possibilité d'attaquer ceux qui ont recommandé Luxalpha. Et donc les sociétés de gestion françaises elles-mêmes. « Si UBS ne rembourse pas la totalité des sommes, je ne vois pas pourquoi mes clients n'exigeraient pas des gérants français de faire face à leurs responsabilités », explique-t-elle sereinement. Pour elle, c'est « l'ensemble de la chaîne » qui est responsable. Et il n'est pas question que les sociétés de gestion se défaussent sur UBS de leurs inconséquences.

La réponse d'Alain Leclair est immédiate. Et très sèche. Piqué au vif, il défend la profession : « Attaquer les gérants français, ce serait contre-productif. Cela va ralentir les procédures contre UBS. Et puis, il va vous falloir démontrer une faute du gérant. Ce qui reste à prouver, au vu des circonstances. » Ambiance, ambiance… D'autant que la pression monte encore d'un cran lorsqu'un autre avocat prend la parole pour s'étonner que d'autres réunions aient eu lieu avant celle-ci. Sans que tous les avocats concernés y aient été invités. « Est-ce à dire que nous ne sommes pas tous logés à la même enseigne, alors que vous venez de nous indiquer que nous représentions tous des victimes et que nous devions adopter la même stratégie ?… » Embarrassé, Alain Leclair botte en touche. Le ton reste urbain. Nous sommes entre gens de bonne compagnie. Mais les choses sont claires : la guerre des avocats ne fait que commencer. Ce jour-là, chacun comprend que la bataille part dans tous les sens… et que personne ne se fera de cadeau.

L'artillerie lourde

« On n'attaque pas UBS sans de solides munitions. » Jean-Pierre Martel assume. L'avocat qui a su convaincre Christine Lagarde de lutter contre l'opacité luxembourgeoise ne va pas s'arrêter en si bon chemin. Cette guerre contre UBS, il veut la gagner. Et il n'est pas tendre avec certains de ses « chers confrères » qui n'ont pas la même stratégie que lui. Et s'attaquent aux intermédiaires qui ont vendu du Madoff, les sociétés de gestion ou les banques. « Certains peuvent avoir des raisons d'agir différemment sous la pression de leurs clients. Il ne faut pas se disperser dans des guéguerres franco-françaises qui ne servent à rien. Selon la loi, il y a un responsable qui doit indemniser les victimes, c'est UBS. Il faut donc maintenir un front uni. » Lui aussi organise donc fréquemment des réunions avec la quinzaine d'avocats qui ont choisi de jouer la bagarre judiciaire contre UBS au Luxembourg. Pour convaincre que son combat est le bon, il n'a pas lésiné sur les moyens. Représentant à la fois des particuliers et des sociétés de gestion, il a créé avant tout un site Internet réservé à ses clients qu'il alimente quotidiennement en revues de presse ou points techniques sur lesquels il travaille. « Il s'agit d'informer mais aussi de faire un peu d'accompagnement psychologique... Ces clients ont perdu leur argent. Ils veulent avoir des réponses. »

Il a également fait appel aux services – coûteux – d'Image7. Ce nom ne dit rien au grand public. Pour les journalistes économiques, en revanche, cette société de communication est un passage obligé. Accor, Areva, Casino, Gdf-Suez, PPR et beaucoup d'autres figurent parmi ses clients... Lorsqu'un journaliste veut une interview d'un grand patron, il doit bien souvent passer par Image7, qui assure aussi la communication de crise en cas de problème. Créée en 1988 par Anne Méaux, une ancienne attachée de presse de Valéry Giscard d'Estaing puis d'Alain Madelin, Image7 ne se contente pas d'envoyer des communiqués de presse pour annoncer les bonnes nouvelles de la vie des affaires. En cas d'OPA inamicale d'une entreprise sur une autre, Anne Méaux est devenue incontournable. Ces batailles ne sont pas seulement boursières, elles se jouent aussi dans la presse. Et cette femme d'influence compte. Elle pèse au sein du CAC 40 lui-même comme dans le monde politique, surtout à droite où elle connaît tout le monde (plusieurs ministres, de Rachida Dati à Bernard Kouchner en passant par Jean-Louis Borloo pour le Grenelle de l'Environnement, ont fait appel à ses services pour gérer leur image). Elle a aussi servi de go-between entre certains grands patrons, comme François Pinault et Lakshmi Mittal lorsque ce dernier, en 2006, a voulu mettre la main sur Arcelor alors que la classe politique française y était opposée. Une bataille qu'elle a gagnée.

Jean de Belot, l'ancien patron de la rédaction du *Figaro* reconverti dans la communication, défend de son côté les intérêts d'une grande entreprise française mais aussi d'Aforge, société de gestion très touchée par la chute de la maison Madoff. Avec le même discours : haro sur UBS ! Aforge avait aussi un moment songé à faire appel à Jean-Marie Colombani, l'ancien patron du *Monde*, pour l'aider à attaquer UBS sur le terrain du lobbying politique[1]. C'est que, dans cette affaire, si UBS ne restitue pas les fonds aux investisseurs, Aforge n'en sortira pas indemne. Selon nos informations, les gestionnaires de l'entreprise ont tous placé l'essentiel de leur fortune chez Madoff. Mais aussi une partie importante des fonds qu'ils géraient. Plus embarrassant encore, une grosse part du capital d'Aforge appartient à la banque belge Degroof. Or celle-ci était aussi actionnaire à 20 % d'Access Partners, une filiale luxembourgeoise d'Access, l'entreprise de Thierry de La Villehuchet et de Patrick Littaye[2].

Haro sur UBS

Colette Neuville est dans les mêmes dispositions. Fondatrice de l'Association de défense des actionnaires

1. Celui-ci a refusé, comme l'a révélé le site d'information www.rue89.com en janvier 2009.

2. Depuis l'été 2008, Aforge est détenue à 50 % par la banque belge Degroof. Une opération en échange de laquelle les dirigeants d'Aforge ont reçu une grosse partie du capital de la banque Degroof.

minoritaires, cette femme déterminée est depuis plus de vingt ans la bête noire de tous les patrons qui prennent des libertés avec les petits porteurs. Délits d'initiés chez EADS, lutte contre les décisions des managers d'Eurotunnel, plainte contre Jean-Marie Messier dans l'affaire Vivendi, procès contre France Telecom… À 70 ans, elle est de tous les combats. Installée à Chartres, dans l'Eure, c'est une « activiste » des conseils d'administration où elle pose les questions qui fâchent et dénonce sans relâche les petits arrangements des barons du CAC 40. C'est avec UBS en ligne de mire qu'elle a passé un contrat avec l'Association française de gestion financière que dirige Alain Leclair. Pour ce dernier, le renfort de Colette Neuville est un formidable coup de pouce. Avec à ses côtés cette pasionaria qui d'ordinaire défend les petits actionnaires, voilà de quoi redorer son blason bien terni.

« Soyons clairs, résume Colette Neuville. Certaines sociétés de gestion ont peut-être été légères. Certains investisseurs aussi. Ils ont confié leur argent sans se soucier de ce qu'il devenait. Il y a peut-être des fautes de certains gestionnaires de fortune, puisque certains ont toujours refusé d'approcher Madoff. Mais ce n'est pas le problème du moment. Il n'y a qu'une façon de récupérer l'argent : s'en prendre à UBS. D'abord parce que la banque suisse peut payer. Ensuite parce que la loi est claire : le dépositaire est responsable des fonds. Et il doit restituer ceux-ci en cas de problème. En me rangeant du côté de ceux qui attaquent UBS, mon objectif est clair : défendre le “passeport européen” des produits d'épargne. Ceux-ci sont en vente dans toute l'Europe. Une directive européenne existe. Elle les protège. Si celle-ci n'est pas appliquée ici ou là, il y aura des affaires du type Madoff tous les deux jours[1]. » Colette Neuville fait donc

1. Entretien avec les auteurs, le 16 février 2009.

de ce combat une affaire de principe. Mais lorsqu'on la pousse un peu, elle va plus loin, et dans un sens qui ne ravirait pas forcément Alain Leclair. « Je suis sidérée par le manque de sérieux de certaines sociétés de gestion qui ont fourgué du Madoff simplement parce que tout le monde en avait ou parce que l'argumentaire de ses commerciaux était séduisant. De la même manière, la légèreté de certains investisseurs me laisse pantoise. Ils ont incité leurs gestionnaires à acheter ce produit pour leur compte parce qu'ils avaient croisé tel ou tel dans une soirée mondaine. La cupidité conduit à l'aveuglement. Je suis sûre que lorsqu'ils changent de voiture, ils font plus attention. »

Il y a plus grave encore, selon elle. « Je n'en ai pas la preuve. Mais simplement l'intime conviction : certains suspectaient qu'il se passait quelque chose autour de Madoff. J'ai un client qui voulait en acheter en octobre (il en avait déjà) et qui a passé un coup de fil à sa banque, Dexia, pour faire l'opération. On lui a répondu : "Nous ne sommes plus acheteurs de ce produit." Et il a compris... Il a soldé l'ensemble de ses positions. Et des exemples comme celui-ci, j'en ai plein d'autres. »

Colette Neuville a l'indignation facile. Mais les siennes sont toujours légitimes et surtout sincères : elle ne laisse rien passer. Les avocats d'affaires ? « Comme ils ne travaillent plus sur de gros projets de fusions acquisitions puisque tout est gelé à cause de la crise, ils se sont repliés sur ces clients fortunés qui peuvent payer de gros honoraires. S'il y en a qui gagnent de l'argent avec ce dossier, c'est bien eux... » Certains choisissent de se faire payer au temps passé. D'autres parient sur des success fees : ils ne gagneront d'argent que le jour où leur client récupérera son dû.

Certains ne perdent pas le nord

Dans le paysage luxembourgeois, Luc Schaack n'est pas un avocat comme les autres. Il porte certes un costume impeccable, des petites lunettes et occupe des bureaux ultramodernes dans le centre de Luxembourg. Mais voilà... Contrairement à la plupart de ses confrères, dont l'activité principale consiste à apporter leur expertise aux banques et aux institutions installées dans le grand-duché, il s'est toujours tenu à l'écart de « l'industrie financière ». Il a même commencé sa carrière en défendant un client un peu particulier, le HCR, le Haut Commissariat aux réfugiés des Nations unies. Pendant toute la durée de la guerre en Bosnie, son boulot consistait à monter des dossiers pour aider des Bosniaques à s'installer dans le grand-duché.

Aujourd'hui, il a tourné la page. Depuis le mois de décembre, l'avocat multiplie les procédures judiciaires pour le compte de Déminor, une association d'actionnaires minoritaires dont certains des adhérents avaient investi dans Luxalpha[1]. Et il attaque UBS. Sans trop y croire, il a tenté de se faire ouvrir la porte de la banque suisse. Et il a réussi. Début février, avec l'un de ses vieux amis, Guy Engel, un huissier de justice, ils se sont rendus au 33, avenue Kennedy à Luxembourg. « On y allait un peu en rigolant. On pensait que notre voyage s'arrêterait devant une gentille et jolie standardiste[2]. » Mais au lieu de cela, l'assignation qu'ils avaient en main a fait son effet. Et ils ont été reçus dans une salle de réunion au premier étage du building. « Je pense qu'ils

1. Déminor représente 600 clients ayant perdu entre 200 et 300 millions d'euros dans Madoff.

2. Entretien avec les auteurs, le 12 mars 2009.

s'attendaient à notre visite et que les choses étaient préparées. Il y avait une batterie de salariés qui regardaient la liste des documents que nous exigions. Surprise : ils sont allés les chercher. Et nous ont permis de les photocopier. C'était tout simplement surréaliste... » Depuis, Luc Schaack est à la fois motivé et désemparé. « C'est un peu comme s'il y avait une fuite dans la cave et que je la vidais avec une petite cuillère. » Car éplucher les documents dont il s'est emparé demande du temps, énormément de temps. Mais tout ce qu'il y trouve confirme ses intuitions. Le coup d'éclat lui a valu une belle notoriété et un afflux de nouveaux clients, tous victimes de Madoff. Ainsi qu'une substantielle et brutale augmentation de chiffre d'affaires.

Qu'importe... Prestigieux ou modestes, dans les cabinets d'avocats parisiens, au fil des semaines, il est du dernier chic d'avoir « un Madoff ». Et selon nos estimations, il y aurait un peu plus d'une centaine d'avocats français sur le dossier. Fabrice Rémon, le patron de Déminor, une association qui défend aussi d'innombrables investisseurs qui ont investi dans Luxalpha ou dans d'autres fonds comme Thema – c'est HSBC qui est le dépositaire de cette sicav de droit irlandais –, est sur la même longueur d'onde que Colette Neuville : « Cette affaire Madoff, c'est une bénédiction pour les avocats français, leur souci majeur étant finalement de trouver un correspondant au Luxembourg puisque c'est là-bas que cela se passe. Les autres se font de la pub[1] ! » Et de dénoncer les risques de conflits d'intérêts. « Beaucoup s'en prennent à UBS, avec raison. Mais ils évitent de regarder ailleurs. Et pour cause... HSBC est le client de certains d'entre eux. Or, même si les Français impactés Madoff par

1. Entretien avec les auteurs, le 5 mars 2009.

Thema sont moins nombreux que les victimes de Luxalpha, HSBC joue pour Thema le rôle de dépositaire... » Soit le même qu'UBS pour Luxalpha.

Un phénomène qui se retrouve aux quatre coins de la planète. En février 2009, 5 000 avocats inscrits dans l'ensemble des barreaux de la planète ont même constitué une sorte d'alliance internationale à Madrid pour préparer l'attaque. Parmi eux, il y a un peu de tout. Des avocats de grandes banques, d'investisseurs, de sociétés de gestion, d'épargnants... certains défendent même les rabatteurs ! Et derrière cette « union sacrée », les coups bas pleuvent, puisque leurs intérêts sont par nature contradictoires. C'est la même chose en France où entre ceux qui ont choisi d'attaquer UBS et ceux qui s'en prennent aux sociétés de gestion ou aux banques, volent les noms d'oiseaux.

Certains accusent leurs confrères de vouloir se faire de la pub sur l'affaire. D'autres pointent du doigt ceux qui agiraient, selon eux, comme faux nez pour décrédibiliser le secteur de la gestion de fortune. Beaucoup chez ceux qui attaquent UBS s'inquiètent aussi pour leur stratégie. Et notent que les plaintes au pénal déposées par plusieurs de leurs confrères vont tout simplement geler les remboursements de leurs clients tant que celles-ci n'auront pas abouti.

Une bombe

Me Jean Reinhart est l'un d'entre eux. C'est dans ses bureaux du troisième étage de l'avenue Kléber, à Paris, qu'il a préparé sa bombe : une plainte au pénal pour escroquerie, abus de confiance et faux en écriture. Une plainte contre X dont personne n'est dupe. Tout le monde sait qu'elle ne vise pas l'escroc américain lui-même, mais la banque qui a vendu du Madoff à ses clients.

L'histoire commence fin décembre. Un des confrères de Me Reinhart lui adresse une femme d'une cinquantaine d'années qui a perdu 540 000 euros dans l'escroquerie de Bernard Madoff. Son histoire ressemble à celle de beaucoup d'autres. Cette femme avait hérité de l'appartement de sa mère et l'avait vendu. Sa banque lui avait conseillé de placer le produit de cette vente dans un endroit sûr. « Ils lui ont raconté qu'il n'y avait pas plus sûr. Et ils ne lui ont évidemment pas parlé de Bernard Madoff. Mais d'une sicav tout à fait classique, gérée par la banque suisse UBS[1]. »

Lorsqu'il reçoit cette femme et son mari, Reinhart est ravi. Cette cliente est prête à tout pour récupérer son bien. Ce qui n'est pas le cas de ses autres clients qui, eux, ont perdu beaucoup plus, mais veulent absolument rester discrets. L'avocat défend en effet trois particuliers aisés, des personnalités, qui ont respectivement perdu 20, 9 et 4 millions d'euros. « Ce sont des gens connus qui dirigent de grandes entreprises ou qui ont des responsabilités qui les contraignent à ne pas gérer eux-mêmes leur fortune pour ne pas être accusés de conflit d'intérêts ou de délit d'initiés. Ils ont confié leurs biens en délégation pleine à des sociétés de gestion. Mais ils ne veulent pas être en première ligne dans le dossier. » On n'en saura pas plus. Si Reinhart refuse de donner leurs noms, il accepte pourtant de donner un détail cocasse. L'un d'entre eux a effectué son placement Madoff en 2004. L'autre en 2007. Mais le dernier, celui qui a perdu 4 millions d'euros, est entré chez l'escroc en octobre 2008. Deux mois avant que l'on ne découvre la fameuse pyramide. Et comme les autres, il n'a évidem-

1. Entretien avec les auteurs, le 18 mars 2009.

ment rien récupéré. « Il l'a franchement mauvaise. D'autant qu'il n'avait rien demandé à ses gestionnaires. »

Avec sa cliente qui ne pèse « que » 500 000 euros, Reinhart tient sa bombe. Cette dame est certes fortunée, mais elle n'a pas froid aux yeux et n'est nullement embarrassée pour expliquer la provenance de son patrimoine. « C'est un peu ma veuve de Carpentras. Les Français n'aiment pas ceux qui ont de l'argent. Ils ne pleurent pas sur ma cliente. Mais ils peuvent se mettre à sa place : ce n'était pas une boursicoteuse. Elle s'est contentée de demander à sa banque de lui trouver un placement sûr pour un héritage qu'elle venait de toucher. Personne ne peut dire : Bien fait pour elle. »

Dans son bureau, Reinhart a accroché deux grandes photographies, l'une immortalise une sereine rizière vietnamienne sur laquelle glissent de paisibles rayons de soleil. L'autre montre une manifestation d'étudiants très en colère place de la Bastille. C'est vers le second poster, celui de la manif, que Reinhart s'est tourné pour élaborer sa stratégie : ce sera la guerre. L'avocat qui aime prendre son interlocuteur à partie en le tutoyant pour mieux le convaincre plaide déjà la cause de sa cliente. « Tu vois, il faut bousculer les choses et donner un coup de pied dans la fourmilière. C'est très bien de s'attaquer à UBS au Luxembourg, la banque qui gérait la sicav et assumait les fonctions de dépositaire. Il faut le faire. Mais la victime vit en France. Il faut donc attaquer ici. Et en employant les grands moyens. »

Chez ses confrères, Reinhart fait grincer des dents. Et d'abord parce que celui-ci est l'avocat… de la Société générale dans l'affaire Kerviel. Depuis un an, au côté de Jean Veil, il défend la banque contre son ancien trader, « l'homme aux cinq milliards d'euros ». Il est aussi le conseil des Caisses d'épargne dans certains dossiers. « Comment peut-on à la fois défendre des banques, et en attaquer d'autres ? » s'interroge l'un de ses confrères pour qui cette situation est à la limite du conflit d'intérêts. Reinhart sourit : « Jalousies... » Avant de déposer sa plainte au pénal, il avoue avoir demandé à ces deux gros clients si cela pouvait les embarrasser. « Il se trouve que la Société générale et les Caisses d'épargne ont eu le talent et la clairvoyance de ne pas aller chez Madoff. Ils ne m'ont pas dissuadé d'attaquer. »

Obscures assurances vie

Dans la salle d'attente du cabinet Lecoq-Vallon, situé dans le XVIIe arrondissement de Paris, près du boulevard Malesherbes, les choses sont sans équivoque. Sur une jolie table basse est posé un gros dossier. C'est la revue de presse de ces dernières années. Elle rassemble les coupures de presse de dossiers dans lesquels ce cabinet spécialisé en droit des affaires s'est illustré. Et à chaque fois, il s'agit de défendre des particuliers ou des entreprises contre des banques ou des compagnies d'assurances.

Une énorme pile de dossiers devant elle, ceux de la vingtaine de clients qu'elle conseille, Hélène Feron-Poloni raconte leur histoire. Certains sont de très grosses fortunes. D'autres, pas du tout. Mais tous sont sur la même longueur d'onde : ils estiment que ceux à qui ils ont confié leur épargne ou leur patrimoine doivent rendre l'argent, même lorsqu'il ne s'agit que de quelques milliers d'euros. « L'Union des banques suisses est peut-être responsable. Peut-être pas. Cela n'a aucune importance. Mes clients ne connaissent ni UBS ni Madoff. Ils sont chez Rothschild, chez Aforge ou dans des banques. Et ils ont fait confiance à ces gérants qui prélèvent des frais de gestion en contrepartie desquels ils doivent faire un minimum de vérifications et d'audits. Sinon, cela n'a pas de sens. UBS ne sert qu'à noyer le poisson. Et c'est un peu facile. Cela permet simplement aux sociétés de gestion de dire : regardez, nous ne sommes coupables de rien, c'est UBS le coupable. »

L'autre grand combat du cabinet Lecoq-Vallon concerne un volet de l'affaire auquel peu d'avocats s'intéressent : celui de l'assurance vie. Le cabinet compte plusieurs victimes touchées par ce biais. « Contrairement aux banques et aux sociétés de gestion qui sont tenues d'être transparentes, l'assurance vie n'est pas soumise aux mêmes obligations. Ceux qui y ont souscrit et qui sont touchés ne le savent pas et ne le sauront jamais, tempête Hélène Feron-Poloni. Le rendement de leur assurance vie va baisser à cause de Madoff. Mais on leur dira que cela est dû à la crise ou à la baisse des marchés. » Et de citer plusieurs contrats investis en partie dans les fonds Luxalpha ou Thema et qui, selon elle, ne répondent pas à plusieurs articles du code des assurances, lequel prévoit la protection de l'épargne de l'investisseur.

Troublantes signatures

Loïk Le Floch-Prigent, Jean-Marie Messier, Florent Pagny, Bertrand Cantat et, depuis le début de l'année 2009, Jérôme Kerviel… Olivier Metzner est l'avocat de quelques « stars » qui ont dû s'expliquer devant la justice ces dernières années. Il n'a donc pas vraiment besoin de notoriété. Qu'importe, lui aussi a « son » Madoff que lui a apporté une de ses consœurs, Me Véronique Lartigue qui défend de nombreuses victimes de l'escroc américain. Mais dans son cas, l'affaire est un peu particulière et surtout extrêmement embarrassante pour une institution française, BNP-Paribas.

Dans son superbe bureau de la rue de l'Université, au cœur du VIIe arrondissement de Paris, dont les fenêtres donnent sur un splendide jardin, Olivier Metzner fume le cigare. Et sourit du tour qu'il vient de jouer à BNP-Paribas. Pour un peu, on dirait un gros chat qui vient de mettre la patte sur une souris. Le dossier qu'il défend n'est pas tout à fait ordinaire. « Je me moque d'UBS ou de Madoff[1] », dit-il pour commencer.

Son client est pourtant une très importante victime de l'escroc américain. Kléber Rossillon, l'un des héritiers de la famille Schlumberger, a investi plusieurs millions d'euros chez Madoff par l'intermédiaire d'un fonds géré par UBS : Groupement financier. Âgé de 54 ans, ce polytechnicien a consacré sa vie au château de Marqueyssac, dans le Périgord, ainsi qu'aux vieilles pierres qu'il aime par-dessus tout. Il est ainsi le président de la Fédération nationale des associations de sauvegarde des sites et des ensembles monumentaux depuis dix ans. Il a investi une première fois dans Luxalpha en 2004, pour un million de dollars. Puis, à deux reprises, 1,7 million de dollars et 900 000 euros en juillet 2008. Puis 1,8 million d'euros... en novembre 2008, quelques semaines avant que l'escroquerie soit connue de tous ! Soit un total de près de 4 millions d'euros envolés... Le tout sans avoir jamais entendu parler de Madoff, puisqu'il pensait qu'il s'agissait d'une simple sicav investie en bons du Trésor américain.

Metzner et Lartigue accusent BNP-Paribas sous un angle très particulier. Documents à l'appui, ils prétendent que la banque aurait fabriqué des faux pour se dédouaner de sa responsabilité. En clair, leur client, comme plusieurs autres investisseurs, n'a pas directement souscrit d'ordres d'achat Luxalpha. Il s'est contenté de

1. Entretien avec les auteurs, le 8 avril 2009.

demander par fax d'acheter des parts de la sicav Luxalpha dont on lui avait vanté les mérites à travers un fonds baptisé Groupement financier. Mais alors que la justice exigeait, en février 2009, de connaître les pièces prouvant que ce client a bien investi dans Luxalpha, BNP-Paribas a produit des bons de souscription signés par ses clients. Or Kléber Rossillon assure que l'on a imité sa signature et qu'il s'agit de faux[1]. Plus grave, sur les bons de souscription prétendument signés par les clients, il apparaît la fameuse mention : « Le risque est à la seule charge de l'investisseur. La responsabilité de la banque dépositaire ne serait pas engagée en cas de faillite du manager du fonds. » Or faire figurer une telle mention serait totalement illégal en France...

Mais cela pose une autre question : si BNP-Paribas a effectivement signé des ordres d'achat d'une sicav stipulant qu'en dépit de la loi française, le rôle d'UBS en tant que dépositaire était très limité, cela signifierait-il qu'elle savait que Luxalpha n'était pas tout à fait un produit comme les autres ? La BNP conteste vigoureusement ces accusations à tel point qu'elle a à son tour saisi la justice pour dénonciation calomnieuse.

Cette affaire Madoff, de l'avis de nombreux avocats, est en tout cas l'occasion de lever le voile sur de bien étranges pratiques...

En attendant, dans le secret des bureaux de la rue du Château-des-Rentiers, dans le XIIIe arrondissement de Paris, à la brigade financière, le commandant Leroy et ses équipes travaillent d'arrache-pied.

1. L'enquête réalisée par Laurent Mauduit, du site d'information Médiapart, en avril 2009, sur ce volet de l'affaire Madoff est d'ailleurs très instructive sur BNP-Paribas.

« Et surtout, n'en parlez à personne... »

Promue quelques jours à peine avant que l'escroquerie n'éclate, cette enquêtrice a déjà fait quelques trouvailles croustillantes en travaillant sur l'affaire Kerviel. C'est elle aussi qui a réalisé la perquisition du mois de mars 2009 à la BNP-Paribas. Et même si UBS se décide un jour à indemniser les clients de Luxalpha, elle n'entend pas lâcher prise. Elle compte bien aussi mettre au jour les drôles de manières de certaines institutions financières et de nombreux intermédiaires, petits ou grands, qui ont permis que cette escroquerie soit possible. Par légèreté. Par passivité. Ou peut-être par complicité...

11

Les amis français de Bernie

Chemin de la Garoupe, au Cap-d'Antibes. Les villas, souvent cachées par des bosquets de pins, témoignent qu'ici on a de l'argent. Beaucoup d'argent. Et le numéro 279 ne fait pas exception. Malgré son nom pompeux et son portail vert digne de Fort Knox, le Château des Pins n'a de château que le nom. C'est en réalité une résidence de luxe pour riches touristes étrangers. Il y a là sept villas autour d'un parc, une piscine et un court de tennis. Toutes sont bâties sur le même modèle. Un toit de tuiles rondes, des murs blancs et des volets vert pomme. Ironie de l'histoire, à l'entrée du Château, même après le tapage planétaire, l'interphone indique toujours « Madoff ». Personne n'a songé à enlever l'étiquette indiquant que l'escroc le plus célèbre du monde venait ici depuis six ans passer une partie de ses vacances d'été.

Un paisible grand-père sur la Riviera

Peu importe, « le palais de Madoff sur la Riviera » dont parlait un tabloïd américain n'est pas à la hauteur d'un homme qui a vu passer entre ses doigts 50 milliards de dollars. Le fraudeur du siècle ne possédait ici qu'un modeste appartement de 70 mètres carrés (trois chambres) au troisième étage de l'une de ces constructions qui comptent vingt-trois copropriétaires. Un pied-à-terre qui ne vaudrait, selon les professionnels de l'immobilier de la ville, qu'un petit million d'euros. Rien à voir avec la splendide villa entourée de plusieurs hectares en bordure de mer que s'est achetée pour une vingtaine de millions d'euros payés cash l'oligarque russe Roman Abramovitch.

Lorsqu'il séjournait ici, deux semaines chaque été, Madoff passait pour un sympathique grand-père. « Lui et sa femme ne venaient qu'une fois par an, raconte le gardien de la résidence. Mais ils étaient sympathiques et pas du tout distants. C'est sa femme qui discutait un peu et qui me demandait toujours si j'allais bien. Car lui ne parlait pas un mot de français. En tout cas, ce n'était pas des gens à histoires[1]. » Les voisins, pour la plupart des Italiens, des Britanniques et quelques Américains, ne sont guère plus loquaces. « Je le croisais. Il était parfois avec un de ses petits-enfants. Mais nos relations s'arrêtaient à un bonjour-bonsoir[2] », confie un des résidents, un Britannique.

Madoff n'était pas l'un de ces jet-setters flamboyants qui arpentent la Côte d'Azur. Il se contentait de fréquenter quelques restaurants branchés. Comme le Michel-Angelo, un restaurant emblématique du vieil Antibes qui reçoit des acteurs et quelques people, surtout au moment du festival de Cannes : « Mamo est un pape et son restaurant antibois sa chapelle. Le pape de la pasta et du sourire », peut-on lire sur son menu. Bernie se rendait également à la plage Keller ou encore à l'hôtel du Cap-Éden-Roc où l'on fait l'éloge de cet

1. Entretien avec les auteurs, le 5 mars 2009.
2. *Ibid.*

ancien client, si discret et sans histoire, toujours accompagné de sa femme Ruth. Un homme qui aimait plaisanter avec les serveurs à qui il laissait des pourboires convenables, mais toujours discrètement, sans étaler son argent. Rien à voir avec ces nouveaux riches désagréables et condescendants qui se donnent en spectacle à la plage Keller que tient Dany, un personnage d'Antibes qui garde, elle aussi, un bon souvenir de ce client.

À Antibes, Madoff n'allait jamais à la plage. Sa passion, en revanche, c'était son yacht amarré pendant l'année à Port-Galice. Un splendide Léopard de 27 mètres de long qui bat pavillon des îles Caïmans et que la justice française a saisi, fin mars 2009, suite à la plainte de l'une des victimes françaises, la société de gestion Meeschaert. Ainsi, le bateau ne peut plus quitter les eaux françaises. Ironie du sort, Madoff l'avait baptisé *Bull*, traduction anglaise de « taureau » qui, en langage boursier, symbolise la hausse sur les marchés...

Nous avons pu nous entretenir avec celui qui, ces dernières années, était le matelot du *Bull*. Depuis le mois de décembre 2008, ce marin est désemparé. D'abord, parce qu'il y a des factures impayées concernant le bateau et que les fournisseurs le pourchassent pour exiger d'être réglés. Ensuite, parce qu'il n'a plus de travail. Enfin, parce qu'avant que Bernie n'aille en prison, il a beaucoup échangé avec lui par mail... « J'aimais mon ancien patron, raconte celui qui souhaite rester anonyme. Et même si je ne suis plus payé, j'ai continué à aller fréquemment sur le bateau pour voir si tout allait bien. Et j'ai fait des comptes rendus à monsieur Madoff. Il m'a répondu qu'il ne fallait pas que je m'en fasse. Que sa famille reviendrait peut-être sur le bateau. Et que tout finirait bien par s'arranger[1]. »

1. Entretien avec les auteurs, le 13 mars 2009.

Mais l'amour de l'escroc pour la France ne reposait pas seulement sur le charme de la Riviera. Même s'il n'en parle pas la langue, l'Américain connaît bien ce pays où il compte plusieurs amis de longue date.

L'ami de Moscou...

À la fin des années 70, Bernard Madoff est un agent de change important à New York. Sa maison de courtage n'est pas encore un petit empire. Mais c'est déjà un homme qui compte. Il a des correspondants à Londres et à Paris, souvent eux aussi agents de change, pour effectuer des transactions sur le vieux continent. Rien que de très normal à une époque où les flux financiers ne circulent pas encore aussi vite et aussi facilement qu'aujourd'hui.

En 1978, son correspondant français présente à Madoff, de passage à Paris, un homme plus âgé que lui. Mais au parcours étonnant et fascinant, presque un personnage de roman. Juif et résistant pendant la guerre – il a été naturalisé français en 1938 –, Albert Igoin a beaucoup bourlingué. Et connu mille vies. À la Libération, il est entré au cabinet de Charles Tillon, le bouillant député-maire communiste d'Aubervilliers que de Gaulle avait nommé ministre de l'Air. Un cabinet ministériel où il côtoie notamment l'écrivain Pierre Daix[1]. Après cette expérience qui dure moins de deux ans, Igoin se reconvertit. Il prend la tête de France Navigation, une société de transport maritime créée en 1937 par des proches du Parti pour fournir les républicains

1. Contacté par les auteurs, Pierre Daix a expliqué qu'il n'avait pas gardé de liens avec Igoin après leur rencontre auprès de Charles Tillon.

espagnols en armes. La compagnie se transforme alors en véritable entreprise commerciale. Elle a besoin de gestionnaires : Igoin devient le patron de cette société qui compte plusieurs pontes du Parti à son conseil d'administration. À cette époque, Igoin est dans le collimateur de la presse d'extrême droite qui en fait un ennemi de la République et même l'un des maillons clés de l'infiltration de l'URSS et du KGB en France. Igoin représente tout ce qu'ils détestent. L'une de ces feuilles n'hésite pas à affirmer qu'il a été arrêté quelque temps par la DST pour espionnage. Ce qui est sûr, en tout cas, c'est que durant la guerre froide, Igoin, pourtant marié à une Américaine, n'a pas le droit de pénétrer sur le sol des États-Unis (sa femme et sa fille s'y rendront à deux reprises dans les années 50 sans qu'il puisse les accompagner).

Après quelques années à la tête de France Navigation, Igoin se charge de vendre la compagnie qui connaît quelques difficultés. Puis il tourne une page et devient un financier de l'ombre. Il réalise d'innombrables coups qui le rendent riche, très riche. Mais jamais il n'apparaît, laissant ceux qu'il aide ou conseille, comme Robert Hersant, capter la lumière. Seule sa passion pour Spinoza justifie une entorse à cette discrétion absolue, puisque le financier portera à bout de bras pendant de longues années les *Cahiers Spinoza* où il écrit même quelques articles.

Entre Igoin et Madoff, le courant passe tout de suite. D'autant que les deux hommes, pourtant séparés par trente ans de différence d'âge, ont une passion commune : les mathématiques appliquées à la finance. À l'époque, à la fin des années 70, à la Bourse, on ne parle pas encore de dérivés et d'options. Ou tout juste. Mais les deux hommes ont compris que le monde de la finance est en train de basculer. Et ils décident de se revoir. À leur deuxième rencontre, ils convient un quadragénaire brillantissime.

Jean-Michel Cédile est entré à 15 ans à HEC. Il a fait une carrière fulgurante dans la finance et est l'un des patrons de la Banque privée de gestion financière. Igoin propose sans cesse à Cédile de quitter son poste pour devenir son bras droit. Et de continuer à monter des opérations financières, mais avec son argent.

Pendant quatre ans, les trois hommes se voient très fréquemment. Ils discutent de tout[1]. Igoin et Cédile sont sous le charme de Madoff. Ils en parlent souvent à leur entourage. Et notamment à Patrick Littaye, le futur cofondateur d'Access qui travaille à l'époque pour Cédile. Les deux hommes sont à ce point séduits par Madoff qu'ils vont lui confier des sommes faramineuses à gérer pour leur compte.

Lorsque nous avons contacté Laurence Apfelbaum-Igoin[2], celle-ci nous a avoué que cette « histoire » lui était particulièrement « pénible ». Scientifique de renom, elle n'a jamais entendu son père parler de cet homme à la maison : « Mon père était très discret sur ses affaires. Après sa mort, ma mère ne me parlait de Madoff que comme d'un placement sûr. Je n'entends rien aux affaires financières et je ne me suis occupée de cela qu'une seule fois, au moment de la succession de ma mère où j'ai dû payer de gros impôts sur ces placements. Et puis j'ai tout laissé chez Madoff. » Soit plusieurs millions d'euros[3]...

---

1. Dans sa notice du *Who's Who*, édition 1992 (l'année de sa mort), Cédile écrit d'ailleurs : « S'intéresse aux problèmes monétaires et à la mycologie. »

2. Entretien avec les auteurs, le 24 mars 2009.

3. À notre connaissance, Albert Igoin est le premier Français à avoir investi dans Madoff.

Cédile n'avait, lui, pas de fortune personnelle. Mais il était fasciné par l'escroc. « Jean-Michel m'en parlait très souvent, raconte sa veuve, Geneviève Cédile[1]. Il me disait que c'était quelqu'un au charisme extraordinaire. Il avait une confiance absolue en lui. » Et Cédile a aussi investi beaucoup d'argent chez le faux magicien. Mais c'était l'argent de la banque dans laquelle il travaillait. À la fin des années 80, alors qu'il dirige la BIF (la Banque pour l'industrie française), il ouvre un très gros compte chez Madoff. Il y place presque un demi-milliard de francs ! Ce placement qui fait l'admiration de tous, personne n'y trouve rien à redire. Même lorsque, en 1992, Cédile disparaît. Ce n'est qu'en 1999 que les comptes Madoff sont soldés alors que la BIF (propriété du Gan) et Finama (Groupama) fusionnent et que certains tiquent sur ce drôle de placement[2]...

Avec ses amis américains, Bernard Madoff parlait souvent de la France, qu'il aimait énormément. Il évoquait souvent le nom de Jean-Pierre Michaux. Un homme qu'il avait rencontré à la fin des années 80, sur les pistes de ski de Megève...

---

1. Entretien avec les auteurs, le 24 mars 2009.

2. Dans un communiqué du 16 février 2009, Groupama a tenu à préciser qu'il n'était pas exposé à Madoff, en faisant témoigner celui qui est à l'origine du débouclage des positions, Bernard Pouy, directeur général de Finama : « En examinant les placements de la BIF, mon attention avait été attirée par une ligne de quelque 100 millions de dollars dans le fonds Madoff ; bonne réputation, régularité, bonnes performances... Mais justement, les explications qu'on me donnait sur cette régularité et ces performances ne me convainquaient pas. Et même, plus on me donnait d'explications, moins je comprenais ! J'avais donc conseillé à toutes les parties prenantes de se retirer rapidement de ce placement. Ce qui fut fait peu après. Depuis, Groupama n'a plus jamais réalisé aucune opération dans le fonds Madoff ! »

... Et le skieur lyonnais

Lorsque, le 12 décembre au matin, Jean-Pierre Michaux entend à la radio le nom de son ami, il est effondré. Jean-Pierre Michaux n'a jamais investi chez Madoff. Et ce dernier ne l'a jamais sollicité. Son important patrimoine ne craint donc rien. Mais il est mal à l'aise. Son ami américain a-t-il réellement fait une bêtise ? Est-ce un de ses fils que Bernie cherche à protéger ? Est-ce la crise financière qui l'a forcé à franchir la ligne jaune ? À cause du décalage horaire, il est trop tôt pour appeler Peter Madoff, ce frère que Michaux connaît aussi très bien. Il entend parler de son ami Bernie comme de « l'escroc du siècle », il a l'impression d'être dans un film[1]...

Le Lyonnais n'est pourtant pas tombé de la dernière pluie. Il a longtemps été le patron d'une charge d'agent de change qui opérait à la Bourse de Lyon et que dirigeait avant lui son père. Une charge qu'il a transformée au milieu des années 90 en société de gestion de fortune. Et qui a connu un très beau succès. Au début des années 2000, alors qu'il songe à vendre son affaire, Michaux Gestion revendique quelque 4 500 clients (5 000 comptes) à la tête d'un portefeuille de l'ordre de 600 millions d'euros. L'héritier lyonnais a créé plusieurs sicav grand public. Il envisage même de lancer un site internet de courtage boursier en ligne, semblable à Boursorama.

Malgré ses beaux succès, en 2005, ce gros fumeur de havanes – le n° 2 de Punch est son favori – décide de jeter l'éponge. Pourquoi ? « Parce que les autorités de

1. Après un premier entretien téléphonique avec nous le 17 février 2009, Jean-Pierre Michaux n'a pas voulu donner suite à nos demandes d'interview.

tutelle, sous la pression des grandes institutions, mettent des bâtons dans les roues des sociétés de gestion indépendantes justement, soi-disant pour protéger l'épargnant[1] », explique-t-il au magazine *Entreprises Rhône-Alpes*. En fait, Michaux tempête aussi contre la Bourse. Il ne reconnaît plus ses petits. Elle est, selon lui, « cannibalisée par le virtuel et dévorée par les standards » : « Tous les financiers sont des moutons de Panurge, se moque-t-il. Mais ce n'est pas cela, la Bourse ! » Et de dénoncer les « produits aseptisés, stéréotypés ». Car ce qu'il veut vendre, lui, ce sont des placements sur mesure, du « cousu main », dit-il. Pas du prêt-à-porter.

Il ne se reconnaît plus dans la finance telle qu'elle fonctionne. Mais il ne reste pas inactif. En Suisse où il s'est installé après la vente de son affaire, il s'est fait mécène. Passionné d'art contemporain – il a lui-même une splendide collection personnelle et avait fait faire par Buren certains éléments de décoration de ses bureaux lyonnais –, il est membre du Mamco, le musée d'Art moderne de Genève installé dans une usine désaffectée. Il n'a pas non plus coupé les ponts avec Lyon. Grand ami de Jean-Michel Aulas, le patron de l'Olympique de Marseille, il est l'un des administrateurs du club de foot dont il ne manque presque aucun match.

Michaux rencontre Bernard Madoff à l'hiver 1989. À l'époque, il est donc agent de change à Lyon. Et, cette année-là, c'est à lui que revient la tâche d'organiser un week-end de ski à Megève pour les opérateurs de bourse d'Europe et des États-Unis. Depuis 1968, Interbourse est une institution. Chaque année, à tour de rôle, les agents de change, les courtiers et tous ceux qui travaillent dans l'une des Bourses occidentales organisent un long week-

1. *Entreprises Rhône-Alpes*, mai 2005.

end pour faire connaissance et échanger des cartes de visite. On n'y parle pas business, ou très peu. On fait surtout la fête. Et un peu de ski. Cette année-là, c'est lui qui doit recevoir et organiser l'hébergement des participants (certaines éditions ont réuni près de 500 personnes...). Il sympathise tout de suite avec les Madoff. Bernard et Peter connaissent alors une réussite fulgurante. Ce fut un week-end de rêve. Et une heureuse rencontre.

Michaux est allé de nombreuses fois dans l'appartement du Cap-d'Antibes. Et Bernie lui a souvent proposé de venir faire une sortie en mer avec lui, ce que Michaux a toujours refusé, faute d'avoir le pied marin. Il s'est contenté, une seule fois, d'y prendre l'apéritif.

Le 12 décembre donc, Michaux tombe des nues. Il se souvient de cette conversation qu'il a eue deux ans plus tôt avec Peter Madoff, alors qu'ils s'étaient retrouvés au Mexique pour jouer au golf. Jean-Pierre Michaux s'étonnait qu'aux États-Unis, on puisse être à la fois gestionnaire de fortune et opérateur sur la Bourse, ce qui serait impossible en France. Et Peter avait été très clair sur le partage des tâches entre eux. À Bernie la gestion de fortune. À Peter les activités de courtage. Michaux veut donc appeler Peter pour mieux comprendre.

En attendant, l'ancien agent de change lyonnais repense à ces quelques jours passés avec son frère à Zermatt, la très chic station de ski suisse, en 2004. Les Madoff étaient venus en force avec l'avion privé de Bernie pour participer à Interbourse. Et celui-ci avait proposé à Michaux de faire partie de « l'équipe Madoff » dans la compétition amicale de ski. Une drôle d'équipe en vérité. Car Madoff n'avait pas invité n'importe qui à Zermatt[1].

1. Nous avons pu consulter la liste des participants invités par Bernard Madoff.

Il y avait là Robert Jaffe, gendre de Carl J. Shapiro, le milliardaire de Boston qui a fait fortune dans l'habillement et investi des centaines de millions de dollars dans Madoff. Jaffe était l'un des gros rabatteurs de l'escroc. Il a incité plusieurs centaines d'investisseurs américains à « entrer » chez le financier. Il y avait aussi Paul J. Konigsberg, le comptable de la fondation familiale des Madoff, Alvin J. Delaire Jr., accompagné de sa femme Carole, qui a travaillé quelques années pour Madoff, Marja Engler, épouse d'un ancien rabatteur, et Elana Flax qui avec son beau-frère Leon a aussi travaillé pour lui... D'anciens associés, d'anciens salariés qui tous... figurent également dans la liste des victimes de l'escroquerie rendue publique au mois de février 2009 par le liquidateur judiciaire américain.

Michaux repense à ces quelques jours. Et vraiment il n'en revient pas. L'ambiance était si bonne... Chaque participant était traité comme un roi. Dans le livre d'or de l'édition 2004 d'Interbourse, certains remercient d'ailleurs Madoff qui a offert des dizaines de blousons à l'effigie de son entreprise. « Dans ces manifestations, tout le monde venait pour faire la fête, raconte Alain Froelicht qui travaille à la BNP[1]. Bernard Madoff faisait plutôt profil bas, même s'il a assisté à une dizaine de réunions avec son frère Peter et que tout le monde le connaissait. Et pour cause... Chaque année, il sponsorisait un dîner ou offrait des tee-shirts et des casquettes à son nom. »

Jean-Pierre Michaux, lui, reste avec ses interrogations mais n'a, dit-il, pas perdu un centime. Contrairement à certains Américains qu'il a ponctionnés jusqu'au dernier moment, Bernie n'a jamais proposé à son ami lyonnais d'investir chez lui. Celui-ci entendait certains de ses

1. Entretien avec les auteurs, le 25 février 2009.

copains se vanter d'avoir été admis dans le saint des saints de l'investissement boursier et citer Madoff toutes les quatre phrases. Lui se contentait d'être son ami, et ne voulait pas mélanger les genres. Heureuse intuition.

12

Un escroc mondialisé

Parfaites. Elles sont parfaites. Grandes, belles, souriantes, surdiplômées et mères attentives. Les cinq sœurs Noel ont tout pour paraître sur papier glacé. En octobre 2002, *Vanity Fair* publie un article intitulé « Golden in Greenwich ». En photo, les cinq sœurs, bras dessus, bras dessous ou assises dans l'herbe avec leurs enfants blonds, tous de blanc vêtus, posant dans le jardin de la maison familiale de Greenwich, dans le Connecticut. « Les cinq dames Noel se sont fait connaître en développant les qualités d'une aristocratie presque éteinte, dit le magazine. Elles sont bien éduquées, bien mariées et élèvent une ribambelle d'enfants multilingues aux bonnes manières, tout en étant parfaites en bikini. » La classe, l'élégance : on vous le dit, elles sont parfaites.

Des Wasp[1] de plain-pied dans le XXIe siècle et la mondialisation, ainsi sont les Noel. Monica, la mère, est née au Brésil dans une riche famille. À la maison, elle a appris le portugais à ses filles. À leur tour, elles ont épousé le monde. Elles sont mariées à des Italiens, un

---

1. White Anglo-Saxon Protestant, l'aristocratie de la côte Est américaine, par opposition aux juifs, aux catholiques d'origine italienne ou irlandaise, souvent considérés par cette caste comme d'extraction inférieure.

Colombien, un Suisse, un Américain. Elles vivent à Londres, Lugano, Madrid ou Greenwich.

L'été, la famille se retrouve dans la maison de Southampton, l'hiver à Palm Beach, ou dans la très luxueuse villa des hauteurs de l'île Moustique, dans les Caraïbes – objet d'un autre article, en 2005, dans le magazine *Town & Country*. La famille Noel est très riche. Certes, ils ne sont pas les seuls de leur « village ». Greenwich, surnommée la capitale mondiale des hedge funds, héberge des centaines de multimillionnaires. La ville affiche un des plus hauts revenus par habitant du pays. Bien des maisons, ici, ont l'air de châteaux. Selon le registre des impôts, cette communauté de 60 000 habitants comptait en 2006 931 Porsche, 94 Ferrari, 90 Bentley, 39 Rolls Royce…

Le « Richistan »

Greenwich symbolise l'explosion de richesse qu'a connue l'élite financière américaine à partir du milieu des années 90. Ce pourrait être le centre de ce que le journaliste Robert Frank appelle le Richistan[1], cette étrange classe sociale qui a explosé sous l'effet de la révolution des technologies de l'information et de la dérégulation des marchés financiers. Entre 1995 et 2005, le nombre de millionnaires aux États-Unis a triplé en dollars constants. C'est, selon Frank, la troisième grande vague des riches de l'histoire américaine, après « l'âge d'or » qui a suivi la guerre civile et les Années folles. Les sources de cet enrichissement sont multiples, mais en bonne place, note Frank, figurent les « money movers »,

1. Robert Frank, *Richistan, a journey through the American wealth boom and the lives of the new rich*, Random House, 2007.

ceux qui « investissent et dirigent ce flot d'argent (créé par d'autres) et qui en gardent une part pour eux ». En tête de ce peloton se distinguent les gestionnaires de hedge funds, dont un nombre considérable se réfugie dans les luxueuses « mansions » de Greenwich, comme les Noel.

Quand il arrive en 1974 à « Hedge Fund-Ville », le patriarche de la famille, Walter Noel, n'est pourtant pas si prospère. La famille, qui a alors quatre filles, vient du Brésil et s'installe dans une modeste maison. Noel, originaire du Tennessee, est banquier, expatrié pour le compte de banques américaines en Afrique, en Suisse puis au Brésil. Il a rencontré Monica, de douze ans sa cadette, alors qu'elle étudiait dans le Massachusetts. En 1983, il crée sa société, Fairfield Greenwich Group (FGG), une « boutique familiale » destinée à gérer la fortune de quelques riches familles.

Les Noel mènent une vie plus que confortable – étés au Brésil dans la famille de Monica, ski en Suisse en hiver. Mais Walter Noel ne pénètre le clan des méga-riches que vers 60 ans, grâce à Bernard Madoff.

FGG change en effet de dimension en 1989, quand Noel est rejoint par Jeffrey Tucker. Partenaire d'une société d'investissement, celui-ci a travaillé dans les années 70 comme avocat à la SEC (Securities and Exchange Commission, le gendarme de la Bourse). C'est lui qui a le contact avec ce cher Bernie, via son épouse, Melanie, dont le père, Norman Schneider, entrepreneur, était un ami de Madoff. C'est d'ailleurs Jeff Tucker qui va assurer pendant toutes ces années la liaison avec le patron de Bernard L. Madoff Investment Securities (BLMIS). Après la chute, Monica répétera à qui veut l'entendre qu'ils ne voyaient les Madoff qu'occasionnellement. C'est vrai : Noel se contente de vendre du Madoff à la planète entière, c'est Tucker qui assure le suivi avec le « génial » financier. Un investisseur francophone, qui avait placé 20 millions de dollars dans le fonds Fairfield, et qui est aussi un habitant de Greenwich, se souvient que c'est Tucker qui l'a accompagné chez Madoff pour le présenter. Quand, en 2006, la SEC a mollement enquêté sur le personnage, c'est Tucker qui est entendu, pas Noel.

Les Noel et les Madoff ne fréquentent pas les mêmes cercles. Même si les Noel sont eux aussi des nouveaux riches, ils s'intègrent à merveille parmi les Wasp. À Palm Beach, Monica et Walter Noel, qui sont protestants, fréquentent le B&T (Bath and Tennis), pas le Palm Beach Country Club. Walter Noel est d'ailleurs l'un des premiers associés directs de Madoff à ne pas appartenir à la communauté juive. Il y aura aussi, un peu plus tard, Patrick Littaye et Thierry de La Villehuchet, mais aucun autre parmi les acteurs de premier plan.

Le réseau des gendres

Pourtant, c'est bien la famille Noel qui va faire entrer Madoff dans la mondialisation, et profiter avec lui de cette nouvelle ère. Après avoir recruté dans le cercle des relations de son beau-père, après avoir écumé les country clubs et conseils d'administration d'œuvres de charité, l'ère industrielle est venue pour Madoff. FGG dévoile des horizons nouveaux au génial escroc. C'est l'heure de la conquête de l'Europe. Noel et les siens ouvrent une voie dans laquelle s'engouffreront ensuite les Français d'Access International ou l'Autrichienne Sonja Kohn. Au total, les fonds Fairfield Sentry et Greenwich Sentry, qui étaient investis chez Madoff, « géraient » 7 milliards de dollars, soit près de la moitié du total de l'argent confié par les investisseurs à FGG, ce qui en fait de loin le plus gros des pourvoyeurs de l'escroc.

En réalité, c'est une version familiale de la mondialisation que développent les Noel, via les mariages des filles. Quatre des cinq gendres travaillent chez Fairfield Greenwich Group ! Et ils vont devenir les meilleurs des représentants de commerce de Madoff. Il y a Matt Brown, américain, le mari de la petite dernière, Marisa, 31 ans. Leur mariage, célébré dans une église catholique en 2002, fut sans doute le plus somptueux des cinq : les Noel sont déjà immensément riches. L'époux, à 33 ans, a sa propre firme d'investissement, mais il ne va pas tarder à rejoindre FGG. À ses côtés, on trouve aussi Philip Toub, suisse, époux de la quatrième fille, Alix, qui a collecté pour le fonds au Brésil. Lisina, la deuxième, est mariée à un Italien, Yanko Della Schiava, qui prospecte le nord de l'Italie et la Suisse. La troisième fille, Ariane, est elle aussi mariée à un Italien, Mario Sodi, le seul des cinq gendres qui a choisi de ne pas travailler avec beau-papa. Basé à Londres, il dirige la filiale d'une banque d'investissement. Il n'est pas pour autant épargné par le scandale : toute sa fortune était placée chez FGG.

Mais le plus influent des gendres – et le plus haut en couleur – est le mari de l'aînée. Andres Piedrahita, 50 ans, a épousé Corina en 1989. Il est en fait le premier actionnaire de la société, avec 22 % des parts alors que Walter Noel et Jeff Tucker en possèdent chacun 17 %. Après une carrière plutôt chaotique à Wall Street, il avait rejoint FGG en 1997. Depuis 2006, les deux fondateurs étaient en « semi-retraite » et c'est Piedrahita qui menait la barque.

Pour qui a lu la description de la famille faite par *Vanity Fair* en 2002, il est difficile d'imaginer Piedrahita dans le tableau. L'homme, d'une énergie rare, a une idée de l'élégance très relative. Villas à la décoration tapageuse, avion privé, fêtes somptueuses : il vit sur un grand pied. Il aurait un jour confié à un ami que son objectif était « de vivre mieux que [m]es clients[1] ». Aux dernières nouvelles, il a dû annuler la commande de son yacht de 45 mètres, en cours de construction.

« Andres est du genre grande gueule, dit un de ses amis (ou ex-amis, puisqu'il avait investi une "somme appréciable" chez Madoff) basé en Suisse. Quand il est quelque part, il n'y en a que pour lui[2]. » Fils d'un financier colombien aisé, Piedrahita n'a jamais montré de dispositions particulières pour les subtilités de la haute finance. Il n'a d'ailleurs pas étudié la gestion ni les mathématiques, mais est diplômé en communication de l'Université de Boston. Piedrahita est avant tout un vendeur hors norme, un talent qui repose sur sa capacité à attirer la lumière.

Autoflagellation

Aujourd'hui, il explique qu'il n'était pas obsédé par Madoff et poussait au contraire à la diversification du portefeuille de FGG. Il y a quelques années, assure-t-il, les actifs étaient à 70 % chez Madoff ; en décembre 2008, ils étaient tombés en dessous de 50 %. Mais comme les autres associés de Fairfield Greenwich, il n'avait pas le moindre doute, ou plus exactement, il n'avait jamais songé à poser des questions. Cette légèreté va coûter à FGG beaucoup de procès – et d'ennemis. Jusqu'à la veille de l'arrestation de Madoff, Piedrahita, comme ses associés, tentait de convaincre ses clients d'investir dans un nouveau fonds, intitulé Emerald, comme l'avait exigé Bernard Madoff.

---

1. « The charming Mr Piedrahita », *The Wall Street Journal*, 31 mars 2009.
2. Entretien avec les auteurs, le 19 février 2009.

Quelques jours plus tôt, ce dernier avait hurlé au téléphone : trop de clients de Fairfield demandaient à retirer leurs fonds. Cette crise de colère n'alerte pas les patrons de Fairfield. Le 10 décembre 2008, Jeffrey Tucker envoie à son financier préféré une lettre de plates excuses. Le destinataire, s'il en avait encore le ressort, a dû beaucoup s'amuser en la recevant : il venait de tout avouer à ses fils... La missive dit ceci :

> « Cher Bernie,
>
> À la suite de notre conversation téléphonique du 8 décembre, j'ai jugé approprié de vous envoyer cette note.
>
> Nous comprenons complètement la frustration de vos traders en ces temps particuliers. La réduction de l'effet de levier[1] dans le monde est plus importante que jamais. Malheureusement, les demandes de retraits dans notre industrie depuis la banqueroute de Lehman ne sont pas basées sur la performance ou la valeur. Nous croyons au contraire que ces demandes sont gouvernées par la panique. La meilleure preuve en est la performance de Sentry pour 2008, supérieure à tous ses rivaux et au marché. »

Suit une longue liste d'initiatives et d'engagements de FGG pour tenter de rassurer l'ami Madoff. Les premières visent à essayer de diminuer les retraits de capital par les clients, en proposant de changer la périodicité des « dates de liquidité », c'est-à-dire des moments où les clients peuvent retirer leur argent. Ainsi, ils pourraient passer de mensuels à trimestriels. Parallèlement, les partenaires de Fairfield disent faire leur possible pour lever davantage de capital, afin de compenser ces pertes. Ils

1. Littéralement, *deleveraging*. Voir le lexique en fin de volume.

promettent par exemple de baisser leur commission afin d'encourager plus de clients à placer leur argent dans le fonds Sentry, puis proposent d'autres initiatives, avec une estimation des fonds qui pourront ainsi être levés :

– investissements dans Sentry par les fonds Fairfield existants (environ 100 millions de dollars) ;
– liquidation d'autres fonds Fairfield et transfert du capital vers Sentry et Emerald (jusqu'à 200 millions de dollars) ;
– achat par la firme de positions Sentry de clients, plutôt que d'avoir à sortir du capital de Sentry ;
– investissements par des partenaires individuels de la firme dans Sentry et Emerald ;
– nouveau fonds lancé en février 2009 (cible : 500 millions de dollars).

En bons élèves déçus de s'être fait injustement réprimander, ils insistent ensuite sur le fait que, « malgré les circonstances », ils sont déjà parvenus, en un mois, à lever 60 millions de dollars pour le nouveau fonds Emerald – « cette formidable opportunité », dit la lettre. Et ils se disent optimistes : « Nous pensons que l'essentiel sinon la totalité des 500 millions de dollars seront levés dans la première moitié de 2009. [...] »

Vient alors la conclusion, le moment de l'autoflagellation :

« Enfin, veuillez accepter nos excuses pour ne pas vous avoir tenu informé des demandes de retraits de capital à temps. Nous ferons tout pour améliorer la communication entre nos firmes...

Notre firme dépend beaucoup de notre relation avec la vôtre. Vous êtes notre plus important partenaire et un ami immensément respecté. Nous sommes prêts à nous engager à nous consacrer exclusivement à Sentry et Emerald. Tout au long de 2009, nous ne nous engagerons dans aucune autre levée de fonds. Notre mission est de rester en affaires avec vous et de conserver votre confiance. »

On peut difficilement se coucher plus bas. Tant d'efforts pour tenter de « conserver la confiance » de l'escroc du siècle sont touchants. Ils montrent surtout que jusqu'au dernier moment (cette lettre est écrite alors que Madoff est sur le point de tout avouer !), les patrons de Fairfield ne vivaient que dans une crainte : que le bon Bernie les jette hors de son fonds miraculeux. En 2007, Andres Piedrahita avait touché 45 millions de dollars de rémunération, les deux fondateurs « semi-retraités » 30 millions chacun, les autres gendres autour de 10 millions.

En 2007, alors que la mode est à l'introduction en Bourse de fonds d'investissement, Piedrahita a poussé son beau-père et son associé à chercher un acquéreur. Il était, pensait-il, temps d'empocher la mise. Les calculs préliminaires laissaient espérer une recette d'un milliard de dollars. L'intuition était bonne… Seulement, la tentative tourna court. Les banquiers consultés firent savoir que, sans la participation de Bernard Madoff au processus, la valeur de la société était considérablement amoindrie. Or Bernie refusait obstinément d'ouvrir ses livres de comptes à d'éventuels acquéreurs de FGG, de peur, pensait-on, de dévoiler sa « stratégie secrète ». Les conseillers de Fairchild ont stoppé l'opération, craignant que les acquéreurs potentiels, de grandes institutions financières, ne s'engagent pas, face à un tel flou artistique. Mais ils ont peut-être été trop prudents, car le nom de Madoff n'a pas rebuté tous les « grands institutionnels ». C'est ainsi que le géant de l'assurance Massachusetts Mutual Life (MassMutual) s'est retrouvé propriétaire d'un fonds, Rye, totalement investi chez

Madoff. C'est l'un des rares cas, aux États-Unis, où les épargnants se croyaient couverts par une grande institution.

Croissance exponentielle

Comment une grande compagnie d'assurances a-t-elle pu se jeter aveuglément dans un tel piège ? Tout commence, une fois encore, par des relations personnelles, celles de Sandra Manzke avec Bernie. Ces relations datent de 1984, à une époque où l'on ne parlait guère de hedge funds. Il y en avait moins de soixante-dix dans le monde entier, contre plus de dix mille aujourd'hui. C'était, se souvient Sandra Manzke, « un monde très secret. Il fallait être recommandé[1] ». Alors seule femme dans un monde éminemment masculin, elle se souvient qu'il fallait subir les interrogatoires des gestionnaires de hedge funds lorsqu'on prétendait vouloir investir avec eux. Les premières années, Mme Manzke recrute des clients qui ensuite ouvrent un compte en direct chez Madoff. Puis, vers 1992, dit-elle, « Bernie nous a dit qu'il ne voulait plus prendre de comptes en direct. Il nous a demandé d'ouvrir notre propre compte pour y regrouper tous nos clients ».

En 1994, Sandra Manzke s'associe au sein de sa société, Tremont, avec un vétéran de Wall Street, Robert Schulman. Ils créent le fonds Rye, du nom de la ville de la grande banlieue new-yorkaise où ils sont installés. Le fonds grossit très vite. Il est notamment très recherché par les fonds de fonds, ces gestionnaires dont la stratégie consiste à investir dans une palette d'autres fonds qui, eux, réalisent l'investissement « final » en actions

---

1. Entretien avec les auteurs, le 3 février 2009.

ou dans d'autres produits financiers. En 2001, Tremont est acheté par Oppenheimer Funds, une filiale de MassMutual. Sandra Manzke quitte la société pour créer un autre fonds, Maxam, qu'elle place totalement chez Madoff. « Au départ, se souvient-elle, il m'a dit qu'il ne pouvait pas me prendre, qu'il était fermé. Puis, un an après, il m'a acceptée. » En 2008, Maxam avait 280 millions de dollars chez l'escroc.

Sous la direction de Robert Schulman, resté aux commandes, Tremont, désormais sous l'ombrelle de MassMutual, prospère au point de devenir, derrière Fairfield, le deuxième fonds alimentant Madoff. Au 11 décembre 2008, 3,5 milliards dollars sont censés être investis, soit la moitié des fonds gérés par Tremont. Robert Schulman a pris sa retraite à 62 ans et quitté Tremont à l'été 2008. Mais l'attrait du profit facile était plus fort : juste avant la chute, il venait de créer une société, Foredestine, destinée à faire du conseil en investissement dont la principale vocation aurait été de recruter des clients pour le génie du rendement.

La croissance des fonds gérés par Madoff reflète aussi l'explosion de l'industrie des hedge funds, ces fonds de gestion alternative qui proposent des stratégies différentes débouchant sur des rendements meilleurs. En 1990, lorsque Madoff commence à recourir aux Fairfield et autres Tremont, les hedge funds américains gèrent au total 40 milliards de dollars. Une misère. En 2008, ce total est passé à 2 000 milliards de dollars, soit une multiplication par 50. En 2008, des hedge funds ayant pignon sur rue avaient placé environ 20 milliards de dollars chez Madoff. Au début des années 90, cela aurait été colossal. Moins de vingt ans plus tard, ce n'était guère plus qu'une goutte d'eau. Si Madoff a pu enfler au point de devenir la plus grande escroquerie de l'histoire, c'est qu'il était noyé dans cette masse de hedge funds en croissance vertigineuse. Une prolifération entretenue par les « effets de levier » considérables utilisés par les investisseurs. L'effet de levier, c'est l'application à la finance du principe que tout acheteur de maison connaît : pour acheter, je mets en « apport » une partie de la somme et j'emprunte le reste ; à la fin de l'opération, je suis propriétaire d'un actif dont la valeur est supérieure aux liquidités que j'ai mobilisées au départ. Le même principe peut s'appliquer aux investissements d'un hedge fund : le fonds place un million de dollars qui lui ont été confiés par ses investisseurs ; et pour augmenter sa rentabilité, il emprunte également un million. Il touchera donc des intérêts sur deux millions qui, si tout se passe bien, produiront plus que le coût du million emprunté au départ.

Ce principe est utilisé abondamment par les fonds de fonds dès les années 90. C'est par ce biais que de nombreuses banques européennes, dont BNP-Paribas, vont se retrouver prises dans les filets de l'escroc : elles avaient prêté de l'argent pour réaliser ces opérations d'effet de levier.

Pour comprendre l'implication de BNP-Paribas, il faut remonter au milieu des années 90. Le fonds Rye de Tremont réalise alors une opération pour laquelle une banque américaine (Comerica) prête 150 millions de dollars. Quelques années plus tard, en 1998, ce prêt est revendu par cette banque à une filiale financière d'un assureur suisse, Zurich Capital Markets. En 2001, le montant des prêts consentis par cette société à des hedge funds s'élève à plus de 10 milliards de dollars, pour plus de 600 fonds.

En 2003, Zurich Capital Markets décide de vendre cette activité. Plusieurs banques sont sur les rangs, dont deux françaises, une filiale spécialisée de la Société générale (Lyxor) et BNP-Paribas. Et c'est cette dernière qui emporte donc l'affaire. Et se retrouvera, cinq ans plus tard, avec 450 millions de dollars d'exposition à Madoff.

Dans la poche des intermédiaires

Le rôle considérable joué par les hedge funds et les fonds de fonds donne une explication à la question récurrente : où est allé l'argent des investisseurs ? Réponse : dans la poche des intermédiaires. Certes, ils ne sont pas les seuls : l'argent est aussi allé au Trésor public américain, puisque lesdits investisseurs ont, année après année, payé leurs impôts sur les intérêts prétendument produits par les sommes placées chez Madoff[1]. Il est également allé aux investisseurs eux-mêmes, en tout cas à ceux qui ont procédé à des retraits des intérêts ou du capital. Mais le flot continu de commissions perçues par les gestionnaires de fonds a produit de très impressionnants résultats pour eux. Selon les cas, les fonds touchaient entre 1 et 2 % du capital investi, puis entre 15 et 25 % des intérêts produits. Le plus gros, Fairfield, prélevait sur les sommes placées par ses clients 1 % du capital et 20 % des intérêts et a ainsi empoché, entre 2005 et 2008, 400 millions de dollars.

Pour les fonds, Madoff était d'autant plus intéressant que, contrairement à ses concurrents, il ne réclamait pas d'honoraires de gestion. Il prétendait se rémunérer sur les commissions ponctionnées à chaque fois qu'il ven-

1. L'IRS, l'administration fiscale américaine, a accepté d'autoriser les investisseurs floués à récupérer les sommes perdues ces cinq dernières années sur les impôts à payer cette année et les suivantes si besoin. Pour certains investisseurs, qui avaient des sommes modestes placées et/ou qui paient beaucoup d'impôts, cette disposition va permettre de récupérer une partie non négligeable de l'argent perdu.

dait ou achetait des actions pour le compte de ses investisseurs. En réalité, on le sait, il ne réalisait aucune de ces transactions. Sa seule « rémunération », il l'obtenait en volant purement et simplement l'argent déposé chez lui. Mais selon la fable qu'il avait inventée, les intérêts produits par les investissements étaient entièrement reversés aux clients. La base sur laquelle les honoraires des intermédiaires était calculée était donc plus large que si Madoff avait, lui aussi, pris ses 1 % et 20 % de commission.

Ces sommes, touchées par ces hedge funds et fonds de fonds, et qui atteignent des montants astronomiques, étaient, il faut le rappeler, censées rémunérer le travail de vérification et de contrôle – ce que l'on appelle les due diligences – effectué par eux. Une tâche dont ils se sont acquittés avec le sérieux que l'on sait…

13

Profession : rabatteur

Irving Zeiger n'avait que mépris pour ceux qui s'enrichissaient en dormant, les financiers, les spéculateurs de tous poils. Le travail était sa religion. Parvenu à la retraite, il avait publié un livre, à compte d'auteur : *Comment réussir dans les affaires en se cassant le cul*... Un entrepreneur à l'ancienne, enfant de la Dépression, ancien combattant, fier de sa réussite. Un Américain les pieds fermement sur terre. Un militant de gauche convaincu aussi : dans les années 50, il avait protesté contre le maccarthysme en embauchant des écrivains black-listés dans son entreprise d'aéronautique. En 2004, à 86 ans, Irving et son épouse Beatrice, frustrés de ne pouvoir voter dans un État qui ferait la différence dans l'élection présidentielle, avaient écrit personnellement à tous les électeurs de Cleveland (Ohio) pour les prier de voter pour le démocrate John Kerry face à George Bush.

Irving est mort, à l'âge de 89 ans, en 2007. Il n'a donc pas su que Madoff était un escroc. « De toute façon, dit son fils, David, qui nous raconte l'histoire de son père, il aurait dit comme moi le 11 décembre : qui est Madoff[1] ? » Les Zeiger habitent à Los Angeles, très loin

1. Entretien avec les auteurs, le 3 février 2009.

de Wall Street. Leur monde à eux, c'est Hollywood. La plupart des amis d'Irving avaient travaillé à la télévision ou dans le cinéma, il les avait connus au Mulholland Tennis Club, à West Hollywood, qu'il avait créé dans les années 60. David, son fils, est lui-même réalisateur de documentaires, dont un, sorti en 2003, sur son père et ses amis, *Funny Old Guys*. Le 11 décembre, les Zeiger ont appris en même temps l'existence de Madoff, son arrestation et découvert qu'il gérait depuis vingt ans l'argent de la famille...

Un agent à Hollywood

Car ce n'est pas à Bernie mais à un autre financier qu'ils avaient confié leur argent : Stanley Chais. C'était lui qui envoyait tous les trimestres des relevés de comptes avec les performances des placements.

Irving Zeiger a commencé à confier son argent à Chais en 1992. Son frère, avocat à Hollywood, recommande alors le gérant de portefeuille, qu'il connaît. Les deux frères confient leurs économies à Brigthon Co, une société en nom collectif, créée pour l'occasion, dont Chais est le seul partenaire. Au fil des années, les enfants puis les petits-enfants ouvrent aussi des comptes. Au total, la famille avait environ 5 millions de dollars en décembre 2008. Chais, lui, gérait plusieurs centaines de millions de dollars, ou plutôt les avait remis à Madoff, à travers Brighton Co et d'autres sociétés en nom collectif, appelées par exemple Lambeth ou Popham.

Si les Zeiger ignoraient que Madoff avait leur argent, c'est que Stan Chais s'était bien gardé de le leur dire. Dans l'esprit de tout le monde, le financier de Beverly Hills le gérait lui-même. À un autre de ses clients, qui souhaite rester anonyme, il avait expliqué qu'il recourait à un « réseau de brokers-dealers » qui faisaient pour lui les transactions[1]. En juin 2008, Chais, qui souffre d'une grave maladie du sang, écrit à ses clients pour les en prévenir et les rassurer sur l'avenir. « Mon fils Mark, qui vit en Israël, se tient prêt à prendre ma succession. » Il ajoute : « Les brokers en ont été informés. » « Les brokers » : on note le pluriel. Chais continue d'entretenir la fiction d'une gestion diversifiée et dynamique, quand il ne servait que de gigantesque conduite vers le trou noir du Lipstick Building, le siège de l'entreprise Madoff.

Stan Chais est, depuis, l'objet d'une multitude de procès de clients qui lui en veulent autant qu'à Madoff. Sinon plus. « Au moins, Madoff, je ne le connaissais pas, dit un proche de la famille de Chais, qui avait investi avec lui. Stan Chais, lui, m'a menti. Je me souviens de ce déjeuner où il m'avait expliqué le soin qu'il prenait à sélectionner ses investissements[2]. » Pour prix de ses supposés services, Chais prenait 25 % des intérêts rapportés par les placements. Il est poursuivi par le syndic de faillite chargé de récupérer ce qui peut l'être de l'argent des victimes. Selon cette plainte, Chais et les membres de sa famille auraient gagné plus d'un milliard de dollars entre 1995 et 2008[3]. Propriétaire d'un appartement à Hollywood, d'un autre sur la Cinquième Avenue à New York, d'une maison en Israël, il est aussi à la tête d'une somptueuse collection d'art. Pourtant, comme Madoff d'ailleurs, il vivait plutôt modestement au regard de sa fortune. « Il roulait dans une vieille voiture, sa maison à Beverly Hills – vendue depuis – n'avait rien de pré-

1. Entretien avec les auteurs, le 8 avril 2009.
2. Entretien avec les auteurs, le 8 avril 2009.
3. Plainte de Irving Picard, syndic de faillite, déposée devant la cour fédérale de Manhattan, le 1er mai 2009.

tentieux à côté de ce qui se fait dans le quartier », dit un de ses investisseurs. Bref, Chais, lui aussi, inspirait confiance.

Parce qu'il était à Los Angeles, Stan Chais était devenu, largement par hasard, l'homme de Madoff auprès du monde du cinéma et de la télévision. Le scénariste Eric Roth (auteur de *Forrest Gump* et de *L'Étrange Histoire de Benjamin Button*) a par exemple perdu l'essentiel de son patrimoine. Son père Leon Roth, producteur, depuis décédé, était un ami d'Irving Zeiger, qui lui avait présenté Chais. Les acteurs Kevin Bacon et Kyra Sedgwick, le présentateur de télévision Larry King avaient également de l'argent chez Madoff, tous « grâce » à Chais. Deux autres poids lourds d'Hollywood, le producteur Jeffrey Katzenberg et le réalisateur et producteur Steven Spielberg, avaient placé le patrimoine de leurs fondations respectives chez Madoff, mais dans des comptes directs via leur conseiller financier, Gerald Breslauer, et non par Stan Chais.

David Zeiger ne parvient toujours pas à comprendre comment ses parents ont pu avoir cette confiance aveugle en Chais. Ou plutôt, il comprend trop bien. « Mes parents révéraient Stan. Pour eux, il marchait sur les eaux. » Bien plus que pour ses activités financières, Chais était connu dans la communauté juive pour son implication dans les œuvres de charité, notamment en faveur d'Israël. Il était membre d'une multitude de conseils d'administration de fondations et la sienne, la Family Chais Foundation, disposait d'un capital de 178 millions de dollars, désormais disparu puisqu'il était placé chez Madoff. Et cet engagement, dit David, « était crucial dans la confiance que mon père et mon oncle lui ont faite. Le soutien à Israël était très important pour eux et ils ne pouvaient pas imaginer que quelqu'un d'engagé à ce point pour une cause juste pût leur mentir ».

Cette confiance s'est aujourd'hui évaporée. L'oncle de David, 93 ans, a reçu, le 11 décembre, un coup de fil de Chais lui disant que « l'argent avait disparu ». Mais pas un mot d'excuse. Quelques jours plus tard, les Zeiger, comme tous les clients de Chais, ont été destinataires d'une lettre, « de toute évidence écrite par des avocats », dit David, dans laquelle Stanley Chais explique qu'il ne savait rien de la fraude et qu'il a lui aussi tout perdu.

Le gang des country clubs

De Los Angeles à Palm Beach, de Denver à New York en passant par Minneapolis : ils étaient nombreux à jouer les rabatteurs. Certains étaient comptables, d'autres gérants de portefeuilles ou gestionnaires de hedge funds ; certains manipulaient des centaines de millions de dollars, d'autres quelques dizaines seulement. Quand on remonte un à un les fils de la toile que Madoff avait tissée à travers tout le pays, c'est un mélange d'amateurisme, de confiance aveugle, d'amitiés dévoyées qui apparaît et qui a permis à l'escroquerie de prospérer pendant tellement longtemps.

Certains « recommandent » des clients en plus de leur activité officielle, d'autres en font leur travail à temps plein. Beaucoup ne cachent pas que l'argent est placé chez Madoff. Au contraire, c'est même parfois un argument de vente majeur. Le nom du respecté broker de Wall Street rassure.

Mike Engler était installé à Minneapolis. Né en 1925, il avait mené une brillante carrière d'entrepreneur, développant le réseau de salles de cinéma que son père avait créé. Puis, à 36 ans, en 1961, il décide de changer de carrière et devient courtier en bourse. Presque au même moment, à New York, Bernard Madoff entre dans la profession. Mais les deux hommes ne se rencontreront que beaucoup plus tard, dans les années 80. La firme d'Engler emploie alors près de 200 personnes, il est membre de la National Association of Securities Dealers (NASD), comme Bernie. Quand, en 1986, Engler vend sa société, il devient alors « conseiller en investissement » et recrute des clients pour Madoff. Il utilise son réseau, notamment ses connaissances au country club local, le Oak Ridge, lieu de rendez-vous de la communauté d'affaires juive.

Le club-house est confortable, mais sans ostentation. Le parcours de golf ou le court de tennis sont des lieux stratégiques pour s'échanger, entre soi et en toute confiance, les bons tuyaux. Engler a toute confiance en Madoff, et les membres de l'Oak Ridge ont toute confiance en Engler... Le tour est joué. Selon certaines estimations, les clients de Mike Engler avaient 500 à 600 millions de dollars chez lui ! Car si l'intermédiaire est décédé en 1994, l'argent, lui, est resté, et a même continué d'affluer. Le fils de Mike, Steven, qui a travaillé avec son père, est un ami de la famille Madoff. En 2004, il est, avec sa femme Laura et sa mère Marja, du voyage au ski à Zermatt, sponsorisé par Bernard L. Madoff Investment Securities.

Chrétiens texans et bouddhistes du Colorado

Tous les investisseurs, même directs, de Madoff ne sont pas juifs[1]. Ainsi, quelques dizaines de membres de l'église Christ Church à Fort Lauderdale, en Flo-

1. La grande majorité des investisseurs américains appartenaient à des communautés juives aux États-Unis. Il en va autrement des clients européens de Bernard Madoff.

ride, se sont retrouvés pris dans la nasse eux aussi, car, pour leur malheur, Frank Avellino fréquentait leur église. Avellino était un ancien associé du cabinet de comptable du beau-père de Bernard Madoff, et l'un de ses tout premiers rabatteurs dans les années 60. Avec son associé Frank Bienes, ils avaient levé des centaines de millions de dollars pour Madoff avant que la SEC, le gendarme de la Bourse, ne mette fin à leurs activités car ils n'avaient pas reçu d'agrément les autorisant à exercer cette activité de gérant de portefeuille. Nous sommes alors en 1992, et une partie des clients sont redirigés vers Michael Sullivan, un comptable installé à Fort Lauderdale. Plus de 150 clients vont ainsi passer par Sullivan pour finalement apprendre qu'ils ont tout perdu, ce 11 décembre 2008.

Parmi les intermédiaires, pourtant, certains semblaient plus prudents que d'autres : ils ne mettaient pas tous leurs œufs dans le même panier. C'est en tout cas ce que croyait Neal Greenberg, un conseiller en investissements installé à Boulder dans le Colorado, près de la très chic station de ski d'Aspen, un repère de mégariches où Madoff comptait une cinquantaine de clients pour plusieurs centaines de millions de dollars.

Le rabatteur Greenberg, gérant de fortune très respecté, patron du fonds Agile Safety, a toutefois fait parler de lui il y a quelques années, après que le chanteur Leonard Cohen l'eut accusé d'avoir dilapidé sa fortune. En réalité, converti au bouddhisme et trop occupé à prier dans des monastères, Cohen avait confié sa fortune à une conseillère et amie, qui l'avait soi-disant placée sur le fonds de Neal Greenberg. Mais, en 2005, le chanteur découvre que tout a disparu : la conseillère avait en fait empoché – et dépensé – des millions pendant plus de quinze ans. À 70 ans, le chanteur a dû quitter ses monastères bouddhistes et reprendre la route des tournées pour gagner sa vie. La justice, elle, a exonéré totalement Neal Greenberg : il n'était pour rien dans l'escroquerie.

Ironie de l'histoire : si sa conseillère n'avait pas volé l'argent de Cohen, celui-ci aurait dû tout de même se remettre à chanter : le fonds Agile Safety était investi chez Madoff ! Le reste était confié à Tom Petters, un entrepreneur du Minnesota. En septembre 2008, Petters était arrêté par le FBI. Les investissements qu'il prétendait avoir réalisés étaient fictifs, les centaines de millions de dollars de ses clients envolées. Une malédiction !

Neal Greenberg, lui aussi converti au bouddhisme, s'est réfugié depuis dans la prière. Il ne répond plus au téléphone.

Le premier cercle

La Cohmad Securities Corp. avait son siège non pas dans le Colorado mais dans les bureaux mêmes de Bernard Madoff à New York. Bernie est actionnaire minoritaire, à hauteur de 15 %, son frère Peter aussi (9 %). Le « Coh- » de Cohmad, c'est Maurice Cohn, un ami de longue date. Maurice et Bernie ont commencé à Wall Street à la même époque. Cohn était broker au New York Stock Exchange (NYSE), où il avait créé en 1967 la firme Cohn, Delaire & Kaufman. Pendant des années, les deux hommes partagent souvent un hydravion qui fait la liaison entre les Hamptons, où ils ont leurs maisons de week-end, et Manhattan[1].

1. *The Wall Street Journal*, 14 janvier 2009.

Officiellement, Cohmad est une société de bourse. Elle était censée permettre à Madoff d'effectuer plus facilement certaines transactions, car, contrairement à BLMIS, Cohmad est enregistrée au NYSE. Mais en réalité, une part considérable de l'activité de Cohmad consiste à recruter pour son complice, et cela depuis longtemps. Dans une lettre aux investisseurs, datée du 17 juillet 1992[1], Maurice Cohn, qui est alors le président de Cohmad (sa fille, Marcia, lui a ensuite succédé à ce poste), commente, sans dissimuler son plaisir, les merveilleux retours produits par ses placements. « Les résultats sont très satisfaisants, avec une hausse moyenne de 17 % du 1er janvier au 30 juin. Pour ceux d'entre vous qui aiment les comparaisons, pendant la même période, l'index S & P 100 était en baisse de 2,1 % et le Dow Jones Industrials en hausse de 3,9 %. » Mais plus encore que ces performances appréciables, insiste Maurice Cohn, « notre mission est de protéger votre investissement [et le mien !] ». Comme tous les intermédiaires, Maurice Cohn affirme aujourd'hui, via son avocat, qu'il ne connaissait rien de la fraude et qu'il est lui aussi victime. Mais il ajoute qu'il n'a « jamais sollicité d'investisseurs pour le compte de Madoff ». Une affirmation contredite par les lettres envoyées par Cohmad aux investisseurs. Le Secretary of the Commonwealth de l'État du Massachusetts, l'autorité chargée de surveiller les sociétés d'investissements dans cet État, s'est saisi de l'affaire en raison du nombre important de clients lésés recrutés localement. Il a examiné les courriers envoyés par Cohn au fil des

1. La lettre est incluse dans la plainte déposée par le Secretary of Commonwealth de l'État du Massachusetts contre Cohmad, le 11 février 2009 (n° 2009-0015).

années : « Les connexions entre les deux firmes [Madoff et Cohmad] étaient tellement nombreuses qu'en réalité elles agissaient comme deux bras d'une même entreprise », écrit-il dans sa plainte. Entre 2000 et 2008, a-t-il compté, Cohmad a touché 67 millions de dollars de commissions versées par BLMIS.

Cet argent est allé dans la poche des actionnaires et des salariés de Cohmad. Dans celle, par exemple, de Richard Spring. Lui aussi est un vétéran de Wall Street, un autre habitué des hydravions ou des hélicoptères qui faisaient la navette entre Long Island et Manhattan. Spring, 74 ans, était, depuis quinze ans, un des meilleurs recruteurs pour Madoff. Il ne s'en cache pas et admet avoir touché des commissions de Cohmad. Mais il dit qu'elles étaient « limitées » et que, de toute façon, son argent était aussi placé chez Madoff : 11 millions de dollars, disparus le 11 décembre. Seulement, les relevés de compte que le régulateur du Massachusetts s'est procurés montrent des commissions pas si « limitées » que ça. Pour 2004, par exemple, Richard Spring touche plus de 500 000 dollars par trimestre pour les quelque 500 millions de dollars que ses clients sont censés avoir placés chez Madoff.

Complices ou victimes ?

Tous ces intermédiaires figurent sur la liste des victimes du financier : tous avaient, comme Richard Spring, investi tout ou partie de leur patrimoine chez Madoff. Mais la frontière est floue entre victime et complice : ce sont aussi eux qui ont rendu possible l'escroquerie au fil des ans, en apportant sans cesse l'argent frais sans lequel la pyramide se serait écroulée bien plus tôt. Ezra Merkin, par exemple, a joué un rôle particulièrement trouble. Certes, il n'est pas accusé d'avoir connu la fraude. En revanche, il n'informait pas les investisseurs de ce qu'il faisait de leur argent.

Les clients de Merkin lui faisaient toute confiance. Son nom est une légende à Wall Street et il était, jusqu'au 11 décembre, un personnage éminent de la très influente communauté juive orthodoxe de Manhattan. Son terrain de jeu à lui, ce n'étaient pas les country clubs et les parcours de golf, mais les allées de la haute finance new-yorkaise. Ici, les fortunes des investisseurs ne se comptent pas en millions ou dizaines de millions de dollars, mais plutôt en centaines de millions et en milliards. Au cœur du réseau d'Ezra Merkin, il y a la synagogue orthodoxe de la Cinquième Avenue, un temple dont ne sont membres que 300 familles. Le Prix Nobel de la paix Élie Wiesel était sans doute le moins riche des fidèles. Ira Rennert, multimilliardaire, patron du Renco Group, un géant de l'industrie minière, aurait perdu 200 millions de dollars chez Madoff. Ron Perelman, le P-DG de Revlon, est lui aussi touché.

Si Ezra Merkin, 55 ans, est si éminent dans la prestigieuse enceinte de la Cinquième Avenue, il le doit à son père, Hermann, une légende à Wall Street comme dans la communauté orthodoxe. Venu d'Allemagne, arrivé à New York en 1940, Hermann ne tarde pas à s'engager dans l'armée américaine comme espion. Après la guerre, il commence sa carrière à Wall Street et devient très vite immensément riche. Marié en 1950, il aura six enfants, dont Ezra est l'aîné. Hermann ne veut pas en faire des gosses de riche. L'éducation est rigide à l'extrême. « Les affaires de notre père étaient plus importantes pour lui que la vie à la maison[1] », écrit après sa mort (en 1999, à l'âge de 91 ans) Daphne, la sœur cadette d'Ezra. Cette dernière, romancière, a beaucoup chroniqué la vie familiale. « Sa facette publique, comme philanthrope, était plus facile à déchiffrer que sa face privée, comme mari et comme père. » Secret, obsessionnel, exigeant, il est un père difficile, particulièrement pour l'aîné, Ezra, duquel il attend beaucoup « sans jamais livrer aucun encouragement », dira Daphne.

En 1958, Hermann est le cofondateur, et le principal bailleur de fonds, de la synagogue de la Cinquième Avenue. Il étudiera le Talmud jusqu'à sa mort. L'érudition, religieuse ou pas, est cruciale pour lui qui a quitté l'école trop tôt. En classique fils rejeté, Ezra va suivre fidèlement la voie tracée par son père. Il étudie la religion assidûment et devient à son tour président de la synagogue. Il se lance dans la finance et devient un généreux donateur de toutes les causes juives. Là où Hermann était obsédé par le résultat, Ezra s'épanouit dans le discours, la joute intellectuelle. Mais il réussit parfaitement à Wall Street. Son fonds d'investissement fait des prouesses.

Jusqu'au 11 décembre 2008, il semble avoir réussi à surpasser son père dans tous les domaines. Au point qu'il peut désormais s'affranchir de la détestation paternelle pour l'ostentation. Il s'installe au 740 Park Avenue, le plus prestigieux des immeubles new-yorkais, une adresse où le vieil argent, celui des Rockefeller, côtoie les fortunes plus récentes. Accessoirement, l'immeuble abrite également la résidence de l'ambassadeur de France auprès des Nations unies.

---

1. Daphne Merkin, « The Public Father », *The New York Times*, 7 janvier 2000.

C'est dans ce duplex de Park Avenue, acheté pour 11 millions de dollars en 1995[1], qu'Ezra Merkin reçoit, le 10 décembre 2008, pour une soirée de charité. Les invités admirent sa magnifique collection de Rothko. Douze toiles immenses, achetées ces cinq dernières années pour quelque 150 millions de dollars. C'est la plus belle collection privée du maître de l'art abstrait, dont Merkin est un connaisseur. Il a payé les tableaux cher mais, il le dit à tout le monde, ce n'est pas un investissement. Il n'espère pas gagner d'argent. C'est sa réussite, sa victoire sur son père : il a conquis la liberté d'acheter pour le plaisir. Et de le faire savoir.

Le lendemain de cette belle soirée, il est en réunion quand on l'interrompt pour lui apprendre l'arrestation de Bernie. Un homme que son père lui avait chaudement recommandé. Il est stupéfait. Pas autant que ses clients : eux ignoraient même que leur argent était chez Madoff.

Des rumeurs, il y en avait pourtant, émanant de concurrents qui susurraient à l'oreille de leurs clients que Merkin utilisait les services de son ami Bernard. En 2007, deux investisseurs[2] entendent dire que le fonds Ascot d'Ezra Merkin est en fait géré par Madoff. Ils décident d'en avoir le cœur net et demandent un rendez-vous à Merkin, qui les reçoit dans ses bureaux du 450 Park Avenue. Et les rassure. « Les transactions [ventes et achats d'actions] sont faites là », dit-il en montrant du doigt deux traders qui, derrière une cloison transparente, sont rivés à des écrans d'ordinateurs. La réalité, c'est

1. *New York Magazine*, 22 février 2009.

2. Ces investisseurs ont requis l'anonymat mais ils ont donné leur témoignage au bureau de l'Attorney General de New York, lequel a, le 6 avril 2009, déposé une plainte contre Ezra Merkin. Les témoignages figurant ici sont cités dans cette plainte.

que 99 % des actifs du fonds Ascot sont placés chez Madoff.

En fait, les traders de l'autre côté de la paroi vitrée travaillent pour deux autres fonds de Merkin, Gabriel et Ariel. Ils sont consacrés à des « créances douteuses » (distressed debts). Ceci dit, même ces deux fonds ne sont pas immunisés : au fil du temps, Merkin va investir une partie de leurs actifs chez Madoff, alors qu'en théorie sa stratégie d'investissement est basée sur l'achat et la vente de créances douteuses.

Parfois, Ezra Merkin mentionne le nom de Bernard Madoff, mais c'est pour expliquer que certaines transactions sont effectuées en utilisant les services du broker. Car dans toutes ses conversations avec ses investisseurs et potentiels investisseurs, il entretient la même fiction : c'est lui qui gère, au quotidien. Dans un document officiel d'Ascot, il est expliqué que « toutes les décisions concernant le management du capital sont faites exclusivement par Ezra Merkin. En conséquence, le succès dépend fortement des compétences et de l'expérience de Mr Merkin ». La réalité est bien différente : l'argent est envoyé chez Madoff et Merkin n'a aucun contrôle de l'usage qui en est fait.

Ezra Merkin, via son avocat Andrew Levander, assure que « les investisseurs de tous les fonds avaient expressément autorisé Mr Merkin à répartir le capital à des gestionnaires tiers, sans les en avertir ni obtenir leur consentement ».

Mais il y a bien un domaine sur lequel Ezra Merkin est pointilleux : ses commissions. Pour le fonds Ascot, elles s'élevaient à 1,5 % du capital investi depuis 2003. Cette année-là, il a expliqué à ses investisseurs qu'il devait passer de 1 % à 1,5 % parce qu'il voulait changer la stratégie utilisée pour le fonds et que cela exigeait un investissement en logiciels et ordinateurs de

20 millions de dollars… Bien évidemment, Merkin continuera à envoyer l'argent sur le compte de son ami Bernie. La hausse de tarif n'est pas un détail. Elle permet à Merkin d'empocher 5,3 millions de dollars en plus par an. Au total, en vingt ans, il a touché 470 millions de dollars de commissions, dont au moins la moitié grâce à Madoff, chez qui étaient placés, par son intermédiaire, 2,4 milliards de dollars en 2008.

La réputation de Merkin est telle parmi ses investisseurs, dont beaucoup sont aussi ses amis, que, lorsque la nouvelle tombe le 11 décembre, beaucoup disent ne pas vouloir croire les rumeurs. « Nous ne pouvons accepter ce qui se dit sur vous […] : au mieux, que vous êtes un charlatan, au pire, totalement en symbiose avec Madoff […] », dit le 14 décembre un e-mail d'un client qui avait, dit-il, tellement confiance en Merkin que « nous vous avions confié la plus grande part de notre patrimoine[1] ». Mais ce doute bienveillant ne va pas durer. Quelques semaines plus tard, après avoir enfin réussi à parler au téléphone avec Merkin, l'investisseur a changé de ton : « Vous avez pris d'importants honoraires de gestion alors qu'en fait vous ne gériez pas les fonds. Vous n'étiez rien de plus qu'une boîte aux lettres… »

Dans les semaines qui ont suivi l'éclatement du scandale, Ezra Merkin a continué de venir, chaque samedi, à la synagogue de la Cinquième Avenue. Mais il s'est vite rendu compte qu'il n'était pas le bienvenu. « Il y a, dit un fidèle, peut-être plus de haine pour Merkin que pour Madoff lui-même. » Les quelques amis qui, au début, ont tenté de le défendre en le peignant en victime comme les autres se font très discrets. Comment défen-

1. *Ibid.*

dre, par exemple, le fait que Merkin, membre de conseils d'administration de fondations, les poussait par ailleurs à investir dans ses propres fonds ; investissements sur lesquels il touchait sa commission habituelle. Charité bien ordonnée… Beaucoup de fondations évitent ce conflit d'intérêts en interdisant aux membres de leurs conseils d'administration d'être par ailleurs rémunérés pour la gestion du patrimoine en question. Ce sain principe n'était pas appliqué par exemple à Yeshiva, une université juive de New York dont Merkin présidait le comité d'investissement. Environ 100 millions de dollars (sur un capital total de l'université de 1,3 milliard de dollars) étaient placés sur le fonds Ascot de Merkin, qui touchait son 1,5 % habituel. Il y a quelque temps, certains membres avaient bien évoqué les risques posés par ce mélange des genres. Ils ne mettaient pas en cause l'intégrité de Merkin, mais auraient souhaité des règles plus claires. La plupart des membres du conseil d'administration avaient refusé, « par considération pour Ezra », selon un proche de la fondation. Dans une discussion sur ce sujet, Merkin avait fait valoir qu'il ne fallait pas « se passer du conseil des gestionnaires à succès » (sous-entendu : lui-même). « Parfois, avait-il dit, les conflits d'intérêts sont bons, car cela permet d'avoir des professionnels de l'investissement compétents comme membres des conseils d'administration[1]… »

Mais le coup de grâce est arrivé en avril, quand on a appris que l'exposition de la fortune personnelle de Merkin à Madoff était négligeable : 7 millions de dollars, dont l'essentiel avait en fait été investi il y a plus de dix ans. Et pourtant, après le 11 décembre, Merkin avait dit à plusieurs investisseurs qu'il était lui aussi victime. Il

1. Minutes de la réunion du 30 août 2000 du comité d'investissement de Yeshiva University.

l'était bien peu. Pour ses clients, c'est plutôt une bonne nouvelle : ils peuvent toujours espérer que la justice leur donne satisfaction et contraigne Ezra Merkin à éponger une partie de leurs dettes. Les amateurs de Rothko commencent à surveiller les salles des ventes…

14

La revanche d'un petit gars du Queens

Tous ses amis le reconnaissent : Bernard Madoff a de bonnes raisons d'être fier. Devant eux, il n'en rajoute pas, mais en de rares occasions il aime, le cigare à la bouche, contempler le chemin parcouru devant un auditoire choisi, généralement composé de financiers de Wall Street comme lui. Ce soir d'été indien, le 29 septembre 2007, l'homme qui inspire confiance à tant de grandes fortunes est dans cet état d'esprit. Sa nièce, Shana Madoff, fille de son frère et associé Peter, se marie en secondes noces, à 37 ans.

Une centaine d'invités sont réunis au Bowery, hôtel de luxe où les stars ont leurs habitudes. Sur la terrasse, Bernie se laisse aller à quelques confidences : « J'ai dû me battre, moi, pour en sortir, pour en arriver là. » Si les Madoff peuvent aujourd'hui mener grand train, c'est parce que Bernard a su s'extraire de sa condition.

L'hôtel Bowery est situé dans le Lower East Side de Manhattan, un de ces quartiers new-yorkais en voie de « gentrification », comme disent les sociologues. Mais c'est à une autre époque, celle où les bobos n'avaient pas encore été inventés, que pense Madoff ce soir-là.

Il imagine, pour la centième fois, pour la millième fois, ce qu'était ce quartier dans les années 20. Ses grands-parents maternels habitaient là, dans ce Lower

East Side où s'entassent alors les immigrés de fraîche date, notamment les juifs d'Europe de l'Est. La mère de Bernard, Sylvia Muntner, est née ici, de parents venus d'Autriche au début du siècle.

Les grands-parents de Bernard Madoff tenaient un établissement de bains turcs. Le recensement de 1920, que nous avons consulté, nous apprend qu'à la maison on parle yiddish et que le chef de famille ne sait ni lire ni écrire l'anglais. Parmi les nombreuses œuvres philanthropiques auxquelles la famille Madoff contribuera lorsqu'elle aura réussi, figure le Lower East Side Tenement Museum. Un petit musée très émouvant, qui retrace la vie des immigrés dans ce quartier à cette époque. Bernard et son frère Peter sont de fervents supporters du musée. Peter est membre du conseil d'administration. Et le cabinet de lobbying que la société Bernard Madoff Investment Securities paie à l'année – principalement pour défendre les intérêts de sa profession auprès du Congrès – a aussi été mandaté pour obtenir des subventions publiques en faveur du petit musée.

Mais ce n'est pas là qu'est né et a grandi Bernie. Son parcours est celui, classique, de dizaines de milliers de familles juives qui, à la même époque, vivent le rêve américain. Elles quittent les quartiers sordides de Manhattan en même temps qu'elles s'extraient de la pauvreté. Sylvie, la fille des tenanciers des bains turcs, épouse Ralph Madoff. Les jeunes mariés s'installent dans le Queens, l'une des cinq circonscriptions de New York où la plupart des visiteurs atterrissent aujourd'hui, puisque y sont implantés les deux aéroports JF Kennedy et La Guardia.

C'est là que vont naître leurs trois enfants, Sondra, l'aînée, puis Bernard et Peter. Leur quartier, Laurelton, est aujourd'hui à 98 % noir, mais des années 30 aux années 70, ce sont les familles juives qui dominent ici.

Plus tard, à Wall Street ou à Palm Beach, le fort accent new-yorkais de Bernie (ces « ya » pour « you ») forgé dans le quartier populaire de sa naissance ne fera guère tache. Nombres de ses pairs, ses concurrents ou ses relations d'affaires, s'expriment de la même manière. Le parcours de Bernard Madoff, un petit gars du Queens qui conquiert Wall Street, est en cela emblématique.

Bernard, comme son frère et sa sœur, fréquente le lycée du quartier, Far Rockaway High School. Les anciens élèves évoquent volontiers le bon vieux temps. Certains manifestent même une sorte de fierté, car le lycée s'enorgueillit de plusieurs gloires, dont trois prix Nobel et même un investisseur hors norme : le milliardaire Carl Icahn, un raider qui est aujourd'hui l'un des actionnaires importants de Yahoo. Mais de Bernard Madoff, avant le scandale, il est rarement question et pour cause : du temps du lycée, il ne faisait pas de vagues... Ou plutôt, il ne faisait que ça. Son truc, c'était l'équipe de natation. Pas spécialement intéressé par les études, le jeune Bernie est alors « un bon camarade, toujours de bonne humeur, toujours souriant et qui nageait très bien le papillon », se souvient Fletcher Eberle, qui est alors le capitaine de l'équipe de natation du lycée.

Le jeune homme sans qualités

Un garçon sympathique donc, mais qui n'impressionne personne. « Si vous m'aviez dit que Bernie allait devenir le président du Nasdaq et gagner tout cet argent, je ne l'aurais pas cru ! » assure le même Fletcher. La natation, semble-t-il, lui apprend la discipline et l'effort que les matières académiques peinent à lui inculquer. L'entraîneur de l'équipe de natation joue le rôle de mentor. Et c'est lui qui l'embauche comme maître nageur, à Atlantic Beach.

Après le lycée, il rejoint l'université d'Alabama. Le choix d'une université du Sud, bien meilleur marché que celles de la côte Est, n'est pas inhabituel pour un jeune issu d'une famille juive modeste dans les années 50. Arrivé sur place, il rejoint les rangs d'une fraternité, ces organisations étudiantes typiquement américaines. C'est Sigma Alpha Mu, où se retrouvent les juifs du campus. Là encore, Bernie ne laisse pas de souvenirs impérissables[1]. Un type plutôt discret, selon les anciens élèves qui se le rappellent, et qui ne sont pas la majorité. Un seul souvenir a marqué l'un d'entre eux : cette grande fille, venue spécialement de New York pour le voir, à l'occasion d'un bal à l'université. C'était elle qu'on remarquait.

Cette belle fille, c'est Ruth. Les deux jeunes gens se sont rencontrés au lycée. Ruth a deux ans de moins que Bernie. Une fille marrante, vivante, pleine d'entrain, dont tout le monde se souvient. Les quelques anciens du lycée que le couple va continuer à voir au fil des années sont en fait tous des amis de Ruth.

Après seulement un an dans l'Alabama, Bernard Madoff revient à New York, grâce à un transfert à l'université Hofstra. Ruth et Bernie se marient au Laurelton Jewish Center à l'automne 1959. Ils s'installent dans leur premier appartement, un deux-pièces, à Bay Side, dans le Queens, pour 87 dollars par mois.

En 1960, Bernard Madoff s'inscrit en droit à Brooklyn College. Mais le droit ne l'intéresse pas vraiment, selon un de ses camarades de l'époque. Il travaille beaucoup,

1. Tel que rapporté par le fils de l'un d'entre eux, Allen Salkin, journaliste au *New York Times*, in « They knew him in college », *The New York Times*, 18 janvier 2009.

en dehors de l'université, comme maître nageur d'abord, puis comme installateur d'arrosages, un nouveau petit business qu'il a monté pour payer ses études et préparer l'avenir. Et au bout de quelques mois, il quitte la fac de droit, prêt à se lancer comme broker, et crée Bernard L. Madoff Investment Securities. C'est sous ce nom qu'il va exercer pendant quarante-sept ans, jusqu'à la chute.

Selon la légende qui prévaut dans la famille – reprise par les rares journalistes américains qui, avant le 11 décembre 2008, s'étaient intéressés à lui, ceux de la presse professionnelle destinée aux traders[1] –, Bernie se lance dans les affaires avec 5 000 dollars économisés grâce à ses petits boulots. Cette histoire, il adorait, du temps de sa splendeur, la raconter à Wall Street. Il avait même acheté une œuvre d'art pour la célébrer : un couple de maîtres nageurs en bronze, perché sur une chaise haute, installé au bord de la piscine de sa propriété de Palm Beach, censé rappeler d'où il était parti.

Cette version de l'histoire n'est pas vraiment fausse ; pas vraiment exacte non plus. Rien à voir avec les mensonges que le monde découvrira avec effroi cinquante ans plus tard, mais les omissions prennent tout leur sens après la découverte de la vérité. Il y a, dans les débuts de cette ascension, certains détails qu'il était préférable de dissimuler.

Quand, dans les années 60, il commence à construire le château de cartes qui s'effondrera le 11 décembre 2008, Bernard Madoff ne s'est pas aventuré tout à fait en terrain inconnu. Le récit familial de l'incroyable réussite n'incluait jamais ses parents. Et pour cause. Il faudra attendre la fin brutale pour qu'on apprenne qu'il n'est pas tout à fait parti de rien : ses parents, Ralph et Sylvia, exerçaient déjà la profession de brokers. Quand il crée

1. Par exemple dans *Wall Street & Technology*, 7 juillet 2000.

son entreprise, à 22 ans, Bernard marche donc dans les traces paternelles. Un chemin pas exactement glorieux. Il semble que Madoff père ait surtout laissé des dettes. En tout cas, aucun des deux parents n'aura le loisir d'admirer le parcours du fils : Ralph puis Sylvia meurent à 62 et 63 ans, alors que Bernard est encore dans la trentaine et loin d'avoir accumulé sa fortune.

Mais plus que ses parents, c'est sa belle-famille qui va lui mettre réellement le pied à l'étrier. Avec Ruth Alpern, le financier n'a pas seulement épousé la chaleur humaine et la joie de vivre. Il a aussi trouvé celui qui sera le premier de ses feeder funds, de ses recruteurs : son beau-père. Saul Alpern dirige alors un cabinet d'expert-comptable et c'est dans ses bureaux que son gendre s'installe, au centre de Manhattan, pour prendre son envol, avant de déménager au 40, Exchange Place, à Wall Street.

Bernard Madoff a lui-même confié à quelques banquiers du Crédit suisse, lors d'une rencontre en 2002, qu'il s'était lancé grâce à un prêt de 50 000 dollars consenti par ses beaux-parents[1].

Le cabinet Alpern & Heller (l'associé de Saul Alpern, Sherman Heller, mourra en 1967 à l'âge de 46 ans) est prospère et jouit d'une solide réputation. Saul Alpern tient la comptabilité de petits ou moyens entrepreneurs, qui sont pour beaucoup en train de se constituer leur premier patrimoine familial. Ils ont besoin de placer leur argent et ne connaissent pas grand-chose au monde de la finance. Saul leur présente son gendre, un jeune homme dynamique. Lorsque tout s'effondrera, des décennies plus tard, c'est dans ce premier groupe d'investisseurs, les « historiques », qu'on trouvera les témoignages les plus poignants, ceux de ces retraités

1. *Bloomberg News*, 27 janvier 2009.

qui, du jour au lendemain, se retrouvent sans épargne et sans aucun revenu parce qu'il y a très longtemps, eux ou leurs parents avaient fait confiance à leur comptable…

Au milieu des années 60, un certain Donald Rafferty fait ainsi la connaissance de Saul Alpern. Il est installé dans le Connecticut, à Danbury, à l'époque la « capitale du chapeau ». Donald Rafferty et son père George ont racheté là une fabrique de couvre-chefs, la Danbury Hat Factory. C'est Saul Alpern qui assure la comptabilité. Il vient de New York, à une centaine de kilomètres, ou, plus souvent, envoie un de ses deux employés, deux jeunes gens de l'âge de son gendre, Frank Avellino et Michael Bienes. Avant de repartir vers New York, les comptables sont souvent invités à dîner. On devient amis. Et quand se pose la question de placer son patrimoine, Saul parle de son gendre, qui offre des placements garantis. À l'époque, on ne parle pas de hedge funds. Le terme à la mode, c'est arbitrage : exactement ce que Madoff propose. L'idée est d'utiliser les « imperfections » du marché en jouant sur les légers écarts de prix d'une même action sur des marchés différents.

George, le père, aujourd'hui décédé, avait placé toutes ses économies chez le gendre de son comptable. Donald, lui, s'était montré plus sage ; il avait investi le tiers de son patrimoine auprès de Madoff. C'est notamment des revenus engendrés par ces placements que vivait le retraité. Aujourd'hui âgé de 70 ans, il a dû reprendre un travail à temps partiel au début 2009 pour pouvoir s'en sortir. Au fil du temps, toute sa famille s'en était remise au magicien pour faire fructifier ses économies. Faute de pouvoir payer son loyer, la mère de Donald a dû déménager chez sa fille, qui, ruinée elle aussi, doit retrouver du travail à 60 ans révolus.

Les sinistrés de Salomon County

Pendant toutes ces années, les Rafferty savaient que Bernard Madoff gérait leur argent, mais ils ne l'ont jamais rencontré. Aujourd'hui encore, Donald Rafferty[1] se dit persuadé que Saul Alpern, qui a pris sa retraite dans les années 70 et est décédé en 1999 à l'âge de 95 ans, n'était en rien impliqué dans l'escroquerie. Et il semble bien que l'expert-comptable se soit en effet contenté de recommander son gendre à ses clients préférés comme on repasse un bon tuyau à ses amis. Ces petits conseils n'étaient pas dispensés dans des bureaux de Wall Street décorés de marbre ou sous les palmiers de Palm Beach, mais en des lieux plus modestes. Ainsi du Sunny Oaks, une pension de famille, dans les Catskills, un massif montagneux situé à deux cents kilomètres de New York. Nous sommes là au cœur de ce qu'on appelait alors la « Borscht Belt », un ensemble de camps et résidences de vacances, destination prisée des juifs new-yorkais. Dans les alentours, la région était connue comme « les Alpes juives », ou encore comme Salomon County...

La démocratisation du transport aérien a ensuite scellé le sort de cette destination, délaissée au profit d'îles exotiques. Mais elle garde sa place dans la culture populaire américaine. De nombreux comiques juifs y ont par exemple fait leurs débuts.

Le Sunny Oaks est tenu, pendant l'été, par les Arenberg qui habitent à Brooklyn le reste de l'année. Là, ils sont voisins de Saul et Sara Alpern, qui pendant vingt ans passent leurs étés dans un des petits bungalows en bois du Sunny Oaks. Les clients sont tous des membres

1. Entretien avec les auteurs, le 19 février 2009.

de la famille des propriétaires ou des amis. Beaucoup, sur la recommandation de Saul Alpern, confient leur argent à Madoff. Et ils s'en montrent ravis, puisqu'ils touchent des intérêts élevés : autour de 20 % de leur mise de fonds. Un privilège, puisque les investisseurs plus récents, souvent les enfants des premiers, doivent se contenter de rendements inférieurs. David Arenson, un des descendants des premiers propriétaires, peut en attester : lui qui hérita de l'hôtel avant de le fermer, avait conservé le compte de son père : les retours étaient plus élevés que sur le sien, ouvert plus tard.

Cet argent, David Arenson en avait besoin sans doute plus que beaucoup d'autres investisseurs de Madoff. Âgé d'une cinquantaine d'années, il est atteint d'une leucémie lympathique chronique. Pour pouvoir participer à un essai de transplantation de cellules souches, il comptait sur ses économies, entièrement englouties par Madoff.

Cet ancien étudiant sans relief a donc levé et géré de l'argent dès ses débuts professionnels, activité que tous ceux qui l'admireront plus tard pour sa réussite en tant que broker ont ignorée bien souvent jusqu'à la fin. Cette ancienneté et cette discrétion ne signifient pas forcément que Bernard Madoff trichait depuis le début. Mais il suffit d'examiner le comportement du jeune homme ambitieux qu'il fut pour découvrir, à tout le moins, une certaine désinvolture vis-à-vis de la loi…

Premiers rabatteurs

Après des débuts plutôt artisanaux – les amis de la famille, les relations du beau-père –, l'argent afflue grâce à des intermédiaires, qui ne sont autres que Frank Avellino et Michael Bienes, les deux jeunes employés de Saul Alpern. Ce sont eux qui conduisent les fabricants de chapeaux du Connecticut jusqu'à Madoff. Eux aussi qui recruteront des milliers d'investisseurs au cours des trois décennies suivantes. Frank Avellino a rejoint Alpern & Heller en 1958, dès sa sortie de l'université, Michael Bienes quelques années plus tard. Lorsque Saul Alpern perd son associé, en 1967, les deux jeunes gens prennent en main le cabinet puis montent leur propre structure, Avellino & Bienes, pour reprendre la clientèle du beau-père de Madoff lorsque celui-ci prend sa retraite. Mais en réalité, leur cabinet ne fait plus guère d'expertise comptable. Les deux compères consacrent toute leur énergie à démarcher de nouveaux clients pour Bernard Madoff, en leur promettant de juteux retours.

Les affaires sont florissantes : alléchés par les 20 % d'intérêts annuels garantis, les investisseurs se bousculent, d'autant que Bernard Madoff, dans le courant des années 70, décide de ne plus prendre de « petits clients ». Il demande à certains de ses investisseurs « historiques » d'ouvrir un compte chez Avellino & Bienes. Une stratégie qu'il généralisera à partir des années 80.

Le problème, qui ne semble pas préoccuper outre mesure Madoff, c'est que l'activité d'Avellino & Bienes est tout à fait illégale : ils ne sont enregistrés nulle part en tant que société d'investissement et offrent des retours garantis sans jamais expliquer comment ils les obtiennent. Il faudra pourtant trente ans pour que les deux hommes soient finalement arrêtés par la Securities and Exchange Commission (SEC). En 1992, le gendarme de la Bourse américain se réveille en apprenant que les deux comptables ont fini par gérer des fonds qui atteignent le demi-milliard de dollars, grâce à leurs promesses de taux garantis de 13 à 20 % (selon la date d'entrée dans le fonds, les garanties n'étaient pas les mêmes). Le patron de la SEC de New York le dit alors tout net au *Wall Street Journal* : « Nous avons bien cru que nous découvririons une catastrophe[1]. » En clair, les enquêteurs de la SEC craignaient une fraude pyramidale. Et puis, bonne surprise : en examinant les comptes, ils s'aperçoivent que l'argent est bel et bien là. L'investigation s'arrêtera. La SEC ordonne à Avellino & Bienes de fermer boutique et de rendre l'argent aux investisseurs.

La clémence du gendarme de la Bourse laisse rêveur, mais plus encore sa légèreté. Alors que Avellino & Bienes cite Bernard Madoff comme destinataire final des sommes investies, les enquêteurs ne demandent rien au broker. Incroyable occasion manquée qui aurait permis, par exemple, de se rendre compte que BLMIS disposait d'autres rabatteurs pratiquant dans des conditions tout aussi peu réglementaires. Le raisonnement de la SEC s'explique : puisque l'argent a été rendu aux investisseurs, il n'y a pas d'escroquerie pyramidale.

Sauf si l'escroquerie n'est pas commise au niveau d'Avellino & Bienes, mais au-dessus… Dans ce cas, l'argent « rendu » aux investisseurs de A & B pourrait en réalité très bien être celui d'autres investisseurs de Madoff, en vertu du modèle de Ponzi, dans lequel on rémunère le capital des premiers arrivants avec l'argent investi par les derniers venus. L'immense majorité des 3 200 investisseurs d'Avellino & Bienes reste donc chez Madoff. « En 1992, quand c'est arrivé, ils nous ont dit : Ne vous inquiétez pas, Bernard Madoff a accepté de vous reprendre en direct, vous allez continuer à toucher vos intérêts », se souvient Donald Rafferty.

À l'époque, la SEC ne demande rien à l'escroc, qui s'en tire avec une interview au *Wall Street Journal* ! Il y explique, comme il le fera de nombreuses fois par la suite, que les retours promis par Avellino & Bienes ne

1. *The Wall Street Journal*, 16 décembre 1992.

sont pas si extraordinaires, notant qu'ils ne font pas mieux que l'indice S & P 500... L'auteur de l'article note tout de même que la plupart des gestionnaires de patrimoines, au cours des années 80, étaient battus par le S & P 500 et que, dans tous les cas, de tels retours garantis avaient de quoi allécher n'importe quel investisseur[1].

Bernard Madoff prétend ignorer que les deux comptables agissaient dans l'illégalité. Comment le croire ? Il est étroitement associé à leurs affaires depuis trente ans et a lui-même orienté certains de ses anciens clients vers eux. Surtout, ce qui s'est passé dans les années suivantes ne laisse guère de place au doute : l'un des deux comptables va se remettre au travail, encore plus en marge de la loi. Frank Avellino utilise une société, Ken Jordan Associates, qui n'est qu'un prête-nom. Cette fois, difficile pour Bernard Madoff de plaider l'ignorance...

Carl Shapiro, dans les années 60, est un homme d'affaires de Boston, qui a fait fortune dans le textile. Il cède à l'insistance d'un ami et accepte de rencontrer un jeune homme ambitieux et travailleur de 22 ans. « À cette époque, a raconté le millionnaire au *Palm Beach Daily News*, il fallait trois semaines pour réaliser certaines transactions sur le marché des actions. Madoff m'a dit : Je vous le fais en trois jours[2]. » Et il tint sa promesse. Impressionné, Shapiro confie alors 100 000 dollars à son nouveau correspondant, qui les investit avec succès. Cent mille dollars de l'époque représentent 700 000 dollars d'aujourd'hui. Une coquette somme pour un jeune

1. « A Wall Street Mystery Features, a Big Board Rival », *The Wall Street Journal*, 16 septembre 1992.
2. *Palm Beach Daily News*, 15 décembre 2008.

trader de 22 ans qui oublie vite sa condition de maître nageur. Mais une somme bien modeste en regard de ce que Carl Shapiro va lui confier au fil des années : des centaines de millions de dollars.

Carl Shapiro a aujourd'hui 95 ans. La nouvelle de la chute de Madoff, qu'il apprend en regardant CNN le 11 décembre, est, dit-il, « un coup au cœur ». Depuis, le vieil homme et son épouse de 91 ans vivent reclus dans leur maison de Palm Beach, ruminant la trahison de celui qu'ils considéraient, selon des proches, « comme le fils qu'ils n'avaient pas eu ». Un fils bien ingrat : quelques jours avant sa chute, alors qu'il cherche désespérément à sauver son entreprise frauduleuse face aux demandes massives de retraits, Madoff a demandé – et obtenu – plus de 250 millions de dollars de la part de Carl Shapiro...

15

Le bon élève de Wall Street

Trois mois après l'éclatement du scandale, trois mois après que le monde eut appris que Bernard Madoff était un escroc, elle avait encore du mal à y croire. « Il a dû se passer quelque chose qui l'a fait déraper… », nous dit-elle. Comme si, malgré l'évidence, malgré les aveux, elle ne pouvait pas envisager que l'homme qu'elle avait si bien connu, dans les années 80, pouvait avoir un double visage.

Jusqu'à ce 11 décembre maudit, Bernie et elle appartenaient au même club à Wall Street : celui des outsiders qui avaient réussi, qui avaient secoué les positions établies parmi les brokers, qui avaient amené de la concurrence là où les petits arrangements et les cartels dominaient. Sandra Manzke a débuté dans les hedge funds en 1984. Cette industrie était balbutiante, et elle était la première femme à tenter de s'y imposer. Vingt ans plus tard, elle était devenue une voix respectée dans le secteur, mais une voix dissidente.

À l'automne 2008, alors que la crise financière a explosé, elle lance une croisade contre les gestionnaires de hedge funds, ses pairs. Dans une lettre ouverte publiée dans la presse spécialisée, elle se dit « révoltée » et « dégoûtée » par leur comportement, les accusant d'empocher des frais exorbitants et, en cette période de crise, d'empêcher leurs clients de retirer leur argent, en violation de tous leurs engagements. Sa diatribe fait grincer bien des dents. Sandra Manzke est accusée de cracher dans la soupe. Mais elle reçoit aussi des soutiens notables, en particulier celui de Bernard Madoff. « Nous nous sommes parlé à ce moment-là, il m'a dit qu'il était complètement avec moi, que les gestionnaires de fonds ne comprenaient rien. Il était, comme moi, furieux contre les hedge funds. Il disait qu'ils allaient tuer le business[1]. »

Sandra Manzke n'est pas surprise de trouver Madoff de son côté, celui des défenseurs des investisseurs contre les pouvoirs établis. C'est ainsi qu'elle l'a toujours connu, comme tout le monde à Wall Street. Non pas que Bernie n'avait pas d'ennemis ou de critiques, mais c'est son activisme, ses efforts pour renforcer la concurrence qui les lui valaient. Pour les observateurs neutres des années 80, les frères Madoff étaient deux héros positifs. Monica Gagnier, qui travaillait alors pour une publication spécialisée, s'en souvient comme de « deux fervents combattants pour plus de transparence et plus de responsabilité[2] » dans le secteur. Alors jeune journaliste, elle est sous le charme de ces deux garçons partis de rien, « de leur simplicité et de leur bon sens ». Quand elle peine à comprendre telle subtilité du marché, à décrypter telle réglementation opaque, elle peut toujours appeler les deux frères, jamais avares de leur temps.

1. Entretien avec les auteurs, le 3 février 2009.
2. Entretien avec les auteurs, le 30 janvier 2009.

Les incrédules

Madoff a plaidé coupable, reconnu qu'il se livrait à sa fraude depuis bien longtemps. Mais la journaliste dit, elle aussi, sa perplexité. « Qu'est-ce qui a pu le conduire à risquer cette excellente réputation ? » se demande Monica, comme si, elle non plus, ne pouvait pas imaginer que le Bernard qu'elle avait connu et apprécié était déjà Madoff l'escroc. Comme l'immense majorité des acteurs de Wall Street, elle ignorait même que celui-ci, à côté de son activité, tout à fait légale, de broker était aussi gestionnaire de fonds, un pan de sa vie professionnelle sur laquelle il se montrait plus discret, et pour cause. C'est un autre journaliste spécialisé, Michael Scotti, directeur de *Trader Magazine*, qui résume le mieux l'étonnement des professionnels : « Cet homme est sans doute la plus grande énigme dans l'histoire de Wall Street. D'un côté, il a, pendant trente ans, poussé pratiquement tous les changements réglementaires qui pouvaient bénéficier aux investisseurs individuels. De l'autre, il escroquait ses propres clients[1]. »

Cette réputation flatteuse dans le milieu des boursiers, Madoff la doit à sa grande flexibilité. Il a toujours su s'adapter aux changements de réglementation et même en tirer parti, le plus légitimement du monde. Cela commence très tôt, dès les années 60. À cette époque, il évolue dans le milieu très flou et très peu réglementé du hors-cote (over-the-counter), en marge du New York Stock Exchange (NYSE, la Bourse de New York). Il doit, comme les autres petits brokers, se contenter de ce qu'on appelle les penny stocks, de petites actions, de faible valeur, avec peu de volume et peu

1. « Before the Fall », *Trader Magazine*, mars 2009.

de profit. Les transactions plus profitables sont captées par les plus importants des « grossistes » qui dominent alors, des firmes capables de disposer en permanence d'un inventaire d'actions de manière à assurer la fluidité du marché.

Le hors-cote est assuré par ce qu'on appelle les « market makers » (teneurs de marché[1]). Le système repose sur la publication – quotidienne – de grandes feuilles roses (Pink Sheet) sur lesquelles sont publiées, chaque matin, les cotations. On est loin de la cotation en temps réel pratiquée aujourd'hui. Le système manque totalement de transparence. Pour effectuer une transaction, les brokers doivent appeler des intermédiaires, les teneurs de marché, qui ont fait savoir, via la Pink Sheet, qu'ils disposaient de telle ou telle action à vendre. La procédure donne à l'intermédiaire une marge de manœuvre considérable, au détriment de l'investisseur. Tout au long de la journée, le teneur de marché peut expliquer que la cote a changé depuis la publication de la Pink Sheet et ainsi empocher pour lui les variations du jour.

L'ami des autorités

En 1963, la SEC s'empare du problème et demande à la NASD (National Association of Securities Dealers, organisme d'autorégulation créé en 1938 à destination des brokers opérant sur le hors-cote, le marché traité hors du NYSE et autres Bourses régionales) de concevoir un système informatique qui permette d'afficher en temps réel les cours des actions. La suggestion fait grincer bien des dents parmi les brokers établis, qui

1. Voir le lexique en fin de volume.

craignent cette transparence nouvelle. Mais Bernard Madoff, lui, est derrière la SEC, pensant que ces changements lui permettront de niveler la concurrence en effaçant l'avantage dont disposent ses concurrents plus gros que lui. Les cotations étant connues de tous à tout moment, la concurrence va profiter à l'opérateur le plus compétitif, quelle que soit sa taille ou sa notoriété.

Les réticences sont telles au sein de la NASD qu'il faudra plus de sept ans pour aboutir au système voulu par les autorités de régulation, mais le 8 février 1971, le Nasdaq (National Association of Securities Dealers Automated Quotations) est lancé.

À cette époque, Bernie est trop jeune et trop nouveau sur la place pour jouer un rôle de meneur, mais il est bel et bien de la partie, derrière des pionniers comme Gordon Macklin, considéré comme le fondateur du Nasdaq. Sa société, BLMIS (Bernard L. Madoff Investment Securities), fait partie des cinq structures qui sont connectées au réseau électronique du Nasdaq le jour du lancement. « Il était très actif, beaucoup plus présent que la taille de sa compagnie ne l'aurait laissé supposer[1] », explique *Trader Magazine*. Bernie sait déjà se faire apprécier. Les relations de ces années d'activisme vont demeurer ses amis pendant les décennies qui suivent. En 2007, quand Gordon Macklin décède, à 78 ans, Bernard Madoff fait un discours remarqué aux obsèques pour lui rendre hommage.

L'apparition du Nasdaq – qui, à ses débuts, accepte toutes les actions du hors-cote et n'a pas un listing défini comme ce sera le cas plus tard – a exactement le résultat espéré par ses promoteurs : les petits teneurs de marché peuvent s'épanouir, le marché devient plus fluide et sur-

1. « Before the Fall », *Trader Magazine*, mars 2009.

tout plus transparent. C'est là que commence la lune de miel de Madoff avec les régulateurs américains. Pendant près de quarante ans, Bernie va être au rendez-vous, soutenant et saluant à chaque fois les changements réglementaires renforçant la concurrence. Si la SEC avait besoin de démontrer que ses réformes marchaient, qu'elles étaient applicables, Bernie et son frère Peter – qui l'a rejoint dès 1965, alors qu'il est encore étudiant en droit – étaient là.

Les Madoff ne cherchent pas seulement à se faire bien voir du gendarme de la Bourse. Ils ont aussi compris qu'en étant les fers de lance de l'ouverture à la concurrence, ils pouvaient s'imposer et développer leur affaire. Dès le début des années 70, ils s'intéressent aux actions du New York Stock Exchange. Ils ne sont pas accrédités à la Bourse de New York, mais une règle les autorise à vendre et acheter des actions cotées au NYSE en dehors des heures d'ouverture de la Bourse, ce que ne peuvent pas faire les agents de change enregistrés. C'est ce qu'on appelle le troisième marché. Une succession de décisions de la SEC permet à Madoff de développer cette activité, au point d'en devenir un acteur majeur. Le but du gendarme de la Bourse américaine, encouragé par le Congrès, est de briser le monopole des spécialistes du NYSE. La SEC veut que les actions cotées au Big Board (le surnom du NYSE) ne puissent s'échanger ailleurs que sur le trading floor, la salle des marchés. En réalité, le combat va durer pendant près de trente ans, la concurrence s'imposer très progressivement, mais pendant tout ce temps, Madoff sera toujours du « bon côté », celui des investisseurs.

Une place au soleil

Au début des années 80, après plus de vingt ans à Wall Street, l'outsider s'est déjà fait une place au soleil, grâce notamment à ce qu'un bon connaisseur du milieu à l'époque nomme une « intuition brillante ». Il devient membre d'une petite Bourse régionale, celle de Cincinnati. Non pas que les Madoff aient un quelconque attachement pour la ville de l'Ohio, mais la Bourse de Cincinnati est un élément de leur stratégie pour développer une alternative au NYSE. Sous l'impulsion des Madoff et de quelques autres, le Cincinnati Exchange devient, en 1980, la première Bourse entièrement électronique du pays. L'année suivante, Cincinnati rejoint l'Intermarket Trading System (ITS), un réseau informatique qui relie entre elles les diverses Bourses des États-Unis. Les Madoff ont désormais plein accès au NYSE.

En 1982, BLMIS emploie 35 employés et n'est encore classée qu'au 153e rang des maisons de courtage en termes de capital net (5,5 millions de dollars). Mais Bernie s'assure déjà un train de vie plus que confortable. En 1984, la famille quitte la modeste maison sans étage de Roslyn, dans la banlieue de New York, pour emménager dans l'Upper East Side de Manhattan, dans le luxueux penthouse qui deviendra connu du monde entier lorsque Madoff y sera placé en résidence surveillée après son arrestation. L'endroit respire le luxe. C'est un architecte d'intérieur très en vogue à New York à l'époque, Angelo Donghia, qui a assuré la décoration. Plus tard, les Madoff se vanteront d'ailleurs que leur appartement ait été le dernier projet de Donghia, mort prématurément en 1985. « On est loin du noir et blanc imposé par Bernie dans ses bureaux, confie une amie de la famille qui a fréquenté l'appartement. Tout est lumineux, harmonieux, très cosy[1]. »

C'est Ruth Madoff qui confia à l'une de ses plus proches amies[2] l'émotion de Bernie le jour où la famille entre dans sa tanière avec ce rêve : devenir les maîtres du monde. Ce soir-là, elle monte les marches de l'escalier arrondi qui mène au dernier étage du duplex et trouve son mari assis, seul, dans l'obscurité. Il pleure. « J'ai réussi », dit-il à Ruth, avant de la remercier.

Bernie n'en est pourtant qu'au début de son ascension sociale et professionnelle. Quelques années plus tard, en 1987, la firme quitte le 40 Exchange Place à Wall Street pour s'installer à Midtown Manhattan, dans un immeuble flambant neuf, le Lipstick Building – ainsi nommé en raison de sa forme longue et ovale de bâton de rouge à lèvres. BLMIS a loué les 1 600 mètres carrés du 18e étage. Les frères Madoff ont décidé de déménager pour pouvoir exploiter à plein les nouvelles technologies – l'ancien immeuble se prêtait mal aux câblages nécessaires.

Quelques mois après l'emménagement, un reporter du très spécialisé *Wall Street Computer Review* visite les lieux, des bureaux « à l'allure high tech, genre James Bond[3] ». La petite trentaine de traders est vissée devant les grands écrans plats à plasma, technologie extrêmement coûteuse à l'époque. Le trading floor n'impressionnerait aucun professionnel aujourd'hui, mais à l'époque il est en avance sur les autres.

1. Entretien avec les auteurs, le 26 mars 2009.

2. Ruth Greenberger a décliné notre demande d'interview. L'anecdote suivante nous a été confirmée par plusieurs proches de Mme Greenberger. Elle l'a elle-même racontée à son frère, John Maccabee, écrivain et auteur d'un article sur Madoff dans le *New York Magazine*, 22 février 2009.

3. *Wall Street Computer Review*, 1er juillet 1988.

« La technologie est dans la culture de notre entreprise », dit fièrement Peter Madoff au journaliste spécialisé. C'est le frère cadet qui a supervisé l'installation. Depuis le début, c'est ce passionné d'informatique qui pousse l'entreprise à être toujours à la pointe de la technologie.

La machine Madoff

Sur tous les trading floors des banques, on commence alors à voir arriver ce qu'on appelle les machines Madoff ou les boîtes Madoff. Les brokers peuvent ainsi passer directement leurs ordres, traités automatiquement par les ordinateurs installés dans le Lipstick Building. On ne peut ainsi gérer que les petits flux (un maximum de 3 000 actions), mais la transaction est effectuée en quelque quatre secondes : beaucoup moins que la minute trente nécessaire sur le floor du NYSE où l'on voit encore des traders courant papiers en main. Les Madoff sont des pionniers dans le secteur, et reconnus comme tels.

Mais l'avance technologique n'est pas la seule clef du succès. S'il gagne des parts de marché sur les « spécialistes » du NYSE, c'est parce que Madoff offre une solution à meilleur marché. Et là, le krach de 1987 va lui offrir une opportunité en or : confrontés à la crise boursière, les brokers sont tout à coup beaucoup plus intéressés par les frais réduits qu'il leur offre. Car non seulement BLMIS ne facture pas les frais de transaction que les « spécialistes » du NYSE font payer. Mais il va plus loin : il reverse une commission aux brokers qui lui donnent leurs ordres d'achats ou de ventes d'actions.

Le principe est très simple : en tant que teneur de marché, Madoff achète des actions à un prix et les revend à un autre. Cela crée une fourchette de prix (le spread[1], dans le dialecte de Wall Street). Cette différence explique l'existence des market makers : ils sont là pour assurer la liquidité du marché, c'est-à-dire assurer qu'à tout moment un acheteur (ou un vendeur) de telle action soit sûr de trouver une contrepartie. Le spread est en général très limité (1/8e de point), mais le grand nombre d'échanges assure des rémunérations confortables. Et c'est pour s'adjuger des volumes encore plus grands que Madoff commence à verser à ceux qui lui envoient ses ordres une commission microscopique : un cent ou deux par action.

Boostée par ces innovations et pratiques audacieuses, la firme prospère. À la fin des années 80, elle dépasse les 50 millions de dollars de capital net, soit dix fois plus qu'au début de la décennie. Mais, ce faisant, Madoff n'est pas populaire auprès de tout le monde et notamment, évidemment, auprès du NYSE qui crie à la concurrence déloyale. Les firmes membres du NYSE n'ont pas le droit de vendre ou d'acheter la plupart des actions hors du floor (elles doivent donc payer les frais afférents). Et la pratique des commissions pour attirer du volume les révulse. La guerre va durer pendant plusieurs années, le NYSE faisant du lobbying actif pour tenter d'interdire la pratique des commissions. Madoff et les brokers qui ont suivi ses traces poussent dans le sens inverse. Mais il n'y a rien d'illégal et Bernie continue de construire sa réputation : grâce à sa ténacité, les coûts des transactions ne cessent de baisser, leur exécution s'améliore. Et petit à petit, au cours des années 90, le NYSE se met lui aussi à consentir des rabais sur les commissions, suivant la voie tracée par Madoff.

---

1. Voir le lexique en fin de volume.

Mr Madoff est arrivé

BLMIS finit par capter près de 10 % des transactions sur les actions cotées au NYSE. Bernie est devenu un notable maintenant. Le magazine *Equities* lui remet son prix annuel pour avoir « amélioré le marché, l'avoir rendu plus sûr et plus intéressant pour les investisseurs ». De 1991 à 1993, il est président du conseil d'administration du Nasdaq. Il passe de plus en plus de temps à Washington, où il a recours aux services d'un lobbyiste. Bref, Mr Madoff est arrivé. Il est constamment interrogé par la presse spécialisée, prend part à de nombreux panels de discussions sur l'avenir de la profession. Il y est systématiquement présenté comme un important acteur de Wall Street. Sur le site web de la compagnie, sa bio souligne « le respect que la firme et ses dirigeants ont atteint dans la communauté financière ».

Personne ne prend Bernie pour un ange – il n'y en a pas à Wall Street. Il a à coup sûr des ennemis, notamment au NYSE. La guerre entre le Nasdaq et le NYSE, en particulier, lui en a valu beaucoup. Mais lorsqu'un des anciens dirigeants du NYSE[1] nous dit que Madoff jouait des « coups tordus », ou qu'il était « intellectuellement malhonnête », il porte un jugement général sur l'ensemble des dirigeants du Nasdaq. « À aucun moment, reconnaît-il, je n'ai soupçonné qu'il pouvait être un affabulateur de la sorte. »

En 1996, le Nasdaq est secoué par un scandale d'entente illégale. Les market makers sont accusés, après une étude réalisée par deux professeurs d'université,

1. George Ugeux, vice-président du NYSE pour l'international de 1996 à 2003. Entretien avec les auteurs, le 24 mars 2009.

de manipuler les fameux spreads à leur profit et au détriment des investisseurs. Après un accord avec la SEC, vingt-quatre firmes de market making paient plus d'un milliard de dollars d'amende, en échange de l'abandon des poursuites. De grands noms (Merrill Lynch, Goldman Sachs, Salomon Smith Barney) sont sur la liste, mais pas Bernard L. Madoff Investment Securities. Et quand, à la suite du scandale, la SEC modifie les règles de trading pour améliorer la transparence du marché, les Madoff sont, une nouvelle fois, derrière le régulateur, alors que la plupart de leurs concurrents tentent de faire de la résistance.

Le broker affecte même de jouer au sage, au patriarche et se paie le luxe de reprocher à la SEC de ne pas en faire assez ! En 2000, par exemple, le gendarme de la Bourse organise une réunion de concertation avec tout ce qui compte à Wall Street sur « l'information des marchés[1] ». Il s'agit de réagir à des propositions de réglementation présentées par l'organisme de régulation. Après avoir souligné qu'il était un des plus âgés dans l'assemblée, il se dit inquiet : « La SEC est en passe d'amoindrir son rôle, d'une manière ou d'une autre, et ça me gêne. »

On ne peut s'empêcher de l'imaginer jouissant de cet instant. Lui, fanfaronnant devant l'assemblée de ses pairs, en train de faire la leçon à la SEC, ce même organisme de contrôle qu'il roule dans la farine depuis des années, et qu'il continuera à duper pendant encore huit ans. Et il continue : « La SEC, comme elle l'a toujours fait, doit être en quelque sorte le superviseur de tout afin de nous empêcher de nous nuire à nous-mêmes, et de nuire au public. »

1. Minutes de la réunion du 4 décembre 2000 à la SEC, Washington.

En 2007, on peut le voir, lors d'une conférence pour non-initiés organisée à New York, faire cette déclaration : « Aujourd'hui, dans l'environnement réglementaire qui est le nôtre, il est plus ou moins impossible de violer les règles. C'est quelque chose que le public ne comprend pas. Si vous lisez dans le journal que quelqu'un a violé une règle, vous vous dites : ils font toujours ça. Mais en fait, il est impossible qu'une violation ne soit pas détectée, en tout cas pendant une longue période de temps[1] »...

Revers de fortune

À cette époque, les Madoff ne sont déjà plus ce qu'ils étaient à Wall Street. Ils sont toujours respectés, mais leur business a beaucoup souffert, et notamment de ces mêmes règles dont ils ont tant fait la promotion. Le renforcement de la transparence et de la concurrence fait fondre les écarts entre prix d'achat et prix de vente, les fameux spreads, et donc la marge bénéficiaire pour les « teneurs de marché ». Depuis le début des années 90, les autorités de régulation poussent en effet au changement d'affichage du prix des actions. Jusqu'alors, ces prix sont fixés en dollars et en fractions de dollars, le plus souvent en 1/8e. Cela signifie qu'une action peut valoir 5 dollars et 2/8e. Le prix immédiatement inférieur sera donc 5 dollars et 1/8e, et le prix immédiatement supérieur 5 dollars et 3/8e. Le spread sera donc, au minimum, de 1/8e de dollar, soit 12,5 cents. C'est sur cet écart que le market maker réalise sa marge.

---

1. « The future of the stock market », conférence du Philoctetes Center, New York, 20 octobre 2007. Vidéo visible sur le site du centre : http://philoctetes.org/Past_Programs/The_Future_of_the_Stock_Market

À la suite des pressions de la SEC, les cotations se font en fractions de 1/16e (ramenant l'écart minimum, dans l'exemple choisi, à 6,25 cents). Puis, en 2000 pour le NYSE et en 2001 pour le Nasdaq, la cotation passe en centimes. Les marges des market makers plongent et le secteur subit un profond bouleversement. Au début des années 2000, les profits de tous les concurrents s'effondrent, un mouvement de concentration s'enclenche, nombre de brokers disparaissent ou sont rachetés. Madoff est pris à son propre jeu par de nouveaux venus sur le marché qui, à partir d'algorithmes compliqués, poussent encore plus loin l'utilisation des ordinateurs pour passer les ordres. Ils poussent le système d'automatisation au bout de sa logique. Le nombre de brokers qui utilisent Madoff pour passer leurs ordres passe de 350 à moins de 100[1].

Mais, officiellement, l'intéressé ne s'inquiète pas. Il explique que le business a changé et que ce n'est plus sur le spread qu'on fait de l'argent désormais, mais en « tenant des positions », c'est-à-dire en investissant réellement, avec ses propres fonds. La vérité est évidemment ailleurs. Les livres de comptes de BLMIS montrent que la part des revenus tirés de l'activité de gestion de fonds devenait de plus en plus importante, alors que les profits de l'activité de trading s'effondraient. En réalité, puisque l'activité de gestion de fonds était totalement fictive, ce sont les fonds que les investisseurs confiaient à Madoff qui venaient combler le trou. Parmi la longue liste de faits délictueux dressée par le procureur, on trouve ainsi l'utilisation de 250 millions de dollars venus des investisseurs de Madoff pour « subventionner » son activité de market making. Car malgré l'effondrement des revenus à partir de 2002, le train de vie n'avait guère

1. Source : « Before the Fall », *Trader Magazine*, mars 2009.

diminué. Les effectifs ont certes été quelque peu réduits (passant de 180 employés à 140), mais les salaires demeurent, selon un ancien employé[1], bien supérieurs à ceux du marché. Certains managers, payés royalement (de 500 à 750 000 dollars par an), se montrent totalement dépassés et ne connaissent rien aux techniques modernes de transactions boursières informatisées.

Quand le scandale éclate, plusieurs observateurs avertis, notamment ceux qui ne peuvent pas imaginer que Bernie le magnifique ait pu mentir depuis des décennies, voient dans les changements du marché apparus à la fin des années 90 et la chute de revenus qui s'ensuivit l'origine de l'escroquerie. Ils imaginent que ce sont ces revers dans son activité principale qui l'ont poussé à se lancer dans une pyramide de Ponzi. On sait maintenant qu'il n'en est rien puisque, à ce moment-là, l'escroquerie courait déjà depuis longtemps. Bernard Madoff a lui-même dit à son juge qu'il avait commencé à monter son système de vases communicants au début des années 90. Tout indique que c'était bien avant, « au moins depuis le début des années 80 », selon l'accusation.

Avant, donc, pendant toutes ces années où BLMIS, sa société, prospère, Madoff a déjà monté son entreprise frauduleuse, en parallèle, tout en sachant que cette fuite en avant allait avoir une fin. Pourquoi ? Pourquoi, alors qu'il n'en avait pas besoin financièrement ? Selon l'estimation d'un de ses concurrents, pendant les vingt-cinq années où son activité de market making était florissante, Bernard Madoff a sans doute accumulé un milliard de dollars de bénéfices. De quoi, en théorie, être à l'abri de la tentation.

1. Interrogé par le site d'information *The Daily Beast*, 19 mars 2009.

16

Au 17e étage…

C'est ici, au 17e étage du Lipstick Building, que Bernard Madoff avait installé son « autre entreprise », son activité de gestion de portefeuille, à l'écart de ceux où travaillaient les traders qui contribuaient au premier métier de Madoff, celui de broker, que tout le monde connaissait. Ce 17e étage était zone interdite. Les clients n'y accédaient pas. Même ceux qui venaient parler de leurs investissements étaient reçus au 19e, auquel on accédait par un escalier intérieur, après être entré au 18e. La plupart des employés de Bernard L. Madoff Investment Securities (BLMIS) qui travaillaient dans la partie légale de l'entreprise n'y avaient pas accès non plus et beaucoup ignoraient même ce qui se faisait là. Certains l'appelaient « l'étage du hedge fund ». « Je pensais que c'étaient les bureaux de Fairfield[1] », dit un ancien employé.

Cet étage, chez Madoff, on l'appelait aussi « la cage », car c'est là qu'étaient entreposées les actions détenues par la société de bourse. Les rares qui ont pu y pénétrer décrivent tous la même impression : « étrange ». L'équi-

1. Le plus important des feeder funds utilisés par Madoff pour alimenter sa fraude.

pement d'abord : des ordinateurs IBM hors d'âge et de vieilles imprimantes à picots. Étrange en effet pour une firme par ailleurs à la pointe de la technologie. Et puis quel désordre ! Un fouillis certes relatif, mais frappant pour qui connaissait la méticulosité de Bernie – et tout le monde la connaissait. Aux 18ᵉ et 19ᵉ, personne n'aurait osé laisser un papier traîner sur un bureau, sous peine d'être rappelé à l'ordre immédiatement. Le décor était entièrement noir et un employé qui aurait voulu mettre une touche personnelle était prié de se conformer à la norme – un cadre pour photos de famille gris était immédiatement remplacé par un noir. Même les stylos à encre bleue étaient bannis. Obsédé par l'ordre et la propreté, Madoff ne tolérait pas non plus les arrondis. Dans son bureau de Londres, il avait fait refaire une cloison de bureau qui avait le tort de ne pas être au carré[1]. Bernie était du genre à remettre au même niveau les stores des différentes fenêtres. À l'occasion, il prenait aussi l'aspirateur pour effacer une tache exaspérante qui ne pouvait pas attendre le passage de la femme de ménage. Une auréole sur la moquette provoquait un drame : il fallait l'effacer avant que Bernie ne la voie.

Mais au 17ᵉ, rien de tout cela. Un employé qui a visité l'endroit brièvement à deux reprises se rappelle avoir vu des papiers en vrac sur les bureaux, des gens en jean, « une sorte de chaos organisé[2] ». Madoff, le maniaque du rangement, l'obsessionnel de la propreté, acceptait donc le laisser-aller au cœur de sa fraude. Les psychiatres pourront décrypter cette étrange névrose.

---

1. Témoignage de Julia Fenwick, directrice du bureau de Londres, *Daily Mail*, 3 janvier 2009.

2. Cité in « Madoff employee breaks silence », *The Daily Beast*, 19 mars 2009.

La cage

Toujours est-il que c'est un Italo-Américain qui règne dans la cage. Il se présente comme le bras droit du patron, ou encore le « directeur des options ». Un personnage que ce Frank Di Pascali : pas exactement l'élégance personnifiée. Un investisseur intéressé par un placement chez Madoff il y a quelques années se souvient d'avoir été soufflé par l'accueil, plus digne du *Parrain* que de Wall Street. « Salut, moi c'est Frankie », lance-t-il avant d'envoyer une grande tape dans le dos. « Ça m'a suffi », se souvient l'investisseur[1] qui a pris ses jambes à son cou.

À 52 ans, Di Pascali a passé plus de trente-trois ans chez Madoff. Une carrière commencée, juste après la sortie du lycée, en bas de l'échelle comme directeur de recherche, selon son CV. C'est d'abord lui que connaissent les clients, y compris les plus gros, les hedge funds. Il répond aux questions sur la stratégie, les actions achetées. Ses commentaires ne sont pas plus précis que ceux de son patron. Lui aussi sait couper court et faire comprendre aux curieux qu'il saura protéger les « secrets de fabrication » de la maison. Quand Bernie est en voyage, ce qui arrive très fréquemment, c'est Di Pascali qui est aux manettes. Officiellement, il « exécute la stratégie », ce qui, on le sait maintenant, consiste à produire des milliers de faux relevés de comptes chaque mois, faisant état de transactions jamais effectuées. Certains des employés du 17e étage, qui ont tous pour point commun de n'avoir pas la moindre formation ni expérience dans la finance, sont chargés a posteriori de rechercher la valeur des actions

1. Entretien avec les auteurs, le 13 mars 2009.

tel ou tel jour du mois qui s'achève. Les clients recevront donc des relevés qui, s'ils prennent la peine de les analyser, paraîtront irréprochables.

Nous avons fait l'expérience avec le dernier relevé sorti de l'antre du maître. Le 12 novembre 2008, dit le relevé de compte, Madoff a acheté du Qualcomm à 33,77 dollars ou encore du Microsoft à 21,81, chiffres cohérents avec la valeur réelle des actions ces jours-là[1]. Le relevé comporte une quarantaine d'actions des plus grosses sociétés cotées, de Exxon à Bank of America en passant par McDonald's ou Google, ainsi que les options avec lesquelles Madoff était censé « couvrir » ses achats et aussi des bons du Trésor américain. En vérité, Madoff ne réalise aucune de ces transactions ! Mais les employés du 17e étage, à la fin de chaque mois, effectuent une reconstitution a posteriori pour produire les relevés qui rassurent tellement les investisseurs[2].

Frankie a fait embaucher un de ses beaux-frères, Robert Cardile, en 1985. Comme son patron, Di Pascali aime travailler en famille. Un autre rouage essentiel du 17e était, elle, une voisine de Frankie. Annette Bongiorno, 60 ans, était la secrétaire personnelle de Bernard Madoff depuis presque quarante ans. C'est elle qui lui a présenté Di Pascali. Annette Bongiorno affiche un train de vie des plus confortables pour une secrétaire. Mariée à un électricien de la ville de New York, Rudy, retraité depuis 1996, elle possède une maison dans la banlieue de New York évaluée à 2,6 millions de dollars,

1. La date figurant sur le relevé est, comme c'est la règle, la « date de dénouement », c'est-à-dire la date à laquelle l'action achetée ou vendue est réellement payée, et non la date de transaction. La date de dénouement est en général trois jours ouvrables après la date de la transaction.

2. « Madoff Aide Allegedly Got Fake "Tickets" of Trading », *The Wall Street Journal*, 9 mars 2009.

une autre en Floride pour 1,25 million, trois voitures dont deux Mercedes. Bernie était très généreux avec ses employés fidèles.

Annette Bongiorno était souvent le seul nom, outre celui de Bernie, que les plus anciens clients connaissaient. Le 11 décembre, ils ont été nombreux à l'appeler pour savoir ce qui se passait. « On vient de l'apprendre », dit-elle à une cliente qui l'appelle à cinq heures moins dix, ce 11 décembre, alors que la nouvelle vient de tomber. « C'est vrai alors ? » demande la cliente. « Il semble que oui, je ne sais pas... »

Le lendemain, un autre investisseur reçoit un coup de fil d'Annette, en pleurs. « Mais est-ce qu'elle pleurait parce que notre argent avait disparu, ou parce que tout avait été découvert ? Je n'en sais rien. » Si la secrétaire a pu s'enrichir, c'est en tout cas parce qu'elle ne se contentait pas de répondre au téléphone et de tenir l'agenda. Elle a également joué le rôle de recruteur, à petite échelle, pour le compte de Bernard Madoff, principalement auprès de ses voisins ou amis. Certains ont investi quelques dizaines de milliers de dollars seulement, d'autres beaucoup plus, tous regroupés sous un seul compte intitulé RuAn, pour Rudy et Annette.

Un comptable très conciliant

Le système passe aussi par l'extérieur du Lipstick Building. Il lui faut par exemple un expert-comptable qui signe chaque année l'audit exigé par la loi. Le financier trouve alors la perle rare : Friehling & Horowitz. Un minuscule cabinet comptable, composé seulement de trois personnes : Jerome Horowitz, David Friehling, son gendre, et une secrétaire. Année après année, ils signent l'audit de BLMIS, une des plus grandes sociétés de courtage indépendantes de Wall Street, une tâche qui, en principe, requiert des heures de travail d'experts-comptables. Cette anomalie est d'ailleurs un des multiples signaux d'alarme qui ont convaincu nombre d'investisseurs de se tenir à l'écart de Madoff : ils ne comprenaient pas pourquoi ce n'était pas l'une des big four, ces grandes sociétés d'audit, qui certifiaient les comptes.

David Friehling savait qu'il n'était pas normal qu'un cabinet aussi petit que le sien se voie confier une mission si vaste. Lorsque certains cadres de Fairfield Greenwich Group, le plus gros des feeder funds drainant l'argent vers Madoff, finissent, sous la pression de clients, par se poser des questions, ils passent un coup de fil à Friehling[1]. Celui-ci leur explique que son cabinet a « des centaines de clients et est très respecté dans la communauté ». Les dirigeants de Fairfield ont découvert très rapidement ce qu'il en était, mais se sont bien gardés de s'interroger plus avant et surtout d'avertir leurs clients, trop soucieux de pouvoir continuer à toucher leurs dizaines de millions de dollars de commissions annuelles. La réalité est que le cabinet n'a pratiquement qu'un seul client : Bernard Madoff. En fait d'audit, Friehling se contente, chaque année, d'apposer son tampon sur les documents que lui fournit Madoff. Il reçoit pour ce service de 12 à 14 000 dollars par mois[2].

David Friehling a été la première personne arrêtée après Bernard Madoff. Le FBI lui reproche de n'avoir pas rempli les plus élémentaires obligations de vérification qui lui incombaient en tant qu'auditeur. Mais il n'est pas accusé d'avoir su que l'opération servait à masquer une fraude pyramidale, que Madoff se contentait

---

1. Plainte de l'État du Massachusetts, 1er avril 2009, n° 2009-0028.

2. Source : Témoignage de l'agent du FBI Keith Kelly, déposé devant le tribunal fédéral du district sud de New York, 18 mars 2009.

de payer des intérêts fictifs à ses clients avec le capital investi par les nouveaux.

Le beau-père et associé de Friehling, lui, ne sera pas poursuivi. Le jour même où Bernard Madoff plaidait coupable et était envoyé en prison par le juge Chin, le 12 mars 2009, Jerome Horowitz mourait, à l'âge de 80 ans, d'un cancer qui s'était déclaré l'été précédent. Il vivait en Floride, à la retraite, depuis le milieu des années 90.

Pour le FBI comme pour les clients, Friehling & Horowitz sont donc complices de l'escroquerie. Seulement, ils sont aussi victimes. Ils avaient, eux aussi, leur patrimoine placé chez leur client. Comme bien d'autres, David Friehling a dû mettre sa luxueuse maison de la grande banlieue new-yorkaise en vente après que le scandale a éclaté. Leur famille et leurs amis, qu'ils avaient tous fait entrer dans le fonds Madoff, ont aussi vu leurs économies s'évaporer. L'explication, pour les enquêteurs, est simple : Friehling, comme les employés du 17e étage – eux aussi investisseurs dans le fonds –, ne se doutaient pas que leur argent s'envolait. Mais ils ne pouvaient pas ne pas savoir que Madoff trafiquait « quelque chose », qu'il avait des choses à cacher. « Dans une certaine mesure, c'est de l'aveuglement volontaire : tout ce petit monde a allégrement profité du système, ils n'avaient aucune raison de poser les questions qui fâchent[1] », dit un avocat.

Le nom sur la porte

« Tant que c'est mon nom qui est sur cette porte, c'est moi qui décide. » Cette phrase, Madoff l'a prononcée

1. Entretien avec les auteurs, le 9 mars 2009.

plus d'une fois. Souvent, il le disait pour rassurer les clients, leur expliquer qu'à l'inverse d'une grande banque anonyme, chez lui on pouvait parler au patron.

C'est lui qui avait créé la société en 1960 et quarante-huit ans plus tard il était toujours le seul maître à bord. Certes, depuis longtemps, son frère puis ses fils avaient pris la responsabilité des opérations au jour le jour. Mais c'était toujours Bernie qui était propriétaire de la quasi-totalité des parts de BLMIS. Jamais il n'avait songé à proposer à Peter, son frère, ou à ses fils de monter dans le capital. Vu de l'extérieur du Lipstick Building, pourtant, Peter représentait autant la société que Bernard. C'était lui le champion de l'informatisation, qui assura le succès de l'activité de broker. Il était membre d'une multitude d'organisations professionnelles. Mais « le nom sur la porte » était celui de Bernard et d'aucun autre. « Peter était toujours le petit frère, ça ne faisait de doute pour personne[1] », se souvient une amie de la famille. Et comme les autres membres du premier cercle, il ne ménageait pas ses efforts pour que son aîné soit satisfait. « Tout le monde traitait Bernie avec ménagement, dit la même amie. Ça ne transparaissait pas à l'extérieur, mais il était évident pour nous tous qu'il n'était pas particulièrement facile à vivre. Lors des dîners entre amis, il avait toujours cet air préoccupé, qui pouvait passer pour une attitude arrogante, comme s'il suggérait qu'il avait trop de soucis pour être vraiment avec nous. » L'amie a toujours pensé que le business pesait trop sur Bernie. « Je ne savais pas à quel point il avait de bonnes raisons de s'inquiéter. »

Une des tâches de Peter était de faire respecter dans les bureaux les obsessions de son frère. « Range-moi ça tout de suite, si Bernie voit ça, il va hurler » était la

1. Entretien avec les auteurs, le 24 mars 2009.

phrase typique lancée à l'employé coupable d'avoir laissé traîner un papier sur son bureau. Peter était un bon soldat dont la patience serait un jour récompensée quand il succéderait à son frère, dont il était de sept ans le cadet. Aucun plan formel n'avait été arrêté pour cette succession, mais elle ne faisait aucun doute. Il est fréquent pour les clients de hedge funds de se renseigner sur ce qui est prévu au cas où quelque chose arriverait au patron. La question s'imposait encore plus dans le cas de Madoff, puisque c'était sa « science du marché », sa « touche magique » qui était censée produire les miraculeux intérêts qu'il promettait à ses clients. Or à chaque fois que la question était abordée, la réponse fusait : Peter est là, il connaît, il travaille avec Bernie depuis quarante ans…

C'est ce rôle de successeur que Peter a endossé le 11 décembre 2008, le jour de l'arrestation de son frère. Seul de la famille, il a continué de venir au bureau, il a parlé aux employés, il a aiguillé les enquêteurs du FBI qui avaient pris possession des lieux. Cela a duré près de deux semaines, puis il a bien fallu se rendre à l'évidence : il n'y avait plus d'entreprise Madoff ; Peter ne succéderait pas à son frère ; le château de cartes s'était effondré. Il est difficile d'imaginer que cela soit une surprise pour Peter. Certes il n'était pas impliqué dans la gestion des affaires du 17e étage. Son domaine, c'était l'activité de broker, pas celle de gérant de fonds. Les hedge funds comme les investisseurs particuliers n'avaient pas de relation avec lui.

Connaissait-il l'existence de la deuxième activité de son frère ? Parmi bien d'autres, Andrew Samuels en est convaincu. Ce jeune homme de 22 ans a gagné son quart d'heure de gloire médiatique en avril 2009, quand il a réussi à convaincre un juge de Long Island, dans la grande banlieue de New York, qu'il devait geler les avoirs de Peter Madoff, auquel il reproche d'avoir englouti le legs de son grand-père. Celui-ci, Martin Joel, était un ami de longue date de Bernard. En 1997, il avait créé un trust fund (ou fonds en fidéicommis) au nom de son petit-fils, sur lequel Bernie plaça d'ailleurs, en guise de cadeau à son ami, 20 000 dollars. Peter était l'administrateur de ce fonds, comme d'ailleurs de beaucoup d'autres trusts funds ouverts par des amis de la famille. « De par sa position dans la société, il ne pouvait pas ignorer que l'argent qu'il prétendait avoir placé selon les volontés de mon grand-père avait en fait disparu dans le grand trou noir de la fraude », dit Andrew Samuels.

Deux grands garçons crédules ?

Les fils de Bernie, Mark, 44 ans, et Andrew, 42 ans, n'étaient pas, eux non plus, impliqués dans la gestion des affaires du 17ᵉ étage. Mais, comme Peter, il est improbable qu'ils n'aient rien soupçonné. Mark avait rejoint l'entreprise familiale en 1986, diplômé de l'Université du Michigan ; Andrew, lui, était arrivé en 1988, après la prestigieuse Wharton School of Business. Depuis le milieu des années 90, ils étaient en charge des opérations de trading et ne pouvaient donc pas ne pas savoir que leur père ne réalisait aucune des transactions qu'il était censé faire pour les clients de la branche gestion de portefeuille. Ils savaient aussi que les activités de leur père soulevaient des doutes. En 2001, après la publication par le magazine financier *Barron's* d'une enquête sur le sujet, Mark, avec à ses côtés Andrew, a réuni tous les employés des 18ᵉ et 19ᵉ étages pour leur dire que cet article n'était qu'un tissu de mensonges. Dans les années qui suivirent, ils ne pouvaient ignorer que Bernard Madoff reversait de l'argent issu de la fraude sur le compte de la branche légale exerçant l'activité de broker, qui battait de l'aile. Un ancien employé de la firme a raconté à la journaliste Lucinda Franks[1] comment il avait réussi à accéder à la comptabilité de BLMIS, un site accessible seulement à la famille Madoff et qui montrait que l'activité légitime de broker était en réalité subventionnée par la fraude. En plaidant coupable, le 12 mars 2009, Bernard Madoff a ainsi reconnu qu'il avait transféré 250 millions de dollars vers le compte principal de son entreprise.

Les deux fils avaient de bonnes raisons de ne pas se montrer curieux : ils profitaient de luxueux appartements à Manhattan, de grandes maisons à Greenwich, dans le Connecticut, et d'une multitude d'autres propriétés. En juin 2008, Mark a par exemple acheté une maison sur la très chic île de Nantucket, dans le Massachusetts, pour 8 millions de dollars. Il est aussi membre du Core Club, un club privé de Manhattan où le ticket d'entrée est à 50 000 dollars (plus 15 000 de redevance annuelle). Quand le scandale a éclaté, les dirigeants de l'endroit n'ont pas tardé à prier Mark d'aller voir ailleurs.

Des deux, Mark est le plus ouvert, sociable, mais son frère cadet, plus réservé, est sans doute plus brillant, selon une amie de la famille. Tous les deux avaient beaucoup d'amis dans la finance, un monde dans lequel ils ont grandi. Nombre des amis d'enfance des deux garçons ont suivi la même voie et travaillent eux aussi à Wall Street. Le 11 septembre 2001, Mark perdra l'un d'entre eux, Allan Schwartzstein, partenaire de Cantor Fitzgerald, firme située du 101e au 105e étage de la tour 1 du World Trade Center dont 658 employés ont trouvé la mort dans les attaques terroristes. Mark, qui

---

1. « Madoff employee breaks silence », *The Daily Beast*, 19 mars 2009.

prit la parole aux funérailles, fut très affecté par ce drame.

En 2000, il divorce de Susan, sa première épouse. Il convole peu de temps après avec Stephanie Mikesell, jeune et jolie blonde, au cours d'un « grand et spectaculaire mariage », selon un proche. La femme de son frère cadet Andrew, elle, aura attendu pour divorcer : après dix-sept ans d'union, elle a déposé une demande de divorce le 11 décembre, le jour de l'arrestation de son beau-père. En réalité, Deborah et Andrew Madoff étaient séparés depuis plusieurs années. En voulant légaliser à la hâte cette séparation, Deborah a essayé de devancer la justice américaine et les victimes pour prendre sa part d'un gâteau qui n'allait pas tarder à considérablement rétrécir. Andrew Madoff l'avait quittée pour aller vivre avec sa nouvelle compagne, Catherine Hooper, qui partage sa passion de la pêche. Elle est même une sorte de célébrité dans le monde de la pêche à la mouche depuis qu'elle a posé, en bikini, pour le magazine spécialisé *Fish & Fly*. Et il semble que la passion d'Andrew aille au-delà des appréciables qualités photogéniques de sa nouvelle amie. Il a aussi investi, à ses côtés, dans une compagnie fabriquant des moulinets de pêche.

Andrew est aussi un survivant. En 2003, on lui diagnostique un « lymphome de manteau », un cancer du sang, au pronostic très souvent fatal. Mais il est jeune, bien soigné et il survit à la maladie. L'épisode va le pousser à s'engager auprès d'une fondation qui soutient la recherche, la Lymphoma Research Foundation, dont il va devenir, en janvier 2008, le président. Pas pour longtemps : après le scandale, on lui demande de bien vouloir laisser la place à quelqu'un de plus présentable. Cette institution, contrairement à bien d'autres, n'avait pas placé d'argent chez Madoff.

C'est un épisode tragique de plus dans une famille souvent touchée par le cancer. Le fils de Peter, Roger, est mort d'une leucémie en 2006 après quatre ans de bataille et deux transplantations. Il avait 32 ans. Journaliste de formation, il avait débuté sa carrière chez Bloomberg, avant de rejoindre, lui aussi, l'entreprise familiale, suivant les traces de sa grande sœur. Shana Madoff, juriste de formation, comme son père, est entrée chez BLMIS à la sortie de l'université, à 26 ans. Elle y était « compliance director », donc chargée de veiller au respect des règles dans l'entreprise (mais n'avait semble-t-il aucun contrôle sur la partie gestion de portefeuille). Après la chute, elle s'est retrouvée, peut-être plus que n'importe quel autre membre de la famille, au cœur de la tempête médiatique. Pourquoi ? Elle a épousé, en 2007, Eric Swanson, un ancien avocat de la SEC, le gendarme de la Bourse, une alliance forcément suspecte quand on sait la complaisance avec laquelle les régulateurs américains ont regardé Madoff pendant des années. En 2007, dans une conférence sur l'avenir de Wall Street[1], on a même pu entendre Bernie plaisanter sur sa proximité avec les régulateurs, puisque sa nièce venait d'en épouser un. « En réalité, dit une amie de Shana, son oncle n'était pas du tout ravi de ce mariage, et il le disait à qui voulait l'entendre, y compris sa nièce. »

Deuxième génération

Quelques mois après l'effondrement de la maison Madoff, on ne pouvait être que surpris de trouver

1. « The Future of Stocks Market », Philotectes Center, New York, 20 octobre 2007.

encore beaucoup de sympathie, parmi les amis de la famille, pour la seconde génération des Madoff, Shana et surtout Mark et Andrew. « Ils savaient, ou ils auraient dû savoir, OK. Et alors ? Peut-on vraiment exiger d'un fils qu'il dénonce son père ? » s'interroge un ami. C'est le portrait d'un père sinon tyrannique, en tout cas difficile et extrêmement exigeant qui émerge des témoignages.

Mais si cette explication est convaincante, elle est incompatible avec la version racontée par les Madoff pour expliquer la chute. Ce sont les fils qui ont contacté la SEC, puis le FBI, le 10 décembre, après, ont-ils expliqué, que leur père leur a tout avoué. Confronté à des demandes massives de retraits de fonds auxquelles il ne pouvait faire face, Bernie les aurait convoqués chez lui, le soir, pour leur dire que « tout n'était qu'un énorme mensonge ». Les fils auraient ensuite dénoncé leur père. On voit mal comment deux héritiers suffisamment impressionnés par leur père pour vivre les yeux fermés pendant quinze ans ont pu tout à coup trouver la force de le dénoncer.

Le cas Ruth

Il est plus difficile, en revanche, de trouver des circonstances atténuantes à Ruth Madoff. « Ils étaient tellement proches, dit une amie, que je ne vois pas comment elle pouvait ne pas être au courant[1]. » Il n'y avait pas de Bernie sans Ruth : pas un voyage, pas une conférence où elle n'accompagnait son mari. Certains murmuraient qu'une jalousie tenace la poussait à ne pas le laisser un seul jour hors de sa vue. Mais pour la

1. Entretien avec les auteurs, le 26 mars 2009.

plupart de leurs amis, les Madoff étaient l'image idéale de l'amour qui dure. Ils n'aimaient rien tant que de dîner tous les deux, le plus souvent dans des restaurants italiens, le Primola, sur la Deuxième Avenue, à deux pâtés de maisons de leur appartement new-yorkais, ou le Cucina à Palm Beach. Deux endroits simples, sans prétention, où Bernie pouvait enfin cesser sa représentation permanente, être lui-même, en tête-à-tête avec l'amour de sa vie.

Si son mari pouvait se montrer absent, préoccupé, Ruth était la joie de vivre personnifiée, toujours accueillante, bienveillante... Comme lui, elle affectait une certaine simplicité, en tout cas au regard des standards du monde dans lequel ils vivaient. Pas de bijoux disproportionnés, pas de chirurgie esthétique. Mince et toujours élégante, elle paraissait nettement moins que ses 67 ans, mais elle affichait fièrement ce naturel bien peu à la mode dans les endroits qu'elle fréquentait.

En 2003, cette épouse modèle eut une idée épatante. Bernie allait avoir 65 ans et elle voulait lui faire une surprise, « quelque chose dont il se souviendrait toute sa vie ». Elle convoqua deux écrivains, Michael Skakun et Ken Libo, pour évoquer son projet avec eux. Elle leur commanderait un livre de souvenirs, quelque chose, leur dit-elle, « qui montrerait les multiples facettes de Bernie[1] ».

Mais en montrant les photos aux deux écrivains, Ruth semble se raviser. « Il aime garder les choses pour lui, il n'aime pas être pris par surprise », dit-elle comme réfléchissant à haute voix. Finalement, elle congédie les deux écrivains, leur dit qu'elle va réfléchir. « L'incertitude, la peur, même, étaient de plus en plus évidentes à mesure

1. Michael Skakun et Ken Libo, « Sconces and Scrapbooks : A Visit to the Madoffs », *Forward Magazine*, 26 décembre 2008.

qu'on avançait dans la conversation », se souvient Michael Skakun.

Le lendemain, Skakun reçoit un coup de fil : elle a changé d'avis. « Il faudra plus de temps ; pour les 70 ans peut-être… » En passant en revue les photos qu'elle avait sorties, l'évidence lui était soudain apparue : tenter de surprendre un homme dont la vie est un mensonge est une bien mauvaise idée.

17

Déprime sous les palmiers

C'est une règle qu'on ne tarde pas à découvrir quand on se promène dans les rues de Palm Beach : ici, l'homme riche aime s'habiller de couleurs vives. L'uniforme local impose mocassins sans chaussettes, polos et pantalons aux teintes criardes. Les connaisseurs distinguent même une subtile hiérarchie : plus l'âge progresse, plus les nuances sont tapageuses.

Dans la salle à manger du Palm Beach Country Club, c'est un feu d'artifice. Les pantalons rouge vif le disputent à l'orange éclatant. Les femmes, en tout cas celles qui déjeunent en compagnie d'un homme, sont nettement plus jeunes, ce qui n'en fait pas des perdreaux de l'année. La salle à manger du club donne sur le golf : c'est à peu près le seul usage que la majorité des membres font du parcours. L'atmosphère est feutrée. On se salue de table en table. Les membres du club, quelque 300 familles, ont payé 350 000 dollars de droit d'entrée, plus la redevance annuelle, pour pouvoir être ici, entre soi.

Un habitué décrit pour nous la hiérarchie, invisible pour le néophyte mais bien réelle, entre les riches et les mégariches. « Ce n'est pas une question de classe sociale, d'origine. Ici, il n'y a qu'un seul et unique critère : combien vous avez d'argent, est-ce que vous comptez en dizaines de millions de dollars (en dessous, ça n'existe pas), en centaines de millions ou en milliards... »

Humour interdit...

Depuis le 11 décembre 2008, il existe une nouvelle distinction. Étiez-vous chez Madoff ou pas ? Selon les estimations, un tiers à la moitié des membres du Palm Beach Country Club avaient placé de l'argent chez le broker, membre depuis 1996. C'est bien peu au regard des dizaines de milliers de victimes, mais cela fait beaucoup d'argent. Quelques fortunes dévastées, quelques sourires en moins dans la salle à manger.

Pourtant, là n'est pas l'essentiel. Même ceux qui ont perdu tout leur argent en ont encore suffisamment pour vivre très confortablement. C'est bien plus qu'un patrimoine qui a disparu en décembre 2008. C'est l'image que les membres de cette enclave au cœur d'une île de riches se faisaient d'eux-mêmes. Et cela les touche tous, qu'ils aient ou non perdu de l'argent. « L'affaire a mis ces gens dans un état de colère indescriptible », constate Laurence Leamer. Ancien journaliste et écrivain, auteur d'une douzaine de livres, il possède un appartement à Palm Beach où il passe tous ses hivers depuis une quinzaine d'années. Quand éclate la vérité, il s'apprête à publier un nouveau livre consacré à ce lieu de villégiature[1], un récit hilarant des obsessions et des démons des riches de l'île. Le problème, va-t-il découvrir, c'est que les riches en question n'ont pas le sens de l'humour. Il s'en était déjà rendu compte quelques semaines avant

1. Laurence Leamer, *Madness under the Royal Palms*, Hyperion, 2009.

l'arrestation de Madoff. Ayant eu vent de la publication prochaine de son ouvrage, quelques dames très bien l'invitent à venir donner une conférence au Country Club. « Un bide, se souvient-il. J'avais pris soin d'éviter toutes les anecdotes qui impliquent de près ou de loin une des personnes présentes dans l'assistance. Je me suis contenté des plus banales histoires d'hommes vaniteux et de courtisanes, mais qui d'ordinaire font rire l'assistance. Là, rien. » Plus tard, Leamer comprend : il se moquait de leur monde, de ce qu'ils avaient conquis et c'était insupportable pour ces dames. L'affaire va amplifier ce syndrome à un point que Leamer n'imaginait pas possible. Devenu l'expert officiel de toute la presse sur Palm Beach, il multiplie articles et interviews. Jusqu'au jour où, deux mois après l'arrestation de Bernie, le chef de la police locale lui glisse : « On vous en veut, faites attention, protégez-vous. » Il a d'abord cru à une blague du shérif. Mais il était sérieux. « Les gens sont très en colère, très énervés. »

Comme il imagine mal les hommes aux pantalons cramoisis essayer de lui régler son compte dans une arrière-cour, Leamer n'est pas vraiment inquiet, mais il n'a aucun doute : les riches sont en colère. « Ce que Madoff a détruit, c'est le sentiment de supériorité de ces gens qui avaient arraché une place ici qu'on leur déniait soudain. » Traduction : « C'est sans doute difficile à comprendre pour un Européen, mais l'affrontement entre White Anglo Saxon Protestants et juifs est toujours réel ici. »

Or le Palm Beach Country Club incarnait d'abord cela : une victoire des juifs contre l'ostracisme des Wasp. Lorsqu'il a ouvert dans les années 50, les autres clubs de l'île, les très exclusifs Everglades ou Bath & Tennis Club, étaient, de fait, interdits aux juifs. Dans les années 60, l'Anti-Defamation League, organisation de lutte contre l'antisémitisme, avait fait ce qu'on n'appelait pas encore du testing. Elle envoya douze lettres à l'hôtel Breakers pour réserver des chambres. Six étaient signées de noms à consonance juive, six affichaient un signataire de toute évidence Wasp. Les six chrétiens reçurent tous une réponse positive, tandis qu'il n'y avait plus de place pour les six juifs.

« Ceux qui sont venus s'installer ici dans les années 50, 60 ou 70 savaient qu'ils arrivaient en terrain hostile ; ils auraient très bien pu aller à Miami, Boca Raton, pour être entre juifs, mais non, ils ont choisi d'affronter les Wasp sur leur terrain », dit Leamer. Et ils ont réussi : ils ont imité et surpassé cette aristocratie qui les méprisait tant. Les vieilles fortunes n'ont pas disparu de l'île, mais les juifs sont sortis du « ghetto » du sud de l'île où ils s'étaient d'abord installés. Ils ont maintenant des villas sur le bon côté de l'île, celui du North Lake, des maisons souvent plus grandes et plus belles que celles dont les Wasp ont hérité. La moitié des quelque 30 000 habitants (pendant la haute saison, l'hiver) de Palm Beach sont juifs et, dit Leamer, « il ne fait aucun doute que les plus talentueux, les plus cultivés, les plus philanthropes des habitants arrivés sur l'île ces vingt-cinq dernières années sont majoritairement des juifs ». Ceci, évidemment, n'a pas fait que des heureux chez les Wasp. Même si tout le monde prétend vivre en bonne harmonie, on a entendu, après que le scandale a éclaté, de fines remarques du genre : « Nous allons pouvoir reprendre notre île. »

Guerre communautaire sur sable fin

Le statut, la reconnaissance, les juifs de Palm Beach les avaient conquis d'abord en donnant beaucoup, énormément d'argent. Pour être membre du Palm Beach Country Club, ce qui compte, bien plus que les

350 000 dollars – une formalité pour tous les candidats –, c'est de pouvoir prouver qu'on a distribué sa fortune. Les juifs ne sont pas les seuls à donner, bien sûr. La vie sociale de l'île est tout entière construite sur le charity business : il y a chaque soir au moins un dîner ou un bal destiné à lever des fonds pour telle ou telle cause. Il n'est guère d'hôpital, au moins dans la moitié est du pays, qui ne doive une aile ou un service à l'argent récolté ici. S'ils ne sont pas les seuls, les philanthropes juifs se montrent extraordinairement généreux.

C'est cela, le drame de l'affaire Madoff à Palm Beach : « Nous avons tant donné et voilà qu'un d'entre nous prend tout. Tant d'œuvres de charité vont souffrir », dit l'un d'entre eux, qui veut rester anonyme. Il a 80 ans, avait décidé de donner la quasi-totalité de sa fortune à plusieurs œuvres de charité. Tout l'argent de sa fondation était chez Madoff. « Ce que je ressens, c'est la honte de ne pas pouvoir tenir mes promesses à ces gens. Ces œuvres, c'était ma raison de vivre. »

Riche grâce à Madoff, ruiné à cause de lui

Certains de ces bienfaiteurs tiennent à rester discrets, et y parviennent très bien. Carl Shapiro n'est pas de ceux-là. Fondateur d'une chaîne de magasins de vêtements à Boston, il est membre du Palm Beach Country Club depuis 1974. La liste de ses bienfaits est impressionnante : 25 millions à l'hôpital Beth Israël, 80 millions à l'université Brandeis, et encore des dizaines de millions à bien d'autres institutions. La contrepartie est que le nom de Carl Shapiro est partout, sur le fronton d'une multitude d'ailes d'hôpitaux, d'extensions de musées, de centres de recherche d'universités… Cela ne choque personne, surtout pas à Palm Beach. « Il a consacré tellement de temps et d'argent à s'assurer que son nom était respecté, dit une de ses amies. Madoff a tout détruit. C'est tellement triste. » À 95 ans, Shapiro est la preuve vivante que la générosité conserve. Ses amis ont craint que le scandale ne le tue. Mais quelques semaines plus tard, il était bien vivant, trônant au Country Club, recevant les discrets encouragements.

La fondation de Carl Shapiro avait 145 millions de dollars placés chez Madoff ; lui, près de 400 investis à titre personnel. Il ne fait aucun doute qu'une part non négligeable de sa fortune provient de ses placements chez Madoff, qu'il connaît depuis les années 60 et qu'il considérait comme un fils adoptif. On a calculé qu'il aurait suffi de 6 millions de dollars placés en 1971, lorsqu'il a vendu son entreprise, à une moyenne de 13 % par an, pour obtenir les 545 millions de dollars de décembre 2008. En réalité, Shapiro avait d'autres placements, et il a également retiré une partie de cet argent pour le donner, notamment à ses œuvres. Comme bon nombre d'investisseurs, il est un bénéficiaire en même temps qu'une victime de la fraude. Impossible, pourtant, de trouver qui que ce soit pour l'admettre à Palm Beach, où Carl Shapiro est révéré sans réserve.

Ce n'est pas le cas de son gendre, Robert Jaffe, 64 ans. Depuis qu'il est apparu dans la salle à manger du Palm Beach Country Club, peu après l'éclatement du scandale, le nombre de ses ennemis n'a cessé de gonfler. On lui reproche d'avoir fourni des clients à Madoff sans autre préoccupation que de toucher sa commission de 1 à 2 % des sommes investies. On se souvient qu'il était vendeur dans un grand magasin de Boston avant d'épouser, en 1969, Ellen, la fille de Carl Shapiro. On se rappelle aussi qu'on n'a jamais vraiment aimé ses manières de nouveau riche, ses costumes trop bien taillés, ses cheveux parfaitement gominés, sa décapotable de collection au volant de laquelle il paradait sur Worth

Street, la rue principale de Palm Beach, une extravagante enfilade des plus prestigieuses marques de luxe.

Robert Jaffe n'est pas seulement menacé par les investisseurs floués, qui promettent de lui mettre leur poing dans la figure aux quatre coins de Palm Beach. Il est aussi poursuivi par la justice et par ses clients qui, à défaut de pouvoir récupérer leur argent, sont bien décidés à tout faire pour le mettre sur la paille. Il n'est pas accusé d'avoir su que Madoff avait organisé une fraude pyramidale, mais on lui reproche d'avoir levé de l'argent pour le broker sans aucune précaution. Et pourtant, Jaffe a, semble-t-il, des préoccupations plus urgentes. Parce qu'il a dit, dans un article, que Jaffe avait « l'air d'un vieux gigolo », Laurence Leamer a reçu un coup de fil de l'avocat du financier, menaçant de le poursuivre pour diffamation. C'est que le journaliste a appuyé là où ça fait mal.

Bernard Madoff, lui, se tenait à l'écart de ce monde de vanité. Le *Palm Beach Daily News* a eu toutes les peines du monde à retrouver des photos de lui et Ruth en situation. Le quotidien, sorte de bulletin mondain, publie pourtant chaque jour de fidèles comptes rendus de tout gala de charité organisé sous les cocotiers. Madoff n'en était pas. Il donnait de l'argent – celui de ses victimes ! –, mais il le faisait discrètement. Il vivait bien, mais sans ostentation. La maison des Madoff, sur North Lake Avenue, est certes grande et confortable, mais n'a rien des imitations de palais vénitiens et autres extravagances aperçues derrière les hauts murs et épaisses haies de ficus. Elle est par exemple nettement plus modeste que celle de Robert et Ellen Jaffe, à deux pâtés de maisons de là. Le bateau, ancré au ponton devant la villa, est de taille respectable (18 mètres), mais il semble bien modeste à côté des mastodontes de ses voisins, pas forcément plus riches que lui. Bernie avait tout du type raisonnable, et c'est cela aussi qui rassurait.

18

Trahisons

C'est un titre dont il se passerait bien, mais voilà, Ed Blumenfeld est « le meilleur ami de Madoff ». Depuis le 11 décembre 2008, ses sentiments ont un peu changé. « En réalité, a-t-il confié à plusieurs proches, c'est pire que de perdre un ami, c'est s'apercevoir que vous étiez ami avec quelqu'un qui, en réalité, n'a jamais existé[1]. » Depuis ce coup de fil qui lui a appris la nouvelle, Eddie, comme l'appelait Bernie, a retourné mille fois la question. Il a revécu ces dizaines de dîners, ces week-ends et ces vacances en famille, ces coups de cœur communs, ces services rendus. Cinquante ans d'amitié avec « quelqu'un qui n'existait pas ».

Eddie et Bernie se connaissent depuis leurs années de fac, à Hofstra University. Ils ont été voisins à Roslyn dans les années 70, leurs fils aînés respectifs, David et Mark, exactement du même âge, ont fréquenté le même lycée puis se sont retrouvés ensemble à l'Université du Michigan. À la sortie de l'université, au moment où David Blumenfeld intégrait l'entreprise paternelle de promotion

1. Edward Blumenfeld n'a pas souhaité rencontrer les auteurs. Ce récit repose sur le témoignage de proches de la famille, qui ont requis l'anonymat.

immobilière, en 1986, Mark Madoff arrivait, lui, chez Madoff Investment Securities. Et quand le fils cadet des Blumenfeld, Brad, a cherché du travail dans la finance, au début des années 90, son père en a parlé à Bernie qui l'a évidemment immédiatement embauché, comme trader. Brad avait fait la même école que l'autre fils Madoff, Andrew, la réputée Wharton School of Business.

Eddie et Bernie avaient beaucoup en commun, à commencer par une réussite professionnelle spectaculaire. C'est dans l'immobilier qu'Ed Blumenfeld s'est imposé, en construisant des immeubles de bureaux et des centres commerciaux. Comme Bernie, il travaille en famille (Brad a rejoint la société familiale après quatre ans passés chez Madoff). Comme Bernie, il est respecté parmi ses confrères. Comme Bernie, il donne beaucoup aux œuvres de charité, juives notamment, mais pas seulement. En mars 2008, les deux amis ont décidé de céder à un plaisir de multimillionnaires et ont, ensemble, acheté un avion privé, un Embraer Legacy 600 de treize places, vendu 24 millions de dollars.

Peu après, en mai 2008, ils sont partis ensemble, avec une dizaine d'autres amis, pour un week-end de golf au Mexique. Un soir, un dîner est organisé sur la plage de Cabo San Lucas, en Basse-Californie, pour fêter les 70 ans de Bernie. Parmi d'autres, Ed porte un toast à « l'ami qui a enrichi nos vies. Ça a été un privilège de te connaître, Bernie ».

Ed Blumenfeld avait beaucoup d'argent placé chez son meilleur ami. Entre lui, ses enfants, leurs fondations respectives et ses différentes sociétés, il avait une quarantaine de comptes ouverts chez BLMIS. Le total « dépasse largement les 100 millions de dollars », confie un proche.

Après le 11 décembre, il a fallu des jours de travail aux collaborateurs d'Ed pour déterminer les projets qui pourraient être menés à terme, ceux qui devaient être revus et ceux qu'il faudrait abandonner. Mais plus que l'argent, c'est de penser que son ami est le coupable qui le mine.

Pour l'heure, Edward Blumenfeld refuse de parler de l'affaire. Lorsque nous le retrouvons à une soirée de gala de professionnels de l'immobilier de Long Island, le 3 mars 2009, il nous dit qu'il est encore trop tôt. « C'est une tragédie personnelle et familiale avant toute chose », répond-il seulement. Ce soir-là, ses confrères lui remettent un prix de la construction « respectueuse de l'environnement », à l'occasion de l'inauguration d'un immense centre commercial qui, paraît-il, respecte des normes drastiques en la matière. À la tribune, Ed remercie et encourage chacun à venir y dépenser son argent. « Nous en avons besoin », lance-t-il. Le promoteur a choisi l'humour pour tenter d'oublier la trahison. En décembre, une semaine après l'arrestation, il était arrivé à une réunion mensuelle d'une association de patrons locaux qu'il préside en portant un tee-shirt sur lequel il avait fait imprimer cette inscription : « J'étais un ami de Bernie Madoff et tout qui me reste, c'est ce tee-shirt pourri »...

Incompréhension

C'est avant tout l'incompréhension que Blumenfeld tente de dissimuler derrière l'ironie. Cette même incompréhension qui a été celle de la sœur aînée de Madoff, Sondra Wiener, délestée elle aussi de ses économies et qui répète à qui veut l'entendre, depuis sa maison de Palm Beach Garden, qu'elle étranglera Bernie si elle le croise.

S'ils étaient nombreux à lui faire confiance, Bernie n'était pas du genre à avoir des dizaines d'amis. Outre Blumenfeld, il y avait Norman Levy, un géant de l'immobilier new-yorkais, à la fortune colossale. Âgé de 25 ans de plus que Bernie, il le considérait comme son fils. Madoff était aux petits soins pour lui et Levy lui avait confié tout son argent. Carmen Dell'Orefice, top-model des années 40 et 50 et compagne de Norman Levy dans les quinze dernières années de sa vie, a raconté au journaliste Mark Seal[1] la complicité entre les deux hommes, tous deux d'origine modeste et qui avaient atteint les sommets. « Bernie est le plus intelligent, et le plus honorable », disait Levy. Il est mort en 2005, à 93 ans. Madoff a prononcé l'éloge funèbre. Comme Ed, Carmen doit accepter que le Bernie qu'elle a connu, fréquenté et respecté pendant quinze ans n'existait pas. « Si je n'avais pas pris toutes ces photos souvenirs pendant tant d'années, je dirais : Carmen, tu délires. »

Il y a encore Carl Shapiro, qui avait aidé Madoff à lancer sa carrière au début des années 60. Quand il fêtait ses 95 ans, en novembre 2008, un mois avant la chute, Ruth et Bernie étaient à la table d'honneur, comme pour tous les événements familiaux d'importance pour tant de familles. Anniversaires, bar-mitzvah, mariages : « Uncle Bernie » était là, avec son sourire aux lèvres pincées. Et aux enterrements aussi. Combien de fois a-t-il chuchoté à l'oreille de la veuve ou des enfants éplorés : « Pas d'inquiétude, je m'occupe de tout » ? Pour tous ceux qui ont vécu ces moments avec lui, la question est la même : « Comment a-t-il pu vivre, pendant ces dizaines d'années, nous regarder en face, en sachant qu'un jour nous saurions, qu'un jour la vérité éclaterait ? » C'est là une énigme bien plus grande que leur propre crédulité ou leur inconséquence.

1. Mark Seal, « Madoff's World », *Vanity Fair,* avril 2009.

Psychiatrie

Il nous est vite apparu évident que les proches de Madoff ne nous aideraient pas à élucider ce mystère. Ils ont eux-mêmes été victimes de l'illusion créée par l'escroc. Nous sommes donc allés voir Kenneth Mueller. Il est psychiatre. Il ne connaissait pas Madoff, mais il se trouve qu'il voit beaucoup de patients riches, dont un nombre important de promoteurs immobiliers. Et il a découvert que plusieurs d'entre eux étaient des victimes du financier.

Dans son cabinet de l'East Village à Manhattan, le Dr Mueller a l'assurance tranquille du médecin confronté à un cas évident. Bernard Madoff est selon lui un « pervers narcissique » (en anglais, le terme exact, figurant dans la nomenclature américaine des troubles mentaux, le DSM-IV, est *narcissistic personality disorder*). Tout y est, dit-il, de l'obsession pour son « nom sur la porte » à l'illusion de pouvoir absolu et de succès illimité, en passant par le talent manipulateur et l'incapacité à reconnaître ses échecs... Même les maniaqueries de Bernie, dit le psy, sont typiques : les « obsessions compulsives » sont caractéristiques, dit-il, d'un pervers narcissique.

Quant à la question de ses amis proches – comment a-t-il pu me faire ça à moi, alors que je l'aimais tant ? –, Kenneth Mueller y apporte une réponse brutale : « Les pervers narcissiques sont dépourvus d'empathie. Puisque tout est centré autour de leur propre désir, de leur propre personne, ils sont incapables de se soucier des autres[1]. »

1. Entretien avec les auteurs, le 23 mars 2009.

Nous avons désormais un nom, une étiquette : « pervers narcissique »... Ce qui, bien entendu, ne simplifie rien et n'explique pas grand-chose, pas plus que cela n'exonère Madoff de sa responsabilité. Le plus difficile à comprendre, pour beaucoup de victimes, c'est que Madoff ait pris tant d'argent aux organisations de charité juives. Plus d'une digne veuve, ruinée, a retrouvé devant nous le yiddish de ses parents pour maudire ce *schmuck* (salopard). « Comment un juif peut-il faire ça à Élie Wiesel et sa fondation ? » est le leitmotiv. Un *shanda*, une disgrâce, une honte. Le Prix Nobel de la paix et survivant de l'Holocauste a perdu chez Madoff, qu'il avait rencontré par un ami commun, à la fois tout l'argent de sa fondation (environ 15 millions de dollars) et la quasi-totalité de sa fortune personnelle. Et le moins qu'on puisse dire, c'est que Wiesel n'est pas enclin au pardon avec Madoff. En privé, il a confié à des amis que « personne n'avait fait autant de mal aux juifs depuis Hitler ». En public, il maudit cette « crapule des crapules[1] ». Il a même imaginé la peine qui s'impose : « Je l'enfermerais dans une cellule seul, avec un écran, pendant au moins cinq ans et sur cet écran, chaque jour, chaque nuit, il y aurait les images de ses victimes, l'une après l'autre, disant toutes : “Regarde, regarde ce que tu as fait à cette pauvre femme, regarde ce que tu as fait à ce pauvre enfant.” Il ne doit pas échapper à ces visages... »

1. Lors d'une conférence organisée à New York par le magazine *Portfolio*, 26 février 2009.

Charité bien ordonnée

Au total, 147 fondations figurent dans la liste des victimes de Madoff, pour plusieurs milliards de dollars d'exposition[1]. Pour l'escroc, ces placements ont un avantage considérable : les fondations placent leur capital une fois pour toutes et se contentent ensuite de prendre les intérêts annuels pour financer leurs activités. Idéal pour l'opérateur d'une pyramide de Ponzi qui redoute une chose par-dessus tout : les retraits massifs de capitaux qui font s'écrouler le système.

Les fondations ont aussi, trop souvent, des systèmes de gestion de leur patrimoine moins rigoureux et moins professionnels qu'il ne le faudrait. Des dizaines de ces organisations avaient ainsi la totalité de leur capital placé chez Madoff, au mépris des plus élémentaires principes de précaution. La fondation Picower, la plus importante de celles qui ont été contraintes à la fermeture, avait ainsi placé la totalité de son capital, presque un milliard de dollars, chez le financier. Elle finançait des dizaines d'organisations dans tout le pays, dans les domaines de la santé et de l'éducation.

Madoff pouvait-il ne pas être ému à l'idée qu'il allait mettre sur la paille des dizaines d'organisations charitables ? C'est un autre psychanalyste, Dori Laub, professeur à Yale University, qui livre une tentative d'explication : « Si Madoff s'est persuadé qu'il pouvait faire durer sa fraude pour toujours, il est tout à fait concevable qu'il ait vu ses victimes comme des bénéficiaires[2]. » En oubliant ou en feignant d'oublier que la

1. Source : « Private Foundations : Preliminary Estimates of Madoff Exposure », compilé par Benefit Technology pour le *New York Times*.

2. « What sort of man ? », *Forward Magazine*, 26 décembre 2008.

pyramide s'écroulerait forcément un jour, Madoff ne voulait se voir qu'en Oncle Bernie, le bienfaiteur grâce à qui tant de bonnes œuvres juives pouvaient, depuis tant d'années, faire le bien autour d'elles.

Le raisonnement est bien sûr fondamentalement perverti, mais c'est une manière de regarder l'histoire de cette escroquerie. C'est le résultat de la durée exceptionnellement longue de cette fraude de Ponzi – plusieurs dizaines d'années contre un ou deux ans dans la plupart des cas. Prenons Hadassah : le 15 décembre 2008, cette importante organisation de femmes soutenant des projets en Israël annonçait avoir perdu 90 millions de dollars chez Madoff. C'était le montant du capital. Seulement, en regardant les choses de plus près, les responsables se sont aperçus qu'ils avaient retiré en tout plus de 130 millions de dollars de leur compte Madoff[1]. Celui-ci avait été ouvert en 1987 avec 7 millions de dollars, donnés par un bienfaiteur français à la condition expresse que l'argent soit placé chez Madoff. Quelques années plus tard, Hadassah avait augmenté son placement de quelque 30 millions de dollars, mais au total, l'opération laisse tout de même un bénéfice net de plus de 90 millions de dollars.

De nombreuses fondations, notamment celles entrées plus récemment, ont perdu réellement de l'argent : elles ont placé plus chez Madoff qu'elles n'en ont jamais retiré. Mel Bloom, vice-président de l'American Technion Society, qui soutient un institut technologique en Israël, a ainsi fait ses comptes[2]. Il pensait avoir 72 millions de dollars placés chez Madoff. Il en avait en fait zéro. Mais quand il soustrait l'argent retiré de chez

1. « Hadassah Reveals $130 Millions Windfall From Madoff », *The Jewish Week*, 14 janvier 2009.
2. Entretien avec les auteurs, le 24 mars 2009.

Madoff au fil des années de l'argent placé, la somme réellement perdue est de « seulement » 29 millions de dollars. Pour les fondations, comme pour tous les investisseurs, c'est une bien maigre consolation : l'argent qu'ils pensaient avoir et sur lequel ils comptaient pour les prochaines années a disparu. Mais on comprend comment ces faits, passés à la moulinette de l'esprit pervers du fraudeur, ont pu lui permettre de se convaincre qu'il « faisait le bien ».

Kenneth Mueller, le psychiatre, est en tout cas convaincu d'une chose : Madoff ne cherchera pas à échapper à sa punition en se suicidant. « C'est hors de question : le pervers narcissique ne se tue pas ; il s'aime trop pour ça. »

19

« Putain, pour qui vous vous prenez ? »

Richard[1] est un gentil qui adore jouer au méchant, surtout avec les gestionnaires de fonds. C'est d'ailleurs pour cela que ses clients le paient, pour jouer au « mauvais flic » qui pose les questions qui fâchent. Ainsi, il les aide à sélectionner les bons gestionnaires de fonds et éliminer ceux qui ont quelque chose à cacher.

Est-ce parce qu'il avait eu vent de cette réputation, parce qu'il se méfiait de quelque chose ? Toujours est-il qu'en ce jour de 1995, quand Richard l'appelle pour le rencontrer, Madoff ne l'invite pas à venir au Lipstick Building, comme il a l'habitude de le faire avec ses clients potentiels. « Je vais venir vous voir », lui dit Bernie.

Quand l'ex-président du Nasdaq arrive dans son bureau, Richard a un a priori bien peu favorable. Il s'est intéressé au patron de BLMIS à la demande d'un de ses clients, qui a investi une partie de son patrimoine chez lui depuis trois ans. Avant la rencontre, Richard a étudié scrupuleusement les relevés mensuels envoyés à son client. « Je n'y comprenais rien. Je ne voyais pas com-

1. Il a souhaité ne pas révéler sa véritable identité. Entretien avec les auteurs, le 13 mars 2009.

ment la quelque centaine de transactions qui apparaissaient sur chaque relevé pouvaient produire les retours qui figuraient en bas de la feuille. Et puis il n'y avait aucune trace des options qui soi-disant étaient à la base de sa stratégie. »

Très vite, il soupçonne « quelque chose de bizarre » et pense immédiatement à du front running : Madoff utiliserait, illégalement, les informations qu'il détient grâce à son activité de trader, au bénéfice de son activité de gestionnaire de fortune. Mais le client, qui a rencontré Madoff en jouant au golf, insiste : « C'est l'ancien président du Nasdaq, il a une excellente réputation. Rencontrez-le ! »

Richard a donc beaucoup de questions à poser et tout ce qu'il lui faut pour jouer son numéro préféré de « bad cop ». Il attaque : « Je vais vous dire franchement, vos relevés de comptes, ils ne me plaisent pas. Ils ne me semblent pas crédibles, pour vous dire la vérité », lance-t-il avant de préciser qu'il adore les chiffres et les maths et qu'il ne comprend pas comment les transactions figurant sur ces papiers peuvent donner de tels résultats. Immédiatement, Bernie explose : « *Who the fuck you think you are to question me like that ?* » Traduction : « Putain, pour qui vous vous prenez pour me parler comme ça ? » Il se lève et quitte le bureau, sans un mot de plus.

Dérapage contrôlé

Rarement le calme et aimable notable de Wall Street, laissait ainsi percer Bernie le kid du Queens. Mais ce jour-là, Madoff n'a sans doute pas perdu ses nerfs : il s'est simplement assuré que la relation avec Richard en resterait là, qu'il ne mettrait pas son nez dans ses affaires. Et il a eu raison. Après le rendez-vous, le gestionnaire de fortune a appelé son client pour lui recommander de retirer son argent au plus vite. Par la suite, dès que l'occasion lui en était donnée, il répétait : « Tenez-vous aussi éloigné que possible de Madoff. » Mais pour celui-ci, ces quelques millions de dollars d'investissements potentiels perdus représentaient bien peu. L'essentiel était de tenir un type comme Richard à distance. Responsable aujourd'hui d'un milliard de dollars pour des clients individuels, il est de la race de ceux qu'on appelle les « quants » à Wall Street, ces tenants de l'analyse quantitative, génies des maths qui appliquent leurs équations au monde de la finance. Un de ceux qui pouvaient détecter les bizarreries des relevés de comptes sortis à la chaîne.

Les entretiens de Bernard Madoff avec des investisseurs potentiels n'étaient pas toujours aussi brefs. Deux ans après Richard, un autre gestionnaire de fortune, Jim Hedges, prend également rendez-vous. Hedges gère de très grosses fortunes, notamment celle de la famille Cargill (le géant de l'agroalimentaire). À l'époque, il a au moins 10 milliards de dollars en gestion provenant de grandes dynasties, de fondations, de fonds de pension. Il est plutôt habitué à être reçu à bras ouverts, avec tapis rouge et grandes démonstrations de transparence. Rien de tel lorsqu'il arrive dans les bureaux du Lipstick Building. On lui explique qu'il est vraiment exceptionnel que Mr Madoff accepte de rencontrer des investisseurs et de leur accorder du temps.

Hedges a demandé deux heures d'entretien. Il a préparé un long questionnaire, d'une quarantaine de pages, auquel il soumet toujours les gestionnaires des hedge funds dans lesquels il envisage d'investir l'argent de ses clients. Les réponses qu'il obtient ne sont pas toujours satisfaisantes, loin de là, mais au moins, les responsables des fonds ainsi audités font mine de coopérer. Tout le monde sait que Jim Hedges signifie potentiellement des milliards de dollars à investir. Mais avec

Madoff, cet homme tant courtisé trouve au contraire un interlocuteur bien peu loquace. « Il fallait lui arracher les mots, les réponses à toutes les questions étaient évasives, il était énigmatique[1]. » Quand Hedges demande à rencontrer les équipes, ce qu'il fait d'habitude, Madoff lui dit que c'est impossible. Et quand il demande à voir les audits financiers des trois à cinq dernières années, même réponse : « Nous ne fournissons pas d'audit à nos clients. »

À ce moment de l'entretien, il y a déjà bien longtemps que Hedges a décidé qu'il n'investirait pas chez Madoff (« dès la première page du questionnaire », dit-il), mais le coup de grâce vient plus tard : « Combien BLMIS gère-t-il de fonds ? » demande Jim Hedges, qui a alors entendu des rumeurs parlant de 15 milliards de dollars, ce qui en ferait (nous sommes en 1997) un des plus gros fonds du monde. Mais là encore : secret. « Nous ne disons pas combien nous gérons », répond Madoff. Hedges n'en croit pas ses oreilles. « J'étais là avec mes milliards à investir et ce type me dit qu'il ne peut répondre à aucune de mes questions, qui sont les plus légitimes, que je pose à tous les fonds avec lesquels je travaille. » Il en tire la seule conclusion qui s'impose : Madoff a quelque chose à cacher.

La séduction du secret

Joyce Z. Greenberg appartenait, elle, à la catégorie de clients que Madoff affectionnait : ceux qu'il connaissait de longue date, souvent venus à lui via des relations familiales ou amicales et qui ne posaient pas de questions. Conseillé par Carl Shapiro, mentor de Madoff

1. Interview à *Barron's*, 22 décembre 2008.

qu'il considérait comme son fils, le père de Joyce avait ouvert un compte en 1971. Son mari, un riche entrepreneur de Houston, avait, lui, confié un million de dollars à Madoff en 1987. Mais Joyce va cesser d'être la cliente idéale : en 1999, après le décès de son époux, elle décide de reprendre un travail, à temps partiel, comme stock broker, agent de bourse. Son employeur, suivant la procédure habituelle, contacte BLMIS pour demander des documents sur le compte de Joyce, dans le but de prévenir d'éventuels conflits d'intérêts. La requête, banale, déclenche la colère de Bernie qui l'appelle, furieux. « Nous ne prenons jamais d'argent d'autres brokers, il faut que tu démissionnes, ou alors je ne peux plus gérer ton argent. » Après un moment de réflexion, Joyce refuse de démissionner, Madoff ferme donc son compte et lui envoie immédiatement un chèque. « C'est là où l'histoire devient triste et moi stupide, dit-elle. Après ma retraite, trois ans plus tard, je suis retournée voir Bernie et il m'a dit : oui, je te reprends[1]. »

Cette obsession du secret aurait dû inquiéter Joyce, comme elle le reconnaît aujourd'hui. Elle avait l'effet inverse, sur elle comme sur tous les investisseurs de Madoff. On sait maintenant pourquoi il cherchait tant à tenir les curieux à l'écart. Mais il a dû se pincer en découvrant, au fil du temps, que ce qui était au départ une simple question de survie était aussi devenu un argument commercial majeur. Pour certains professionnels comme Richard ou Jim Hedges, le mystère entretenu par Madoff était une raison de fuir ; pour d'autres, c'était au contraire une partie du charme. « Le secret est dans la culture des hedge funds, dit un des nombreux analystes qui avaient déconseillé Madoff. Certes, il refusait de répondre aux questions trop précises, mais après

1. Entretien avec les auteurs, le 5 mars 2009.

tout, la plupart des patrons de hedge funds font de même. »

Il ne fait aucun doute que Bernard Madoff a prospéré sur la culture du secret qui domine le secteur des hedge funds, ou fonds spéculatifs. Ils échappent à toute obligation d'enregistrement et aux réglementations imposées aux autres fonds type mutual funds[1] ou sicav aux États-Unis – ou plutôt ils y échappaient, car les conséquences de l'affaire Madoff ont fait monter la pression en Europe et aux États-Unis en faveur d'une réglementation. L'opacité y était jusqu'alors tolérée pour deux raisons. D'abord, ces fonds étaient supposés s'adresser seulement à des investisseurs extrêmement sophistiqués, comprenant le risque qu'ils prenaient. L'étendue des dégâts causés par Madoff qui a, in fine, atteint des dizaines de milliers de petits porteurs a montré que cette distinction n'avait pas de sens. Surtout, cette culture du secret était justifiée par la nature même des hedge funds : ils ont vocation à appliquer des stratégies d'investissement hautement sophistiquées, impliquant des instruments financiers de manière non conventionnelle. En français, on les appelle également fonds alternatifs : ils sont censés gagner plus d'argent que les fonds traditionnels parce qu'ils agissent différemment. Il semble donc logique que leurs gestionnaires veuillent se montrer le plus discrets possible sur les méthodes qu'ils emploient, pour ne pas être copiés par la concurrence.

En 2001, le magazine financier *Barron's*[2] publie un article sur l'activité de gestion de fonds de Madoff, totalement inconnue de la plupart de ceux qui, à Wall Street, font tous les jours affaire avec lui dans son activité de courtier en bourse, publique et légitime celle-là.

---

1. Voir le lexique en fin de volume.
2. *Barron's*, 7 mai 2001.

Bernard Madoff a répondu à l'auteur de l'article et lui a expliqué, en substance, qu'il ne pouvait rien lui dire : « C'est une stratégie confidentielle, et je ne peux pas entrer dans les détails. » Les responsables de Fairfield, le plus gros intermédiaire levant des fonds pour lui, sont encore plus clairs : « Je ne vois pas pourquoi *Barron's* devrait s'intéresser à notre fonds. »

Pourtant, lorsque l'article paraît sous le titre « Don't ask, don't tell », il ne provoque aucune réaction. Pourquoi en aurait-il été autrement ? « Vous auriez obtenu la même réponse de très nombreux hedge funds si vous aviez eu le culot de leur demander ce qu'ils faisaient avec votre argent », assure un analyste qui lutte depuis des années pour plus de transparence dans le milieu. Paradoxalement, Bernard Madoff semblait même plus ouvert que la moyenne de ses concurrents. Chez lui, pas de black box (boîte noire), le terme utilisé dans le milieu pour désigner ces stratégies mystérieuses, à base de complexes équations, gérées par des logiciels top-secrets. Techniquement, Madoff était même « 100 % transparent », c'est-à-dire qu'il donnait à ses clients, à la fin de chaque mois, la liste complète des transactions qu'il avait effectuées pour leur compte. Une transparence qui avait pour effet de rassurer les plus inquiets, qui bien sûr n'imaginaient pas que tous ces tickets de trading étaient entièrement faux.

Se taire ou partir

Mais, de manière générale, les clients savent qu'ils risquent d'être purement et simplement « virés » s'ils posent trop de questions. Les curieux sont rappelés à l'ordre, comme ce client, coupable d'avoir envoyé un e-mail à d'autres investisseurs, racontant une conversation avec Bernard Madoff. Il reçoit un appel d'un employé du broker menaçant de l'expulser du fonds s'il n'apprend pas à tenir sa langue[1]. Une autre cliente, dont les parents avaient investi il y a des années via des connaissances communes du Old Oaks Country Club, à Purchase, dans la banlieue de New York, avait intériorisé la consigne : « Il y avait une règle non écrite, mais que tout le monde comprenait, c'était que les contacts avec Madoff devaient être limités. Vous ne posez pas de problème, vous ne posez pas de question. Il fait son truc, vous la fermez, et vous touchez vos intérêts. » Pendant dix, vingt ou trente ans, le silence a payé. Les intérêts tombaient avec la régularité d'un métronome, les investisseurs qui souhaitaient retirer leur argent recevaient un chèque dans la semaine. Pourquoi poser des questions ?

Et puis, le secret a un terrible effet secondaire : il renforce le sentiment d'appartenance à un « groupe d'élus ». Bernie a compris que rien n'est plus fort, pour nombre de ses investisseurs, que le sentiment « d'en être », la conviction d'appartenir à un petit cercle de privilégiés. Ceux-là savent, puisque les intermédiaires qui leur ont vendu du Madoff le leur ont répété, que « tout le monde ne peut pas en être ». Il y a un minimum exigé, un million de dollars en général, mais pas toujours : le montant dépend de l'estimation que Madoff fait du patrimoine de son prospect. Les plus petits patrimoines sont priés de se regrouper, souvent en trusts familiaux, pour atteindre la barre fatidique. Mais parfois, quel que soit le montant, Bernie explique, l'air désolé : « Je suis fermé. » Au cours de cette enquête, nous avons croisé quelques veinards – ils se sont longtemps crus maudits – qui effectivement n'avaient pas été acceptés, en général parce qu'ils ne

1. *The Wall Street Journal*, 20 décembre 2008.

disposaient pas du minimum requis. Mais dans l'immense majorité des cas, le bannissement était tout provisoire, une tactique comme une autre pour mieux ferrer le poisson.

Des poissons, il y en a beaucoup, ce 8 novembre 2008, à l'hôtel Doubletree de Fort Lee, dans le New Jersey, à deux pas de New York. On fête les retrouvailles de la promotion 1958 du lycée de Far Rockaway, celle de Ruth. Il y a cinquante ans qu'ils ont quitté le lycée ; certains se sont revus régulièrement, la plupart se sont perdus de vue, mais beaucoup savent qui sont Ruth et son mari, et pour cause : plusieurs ont confié leur argent à Bernie et tous savent à quel point il leur a fait une faveur en l'acceptant. Les Rosenzweig sont là, Donald et Joan. Donald était en classe avec Ruth, ils avaient même flirté. C'était il y a cinquante ans. Depuis, ils se sont perdus de vue, tout en sachant ce qu'ils devenaient, via des amis communs. C'est par ses relations communes que Donald a appelé Bernard Madoff. C'était en 2003. Donny avait besoin du conseil d'un trader professionnel et a pensé naturellement à Bernie. Celui-ci semblait ravi de lui rendre ce service. À la fin de la conversation téléphonique, Donny lui a demandé : « Est-ce que tu prendrais mon argent ? » Bernie : « Écoute, je suis désolé, mais le fonds ne prend plus de nouveaux investisseurs depuis quatre ou cinq ans. » Puis, brusquement : « Ruth est là à côté de moi. Tu veux lui dire bonjour ? »

Les deux ex-camarades de lycée ont parlé un moment, puis Ruth a dit à Donny que son mari voulait le reprendre au téléphone. « Il m'a dit : “Écoute Donny, on se connaît depuis longtemps, je vais te faire entrer dans le fonds” ! » Mais il y avait une condition : l'investissement minimum était de 2 millions de dollars. Donald Rosenzweig ne les avait pas. Il a donc fait ce qu'on fait quand une affaire en or se présente : il en a fait profiter la famille. Sa mère, ses frères et sœurs et un vieil oncle. Au bout du compte, la somme rassemblée excédait même les 2 millions de dollars exigés. Donald était ravi. « À aucun moment, dit-il, je n'ai pensé qu'il me forçait la main. Il me faisait une faveur ! »

La méthode est déclinée par les intermédiaires en tout genre qui travaillent pour Madoff. Eux aussi se sentent privilégiés et font comprendre à leurs clients à quel point ils ont de la chance de pouvoir entretenir à travers eux ce lien privilégié avec ce génie de la finance. Liliane Shalom se souvient comme si c'était hier de ce jour de 2000 où son gestionnaire de fortune l'a initiée. Liliane, qui venait de divorcer, avait un million de dollars à placer. Seymour Zises, son gestionnaire, l'a invitée au restaurant pour lui parler de ses placements. Au cours du repas, il s'est levé et s'est dirigé vers une autre table, celle de Paul Konigsberg. Celui-ci est un comptable réputé, qui dirige le cabinet Konigsberg Wolf & Company. C'est aussi un ami de vingt-cinq ans de Bernard Madoff, qui figure au premier rang des recruteurs officieux du réseau Madoff. Liliane raconte : « Il lui a dit : "Il faut prendre Liliane, c'est une femme formidable, elle donne tant aux œuvres juives ; grâce à elle, treize mille bourses ont été distribuées pour des étudiants d'Israël[1]." » Quoi de plus normal pour elle, dans ces conditions, que de voir ainsi les portes s'ouvrir ?

Happy fews

La conviction d'appartenir à un club très fermé était si répandue parmi les investisseurs que la plupart sont

1. Entretien avec les auteurs, le 13 mars 2009.

tombés des nues, le 11 décembre 2008, lorsqu'ils ont entendu qu'il était supposé gérer plus de 50 milliards de dollars ! « Pour moi, il avait quelques centaines de comptes, tous des amis ou amis d'amis », dit un investisseur. La tactique est familière à tous les escrocs, mais Madoff l'a sophistiquée au plus haut point. En communiquant ce sentiment d'exclusivité, il désarmait ses victimes. Pourquoi auraient-elles été suspicieuses, puisque c'étaient elles qui le sollicitaient pour investir chez lui, pas le contraire ? « Quand vous êtes invité dans un restaurant de luxe, vous n'arrivez pas en demandant à voir si la cuisine est propre », dit un autre de ses clients.

La capacité à s'assurer la loyauté de ses victimes est la qualité primordiale de l'arnaqueur. En anglais, l'expression *confidence man* (souvent abrégée en *con man*), littéralement homme de confiance, est utilisée pour parler d'un escroc. Elle a été forgée au milieu du XIXe siècle par la presse new-yorkaise qui relatait les exploits de Williams Thomson. L'homme, portant beau, distingué, abordait des inconnus dans la rue et gagnait suffisamment leur confiance au cours de la conversation pour qu'ils consentent à lui prêter leur montre contre la promesse de la leur rendre le lendemain. Il fut arrêté lorsqu'une de ses anciennes victimes le reconnut sur un trottoir. Le fait divers servit d'inspiration à Herman Melville, l'auteur de *Moby Dick*, pour le roman éponyme qui allait immortaliser l'expression en 1857. Madoff ne l'a peut-être pas lu, mais il a retenu la leçon : un escroc talentueux n'usurpe pas la confiance de ses victimes, il attend qu'elles la lui donnent de plein gré.

Certains clients ont même reçu des mises en garde sérieuses qu'ils ont refusé d'entendre. Leur confiance était telle que toute autre vérité était inaudible. Laura Goldman avait connu Madoff à Palm Beach au milieu des années 90, elle était alors broker et Madoff avait tenté de la convaincre de recruter des clients pour son compte. Elle assure que le flou entretenu par Bernie et une investigation sommaire auprès de spécialistes des options, sur lesquelles reposait la stratégie supposée de Madoff, l'avaient dissuadée de répondre favorablement aux avances de l'ancien président du Nasdaq. Et quand un peu plus tard, en 2001, deux journaux publient des articles faisant état de doutes sur les résultats affichés par Bernard Madoff, elle décide de le faire savoir à Palm Beach. « J'ai faxé ces articles à quelques-uns des clients de Madoff que je connaissais. Mais la réaction n'était pas celle que j'attendais. » Au lieu des remerciements attendus, elle reçoit une volée de bois vert. « Ils disaient que j'étais jalouse, que ces publications étaient antisémites… »

20

« Comment diable peut-il y arriver ? »

Appelez cela l'instinct du chasseur, ou simplement le fruit de l'expérience. Mais en quatorze ans de carrière à Wall Street, comme journaliste financier, Michael Ocrant pouvait se targuer d'un nez certain pour détecter les filous, les tricheurs et les menteurs. « Sans se vanter », il pouvait dire qu'il avait rarement interviewé un acteur du monde de la finance en délicate position sans que, « à un moment ou un autre de la conversation, je sente une certaine nervosité en face qui me fasse dire : là, j'ai touché quelque chose[1] ».

Mais en ce mois d'avril 2001, le journaliste ne remarque rien de tel chez son interlocuteur. Pas de trace des tics trahissant inquiétude et agitation, aucune brusquerie ni impatience face aux questions. Le Bernard Madoff qui, pendant deux heures, répond à Michael Ocrant est « très calme, détendu, il paraît même ouvert ».

En sortant du Lipstick Building, Ocrant est troublé. Lorsque, quelques heures plus tôt, il l'avait appelé, il ne s'attendait pas à un accueil pareil. « Je travaille sur un article concernant votre hedge fund, lui avait-il dit.

1. Entretien avec les auteurs, le 4 mars 2009.

Beaucoup de gens ne comprennent pas comment vous faites et disent que les retours que vous offrez sont impossibles à obtenir. » À l'autre bout de la ligne, ni hurlements ni colère :

« Pourquoi ne passez-vous pas me voir ? répond Madoff.

– Avec plaisir, quel jour vous convient ?

– Venez donc tout de suite, je vous attends. »

Une heure après, Ocrant est dans le bureau du broker qui, consciencieusement, répond à ses questions. « À aucun moment, se souvient le journaliste, je n'ai eu le sentiment d'être en face d'un escroc. Je ne savais pas quoi penser ; c'est une des rares fois dans ma carrière où je ne pouvais pas me faire une opinion sur quelqu'un ! »

Lorsqu'il pénètre dans le bureau de Bernard Madoff, Michael Ocrant travaille sur son cas depuis plusieurs semaines. Il a pris quelques mois plus tôt la tête de la rédaction de *MARHedge*, une publication spécialisée dans les hedge funds, un domaine en pleine expansion. Pour entrer dans le vif du sujet, il rencontre tous ceux qui comptent dans le secteur et notamment Frank Casey, le vice-président d'une boutique de Boston spécialisée dans les investissements alternatifs. Quelques semaines plus tard, Casey le rappelle : « Il m'appelait sous un prétexte quelconque, puis il me dit : “Au fait, vous connaissez Madoff ? Vous devriez regarder, il y a des choses louches.” »

À l'époque, comme tout le monde à Wall Street, Ocrant le connaît comme un important broker, mais il n'a jamais entendu parler de son activité de gestion de fonds. Casey lui explique que, selon lui, Madoff gère des milliards de dollars et qu'en outre il est, d'après ses propres calculs, impossible que sa politique d'investissement puisse produire les résultats qu'il affiche.

Ocrant est plutôt incrédule, mais il a confiance en Casey, une pointure dans le secteur, vice-président de Rampart Investment Management, à Boston, un des meilleurs spécialistes des options financières qui sont, justement, au cœur de la stratégie que prétend employer Bernard Madoff. Il commence donc son enquête avec en tête les conclusions de Casey : il est absolument impossible que le broker obtienne légitimement les résultats qu'il affiche. Soit il triche en utilisant son activité de teneur de marché au profit de son autre activité de gestionnaire de fonds, soit l'opération est purement et simplement une fraude pyramidale.

Le journaliste commence par parler à un collaborateur de Casey, un certain Harry Markopolos. Celui-ci est formel et assure que ses calculs ne laissent aucun doute : « Les résultats affichés par Madoff sont simplement impossibles à obtenir. »

La dizaine de spécialistes que voit ensuite Michael Ocrant sont tous du même avis. Ce n'est pas tant le niveau des rendements qui les étonne – ils sont relativement modestes – que l'absence de volatilité (les hauts et les bas du marché). Plusieurs citent l'exemple d'un autre fonds, Gateway, qui applique la même stratégie de split strike conversion[1]. Sur les onze années précédentes, Gateway a essuyé vingt-six mois négatifs, tandis que le fonds Fairfield Sentry, le principal feeder fund de Madoff, prétendait n'avoir perdu de l'argent que trois mois au cours de la même période. Au total, sur la période, Gateway avait rapporté 10 % à ses investisseurs

1. Cette stratégie d'investissement en Bourse consiste à acheter des actions, pour les revendre plus tard tout en couvrant cette transaction grâce à l'achat d'options. Voir aussi le lexique en fin de volume.

quand Madoff, avec exactement la même stratégie, était supposé avoir produit 15 % d'intérêts.

Anomalies

Et puis, pour tous ces spécialistes des options financières, il y a une anomalie encore plus évidente : les volumes que traite Madoff (6 à 7 milliards de dollars à l'époque, selon les calculs de Markopolos, chiffres que celui-ci ne dément pas devant Ocrant) sont très élevés, supérieurs au volume total des options existantes sur le marché, disent même certains analystes... En clair, Madoff ne peut pas, matériellement, acheter et vendre ces options puisqu'elles n'existent pas, en tout cas pas en nombre suffisant. À cela, l'intéressé répond à Ocrant qu'il vend et achète ces instruments financiers non pas en Bourse, où le volume est effectivement limité, mais over the counter, c'est-à-dire de gré à gré, en dehors de la Bourse. Mais après son entretien avec Madoff, quand le journaliste prend son téléphone pour reprendre l'avis de ses sources, elles balaient l'argument : même traitées de gré à gré, un certain nombre de ces options arriveraient tout de même sur le marché coté à un moment ou à un autre et les spécialistes le noteraient forcément. Or personne n'a jamais rien remarqué.

Si Ocrant est sorti quelque peu déboussolé de son entretien, ses sources, qui n'ont pas rencontré le trader, sont inflexibles et nullement convaincues par les réponses apportées. Il écrit donc son article, qui pose toutes ces questions, et donne les réponses fournies par Madoff, début mai 2001[1]. Une véritable petite bombe... qui fera pschitt !

---

1. « Madoff tops charts ; sceptics ask how », *MARHedge*, mai 2001.

« Comment diable peut-il y arriver ? »

L'information est pourtant reprise une semaine plus tard dans une publication nettement moins obscure, *Barron's*, un hebdomadaire du groupe *The Wall Street Journal*, destiné aux investisseurs. L'article insiste plus sur le secret qui entoure l'activité de gestion de fonds de Madoff, mais il passe lui aussi inaperçu. Que ses quelques milliers de clients individuels – ceux qui se croyaient bénis des dieux parce qu'ils avaient rencontré Madoff au golf ou lui avaient été présentés par un ami d'ami – aient pu ignorer ces articles se comprend. Mais les professionnels ? *Barron's* est sur leur bureau chaque semaine. Il est évident que ceux qui travaillaient avec Madoff ont eu connaissance de cet article. Ils savent qu'il est exceptionnel, dans le petit monde de la presse financière, que des enquêtes mettent ainsi en doute l'intégrité d'un gestionnaire de fonds.

Pourtant, tous ces hedge funds, fonds de fonds et autres feeder funds ne s'inquiètent pas. S'ils réagissent, c'est pour suggérer aux deux auteurs des articles de s'occuper de leurs affaires, comme le fit Jeffrey Tucker, l'un des partenaires de Fairfield, le plus gros des feeder funds utilisés par Madoff, qui dit à la journaliste cosignataire de l'article : « Pourquoi est-ce que ce fonds regarderait *Barron's*, je me le demande. »

Aujourd'hui, Jeffrey Tucker n'est guère plus bavard, mais pour des raisons différentes : comme les autres feeder funds, il croule sous les poursuites des investisseurs floués qui lui reprochent de n'avoir rien vu venir et de ne pas avoir fait les due diligences, ces vérifications préalables et qui justifiaient une partie des commissions colossales payées par ses clients. Mais par quelques fuites organisées, Tucker fait savoir qu'il avait, à l'époque, « fait sa petite enquête ». Après la publication des deux articles, c'est en fait Bernard Madoff lui-même qui l'appelle pour lui proposer de venir « inspecter ses livres de comptes ». Tucker se rend alors au Lipstick Building et, selon le récit précis et visiblement élaboré sous contrôle des avocats de la firme, Bernard Madoff « l'a laissé faire ses propres vérifications, en le laissant choisir, au hasard, deux dates et, pour ces dates, deux transactions figurant sur le compte de Fairfield[1] ».

Bernard Madoff, accompagné de son lieutenant Frank Di Pascali, montre alors à son interlocuteur les tickets émis à chaque fois qu'une action est vendue ou achetée, puis un écran d'ordinateur supposé montrer que lesdites transactions ont bien été enregistrées auprès de l'organisme qui se charge de cette formalité, le Depository Trust & Clearing Corp (DTCC).

Pourquoi Madoff choisit la poste

Quand nous lui racontons cette version des faits, Chris Cutler pousse un profond soupir de lassitude[2]. Cet homme grand et sec, aux allures de surdoué en maths qu'il est, s'y connaît en due diligences. Après une carrière de trader, il a travaillé à la FED, la Banque centrale américaine, où il était chargé de surveiller les établissements financiers. Quelques années plus tard, il crée sa propre société de consulting pour faire cela, justement : des due diligences. Les sociétés de gestion ou les fonds de fonds lui font faire des analyses détaillées sur tel ou tel gestionnaire afin de déterminer s'ils peuvent ou non lui faire confiance. Au total, il a étudié près de 800 fonds. Il connaît toutes les ficelles et sait reconnaître un signal d'alarme avant même qu'il ne s'allume.

1. *The Wall Street Journal*, 2 mars 2009.
2. Entretien avec les auteurs, le 24 février 2009.

Il se trouve qu'en 2006, un de ses clients lui demande un rapport sur Fairfield Sentry, ce qui signifie une étude sur Madoff puisque la quasi-totalité du fonds Sentry est confiée aux bons soins de celui-ci. Avec lui, Jeffrey Tucker et ses associés ne se montrent pas du tout coopératifs. « À chaque fois que j'avais des questions, c'était : “On va vérifier et revenir vers vous” et je pouvais toujours attendre la réponse[1]. »

Des questions, il en a pourtant beaucoup, les mêmes que celles posées publiquement par l'article de Michael Ocrant. Mais il y a une chose qui l'intrigue plus que tout, une bizarrerie qui relève du simple bon sens : ce sont ces tickets de transaction que Madoff remet à ses clients professionnels, les feeder funds. Ceux-là (contrairement aux particuliers à qui on n'envoie qu'un relevé de compte mensuel) reçoivent chaque jour, par la poste, les reçus émis à chaque fois qu'une transaction est effectuée pour leur compte. « Pour moi, ça ne faisait aucun sens. Ce type était supposé être le pionnier de Wall Street en matière d'informatisation, et là, non, il choisit d'imprimer des centaines de feuilles chaque jour, de les envoyer par la poste à ses clients. » La plupart des fonds, et surtout ceux de la taille de Madoff, fournissent à leurs investisseurs des plates-formes online qui permettent de suivre, souvent en temps réel, l'évolution du portefeuille et les transactions. Madoff, le cofondateur du Nasdaq, le père spirituel de l'informatisation de Wall Street, lui, choisit la poste…

Alors évidemment, quand Jeffrey Tucker, le patron de Fairfield, explique aujourd'hui qu'il avait « personnellement » vérifié ces tickets, cela énerve Chris Cutler, qui se souvient qu'à l'époque de son rapport, en 2006, lorsqu'il

1. Entretien avec les auteurs, le 24 février 2009.

avait demandé : « Pourquoi des tickets papier ? », la seule réponse avait été : « On a toujours fait comme ça »...

On s'en doute, en 2006, Cutler a remis un rapport très négatif à son client en lui conseillant de retirer son argent investi au plus vite. Ce que celui-ci s'est empressé... de ne pas faire. À trois reprises, Cutler a rendu un verdict négatif à des clients différents. « Et jamais je ne suis parvenu à les convaincre de quitter Madoff. Ma plus grande victoire, c'est d'avoir réussi à faire qu'ils ne rajoutent pas d'argent, ou en tout cas moins que prévu. C'est maigre ! » En professionnel consciencieux, il vit cet aveuglement comme un échec personnel. Et comme un drame après le 22 décembre. Le 22 décembre, c'est le jour du suicide de Thierry de La Villehuchet, le patron d'Access International. Cutler n'y est bien sûr pour rien, mais il ne peut s'empêcher de se dire que s'il avait été plus persuasif, ce drame ne serait pas arrivé.

Car en 2005, Cutler a mené une mission d'analyse de Madoff pour le compte d'Access. L'étude aboutit évidemment aux mêmes conclusions que les précédentes : sauvez-vous en courant ! Et l'obstination des destinataires est la même : nous restons. Thierry de La Villehuchet et son associé Patrick Littaye n'en démordent pas : Bernie est un type sérieux, il est respecté par tous. Le résultat, pour Cutler, est qu'il perd un client : pendant un an et demi, Littaye et La Villehuchet ne vont plus le faire travailler. Ils renoueront contact plus tard, pour un tout autre investissement, mais de Madoff, il ne sera plus jamais question. « Je m'étais dit qu'à la prochaine réunion stratégique trimestrielle, je reviendrais à l'attaque sur Madoff, raconte Cutler. Je pense qu'ils commençaient à me faire confiance pour mon travail sur d'autres questions et je me disais qu'ils pourraient peut-être m'entendre, cette fois... »

Quand, après l'éclatement du scandale, Littaye croise Cutler, il lui dit : « Tu peux me dire : "Je vous l'avais bien dit", Chris, tu avais raison ! » Mais Chris ne dit rien de tel. Contrairement à certains des autres analystes qui avaient détecté des problèmes, il se garde de tout triomphalisme. D'abord, il reconnaît que l'idée d'une pyramide de Ponzi pure et simple, d'une fraude totale, ne lui est pas venue. Et puis, dit-il, « c'est trop facile de dire maintenant que c'était évident. Prendre une décision en matière d'investissement, c'est prendre une infinité d'informations, dont certaines seront forcément contradictoires, pour finalement arriver à choisir ». Dans le cas de Madoff, dit-il, pour chacun des signaux d'alarme qui s'allumaient, il y avait une explication rationnelle possible. Beaucoup d'investisseurs ont ainsi écarté Madoff parce qu'il n'y avait pas de séparation entre le dépositaire des fonds et celui qui gère. « Mais en même temps, il y a vingt ans, c'était comme ça que tout le monde faisait : on donnait son argent à son broker et il s'occupait de tout. » Même le fait que personne n'était parvenu à reproduire la stratégie soi-disant employée par Madoff pouvait s'expliquer : il y a toujours dans ce métier l'idée que le savoir-faire d'un manager fait la différence. « Mais tout de même, finit-il par concéder, là c'était gros... »

Légèretés

Tellement gros qu'on ne peut que se poser la question : l'aveuglement était-il volontaire ? Lorsqu'il a écrit son article pour le journal spécialisé *MARHedge*, Michael Ocrant avait interrogé une de ses connaissances qui avait investi chez Madoff. Au journaliste qui lui demandait si l'opacité pratiquée ne l'inquiétait pas, il répondit : « Je sais ce que j'ai besoin de savoir. – C'est-à-dire ?

interrogea Ocrant. – 1 % par mois de retour. Je n'ai pas besoin d'en savoir plus. » Madoff, c'était « trop beau pour douter ».

Au minimum, certains des intermédiaires, eux, ont fait preuve d'une grande légèreté. Que Jeffrey Tucker, le cofondateur de Fairfield, qui cherche de manière évidente à prouver son innocence, ne parvienne, pour prouver sa bonne foi, qu'à avancer la vérification de « deux transactions prises au hasard sur deux jours » en dit long. Tucker, avocat de formation, a tout de même effectué une partie de sa carrière à la SEC, l'organisme de contrôle des marchés financiers. Pas tout à fait un amateur, en principe. En tout cas, quelqu'un qui devrait savoir, comme le dit un de ses concurrents, que « faire des due diligences, c'est plus que ça ; ce n'est pas regarder deux actions au hasard, mais toutes les transactions, sur plusieurs jours ; c'est s'assurer qu'il y a un audit sérieux ; c'est exiger de connaître les contreparties supposées acheter ou vendre les fameuses options invisibles... ».

Cette légèreté est d'autant plus choquante que, pour justifier les commissions faramineuses qu'ils empochent (plusieurs centaines de millions de dollars par an), les patrons de Fairfield Greenwich Group (FGG) mettent justement en avant leur méticuleux travail de vérification. Leur site Internet affirme fièrement que « le business model de Fairfield lui permet d'avoir un accès privilégié à tous les aspects des processus d'investissements et des opérations d'un manager ». En clair, dormez tranquille, nous ne confions pas votre argent à n'importe qui.

Dans une brochure publicitaire datée de 2008, Fairfield explique qu'il « examine avec précaution les contrôles et procédures qu'un gestionnaire met en place, et cherche à déterminer le réel respect de ces procédures, souvent en suggérant des modifications... ».

Quand on sait l'obsession de Madoff pour le secret, on ne peut que sourire. Quand ils publient cette plaquette, les patrons de Fairfield travaillent avec le broker depuis dix-huit ans et savent pertinemment que personne n'impose à Madoff ce type de contrôles tatillons. Ont-ils d'ailleurs essayé ?

Fairfield va même jusqu'à assurer dans un autre document commercial qu'il « n'aurait jamais investi chez un gestionnaire comme Bayou ». Bayou, c'est une escroquerie du même type que celle de Madoff, mais à beaucoup plus petite échelle, révélée en 2005. Non, les partenaires de Fairfield n'auraient jamais fait une chose pareille, dit le document, car « nous aurions demandé pourquoi Bayou était audité par une obscure firme », ou encore ils auraient exigé « une confirmation des actifs par un tiers ». Sans doute trop occupés à dépenser leurs 30 à 45 millions de dollars de revenus annuels[1] chacun, les fondateurs et partenaires de Fairfield ont oublié qu'une « obscure firme d'audit » et l'absence de « confirmation des actifs par un tiers » sont justement deux des caractéristiques du fonds de Bernard Madoff auquel ils ont confié la bagatelle de 7 milliards de dollars, soit la moitié des 14 milliards d'actifs qu'ils gèrent. « Ils étaient aveuglés par les commissions qu'ils recevaient et ont refusé de voir tout élément qui aurait pu faire éclater leur très lucrative bulle », commente l'organisme de régulation du Massachusetts qui a porté plainte contre Fairfield.

1. Source : Plainte de l'État du Massachusetts, déposée le 1er avril 2009.

Adieu villas, adieu avions privés

Il y a plus inquiétant encore pour Fairfield, un « détail » qui, dit une source proche de l'enquête, « garantit que les partenaires de FGG vont bientôt pouvoir dire adieu à leurs villas et leurs avions privés ». Les patrons du hedge fund ne se sont pas contentés de regarder ailleurs, ils ont aussi intrigué pour que personne ne puisse se mêler de leurs affaires, et notamment pas la SEC. Quand, averti par une dénonciation, le gendarme de la Bourse américaine décide d'ouvrir une enquête sur Madoff fin 2005, les amis de Fairfield collaborent avec le suspect. Les enquêteurs du bureau du Secretary of the Commonwealth, l'organe chargé de réguler les marchés financiers dans l'État du Connecticut, ont pu se procurer un enregistrement, bien imprudemment conservé par Fairfield, d'une conversation téléphonique entre deux cadres de FGG et de Madoff, en décembre 2005. La SEC a demandé à entendre les employés de FGG, puisque le fonds est le plus gros client de Madoff.

L'enregistrement montre que Mark McKeefrey, le directeur juridique de Fairfield, et Amit Vijaygergiya, le responsable de la gestion des risques, prennent leurs ordres auprès de Madoff. Conversation édifiante, où l'on voit clairement qui est le boss...

Bernard Madoff : Bien sûr, d'abord, cette conversation n'a jamais eu lieu, OK Mark ?

Amit Vijaygergiya (FGG) : Oui, bien sûr.

Bernard Madoff : Très bien... Il y a deux, trois trucs qui pourraient venir sur le tapis [avec la SEC] ; c'est pas sûr, mais ça pourrait... Donc, si jamais on vous pose des questions sur notre relation [...], on ne veut en aucun cas apparaître comme le gestionnaire des fonds, ni que nous faisons du marketing, ou vendons le fonds [...] ;

nous, officiellement, on ne fait qu'exécuter les transactions…

Amit Vijaygergiya : Très bien.

Plus tard dans l'échange est évoquée la possibilité que les enquêteurs de la SEC demandent aux gens de Fairfield sur quelle base se décide l'allocation des fonds dans l'application de la stratégie d'investissement. Là encore, même consigne : il faut leur dire que c'est vous qui donnez les ordres. Au bout du fil, Madoff fouille dans ses papiers :

Bernard Madoff : Attendez, voilà ce que je leur dis : « Nous recevons un appel téléphonique du gérant de portefeuille »… Oui, c'est ça, laissez-moi regarder mes notes. OK, OK.

Mark McKeefrey (FGG) : Qui passe le coup de fil ? C'est Dan qui vous appelle ou c'est vous qui le faites ? [...]

Amit Vijaygergiya(FGG) : En fait, ce seraient des instructions écrites, j'enverrais une demande électronique.

Bernard Madoff : La meilleure chose à faire, c'est de ne pas rentrer là-dedans, les instructions écrites. Parce que dès que vous leur dites que vous avez quelque chose d'écrit, ils le demandent…

Amit Vijaygergiya : OK.

Bernard Madoff : Donc la meilleure chose à faire est de juste dire que c'est un coup de fil ; c'est ce que nous avons dit, que nous étions contactés par quelqu'un de Fairfield. [...] Par ailleurs, vous savez, quand vous parlez à ces types [de la SEC], vous n'êtes pas supposés, euh, vous savez, vous n'êtes pas supposés être exacts, parce que tout le monde sait qu'on ne peut pas se rappeler de ces détails, qui a appelé, quand, etc. Vous savez, l'idée, le plus important (ce qu'il faut leur dire), c'est que ce n'est pas moi qui prends la décision.

Les consignes se poursuivent encore durant de longues minutes. En conclusion, un dernier conseil : « Avec eux, il ne faut pas montrer que vous êtes inquiets, vous devez juste être normaux, calmes. »

Contrairement aux assurances de Fairfield et à ce que clament leurs documents publicitaires, le hedge fund du Connecticut n'exerce absolument aucun contrôle sur Madoff, la relation de pouvoir est inverse. Aucune des plaintes portées contre Fairfield n'accuse ses dirigeants d'avoir su que le génial gestionnaire de fonds dont ils faisaient la promotion menait en fait une fraude pyramidale. En revanche, bien des accusateurs, et notamment leurs clients spoliés, sont maintenant persuadés que Fairfield et d'autres feeder funds savaient que « quelque chose n'était pas normal ».

C'est par exemple la conviction des employés municipaux de la ville de Fairfield. Cette commune du Connecticut – celle-là même qui a donné son nom, avec sa voisine Greenwich, à Fairfield Greenwich Group, avait eu la mauvaise idée de placer le fonds de retraite de ses policiers et pompiers chez un gestionnaire nommé Maxam, qui avait tout investi chez Madoff. « Dès 1997, ces fonds savaient que les performances affichées par BLMIS ne pouvaient en aucun cas être le fruit de la stratégie split strike conversion[1] », dit la plainte.

Elle fait référence à une rumeur qui courait parmi bon nombre d'investisseurs sur Madoff – et qui, pour certains, faisait son charme : il utiliserait son activité de broker, qui voit passer les ordres sur les marchés, pour tirer des informations sur l'évolution des marchés de ceux-ci et en faire bénéficier son activité de gestionnaire de fonds. Une sorte de délit d'initié en temps réel, par lequel il est possible de déceler les mouvements du marché avant qu'ils ne se produisent. Le prin-

1. Plainte du 30 mars 2009, déposée au tribunal de Bridgeport, Connecticut, Town of Fairfield.

cipe, simplifié, est le suivant : un client acheteur de l'action contacte (ou envoie électroniquement son ordre à) Bernard Madoff. Si celui-ci reçoit tout à coup plusieurs ordres d'achat de la même action, rien de plus simple pour lui que d'utiliser cette information pour son compte, en achetant d'abord pour lui, avant d'exécuter l'acte demandé par son client, pour pouvoir ensuite revendre une fois que le cours aura monté à la suite de ces achats.

Évidemment, cette pratique, appelée front running, est interdite. Si les brokers sont autorisés à faire des transactions pour leur compte, ils doivent établir ce qu'on appelle dans le jargon des « murailles de Chine », des séparations hermétiques entre les départements chargés respectivement de ces activités, afin de s'assurer qu'il n'y aura pas de délit d'initié.

Une fraude peut en cacher une autre

C'était presque devenu un secret de polichinelle. Quand Madoff mettait en avant, pour expliquer ses performances, ses décennies d'expérience à Wall Street et son sens du timing (sa capacité à entrer ou à sortir au bon moment d'une position), tout le monde comprenait ce qu'il voulait dire. On ne posait plus de question. Banquier suisse (pour la banque Marcuard, puis banque SCS Alliance), Werner Wolfer était tellement convaincu que Madoff se livrait à du front running qu'il avait décidé, pour « gérer le risque », de partager ses suspicions avec tous ses clients qui investissaient chez Madoff à travers sa banque[1]. L'idée généralement admise, dit-il, « c'était que le seul risque était de voir la SEC s'intéres-

1. Interview Bloomberg, 14 février 2009.

ser à la question et, à un certain point, dire stop ». Le fonds aurait au pire pu être fermé, mais les clients auraient récupéré leur argent.

Pour tous ceux qui pensaient qu'ils bénéficiaient ainsi des « petites magouilles » de Bernie, le réveil fut brutal : c'étaient eux que Madoff était en train de voler. Et dans les grandes largeurs.

Le plus amusant, c'est que le front running était tout aussi improbable que la prétendue stratégie de split strike conversion. Il suppose de traiter des petites quantités avant des ordres importants, pas le contraire. Or le volume de l'argent prétendument géré par Madoff était tel qu'il rendait impossible une telle pratique.

Surtout, le front running est assez facilement détectable lors des contrôles. Or c'est justement cela que cherchait la SEC lorsqu'elle a enquêté chez BLMIS, notamment en 2005 et 2006. Elle n'a rien trouvé. On sait maintenant pourquoi.

Bien sûr, ces rumeurs, ces soupçons ont repoussé bon nombre d'investisseurs potentiels. De très nombreux analystes, conseillers ou gérants de fortunes ont déconseillé à leurs clients de placer leur argent chez Madoff et beaucoup ont suivi leurs conseils. À quelques rares exceptions près, notamment celle de MassMutual, énorme compagnie d'assurances vie (impliquée via son fonds Tremont, racheté en 2001), la plupart des grandes institutions financières américaines, contrairement à leurs homologues européennes, ont évité Madoff. La banque d'investissement Goldman Sachs a par exemple déconseillé à un de ses clients d'acheter le fonds Tremont, presque totalement investi en Madoff, à la suite d'une mission d'enquête. Merrill Lynch avait tiré les mêmes conclusions, tout comme des dizaines de consultants et gestionnaires de fonds. Souvent depuis des années. Mais combien ont fait part de leurs doutes aux autorités de régulation ? Très peu. Un seul homme a tenté de faire émerger la vérité pendant près de dix ans. Harry Markopolos, le 11 décembre 2008, est devenu le héros de l'Amérique des petits porteurs.

21

L'homme qui savait

Il a retourné la question mille fois dans sa tête : oui ou non, aurait-il pu sauver Thierry de La Villehuchet ? « Si j'avais été plus persuasif, si j'avais su trouver les arguments, il serait sorti de Madoff », a-t-il dit à un ami. Évidemment, personne ne songe à imputer la moindre responsabilité à Harry Markopolos. Mais lui tient à ce que ça se sache : il n'est pas du genre à triompher, à faire le malin, à crier à qui veut l'entendre qu'il « l'avait bien dit ».

Harry Markopolos est un personnage complexe. La vérité, c'est qu'il savoure pleinement sa revanche depuis ce 11 décembre, depuis ce moment où deux confrères, successivement, l'ont appelé pour lui apprendre la nouvelle qui venait de tomber, celle qu'il attendait depuis plus de huit ans. Quand, quelques minutes plus tard, un reporter du *Wall Street Journal* l'a appelé pour lui demander si c'était bien lui l'informateur qui avait tenté depuis tant d'années d'alerter la SEC contre Madoff, il a tout de suite dit oui et immédiatement accepté de collaborer avec le journaliste en lui donnant la considérable documentation dont il disposait. Seulement, il a une haute idée de son rôle dans cette histoire, de l'impact aussi qu'elle pourra avoir pour l'avenir de la finance. Il ne veut pas tout gâcher en paraissant fanfaronner. Il donne une poignée d'interviews, juste ce qu'il faut pour ne plus être harcelé et, surtout, pour que l'histoire soit « correctement racontée ». Il est comme ça, Harry, c'est un perfectionniste. Il entend que sa place dans l'histoire soit reconnue à sa juste valeur, mais il ne veut pas donner l'impression qu'il se pousse du col. Évidemment, cette discrétion attire les sollicitations : interviews, films, livres... On veut faire de lui une star. Harry le visionnaire est le nouveau héros positif de l'Amérique du « petit porteur » et même du plus gros... Mais lui s'en tient à sa ligne : contribuer à établir la vérité, oui, profiter du malheur des autres, non. Finalement, il dit oui à la proposition d'écrire un livre, mais à condition qu'il puisse le cosigner avec ceux qu'il considère comme les membres de son équipe, ceux qui l'ont aidé à un moment ou à un autre dans ses investigations sur Madoff.

La longue croisade

En 1999, Harry Markopolos est analyste chez Rampart Investissements, une firme de Boston spécialisée dans les options financières. Une des lignes de produits qu'elle propose offre une stratégie identique à la split strike conversion de Madoff, un mélange d'achat et de vente d'actions accompagné d'achat d'options pour couvrir le risque. Les retours sont plus faibles que ce qu'offre le marché, mais le risque est limité. Seulement, les clients veulent un rendement important avant toute chose. Ils se désintéressent donc du produit Rampart. Aussi, quand Frank Casey, le patron de Markopolos, s'aperçoit que Madoff, avec une stratégie équivalente, produit des intérêts nettement plus élevés tout en conservant un risque très faible, il est intrigué.

Il demande à Markopolos de répliquer la stratégie de Madoff. L'analyste n'est pas ravi : il a déjà étudié les faits et gestes de ce concurrent et ne trouve aucune raison pour qu'il puisse revendiquer d'aussi belles performances. Mais il se lance dans les comparaisons, épaulé par un collègue, Neil Chelo. « En quelques minutes de calculs, nous nous sommes aperçus que ça ne tenait pas, qu'il était impossible que les résultats affichés par Madoff soient réels », explique Chelo. Quatre heures plus tard, Markopolos est en possession d'un tableau de chiffres qui réfutent absolument, pense-t-il, la possibilité que Madoff ait pu obtenir légitimement les retours qu'il affichait.

Commence alors une longue croisade, de plus de huit ans, pour tenter de convaincre la SEC que Madoff est un tricheur. Au total, Harry Markopolos saisit le gendarme de la Bourse quatre fois, écrivant de longues lettres, fournissant des dizaines de pièces, rencontrant des enquêteurs de la vénérable institution. Certes, il n'apporte pas de preuve, mais un faisceau d'indices pour le moins troublants.

Dès mai 2000, il explique qu'il n'y a que deux possibilités selon lui : soit Madoff se livre à du front running, autrement dit, utilise illégalement les informations dont il dispose grâce à son activité de broker, au profit de son activité de gestionnaire de fonds ; soit il a mis en place une pyramide de Ponzi. Nous sommes en mai 2000 et le mot figure en toutes lettres dans le rapport remis par Markopolos au bureau de Boston de la SEC. Huit ans avant que Madoff n'avoue tout ! La réaction est des plus apathiques : il ne se passe rien. L'apprenti informateur découvre avec stupéfaction ce qu'il appellera huit ans plus tard « l'inculture financière des juristes de la SEC[1] ». Le seul souvenir, dit-il, que lui a laissé le fonc-

1. Témoignage devant le comité des services financiers de la Chambre des représentants des États-Unis, 4 février 2009.

tionnaire qui l'a reçu, un nommé Grant Ward, « c'est que le type ne comprenait pas grand-chose de ce que je lui disais. Il ne semblait avoir aucune connaissance du fonctionnement des marchés et de la finance. Comment il était parvenu à un poste si élevé à la SEC, je me le demande ! ».

Mais Harry, lui, a fait de ce dossier sa cause personnelle. Quelques mois plus tard, il sert de source à un article écrit par Michael Ocrant dans la publication spécialisée *MARHedge*, puis il repart à l'assaut de la SEC en octobre 2001. Il le fera encore en 2005, puis en 2007. À chaque fois, ses attaques sont plus précises, mais surtout le montant estimé des fonds gérés par Madoff gonfle : « 5 à 7 milliards de dollars » en 2000, « 12 à 20 » en 2001, « au moins 20 et jusqu'à 50 milliards » en 2005... Mais les soupçons de Markopolos ne déclenchent guère d'intérêt chez le gendarme de la Bourse. Le financier découvre aussi avec consternation la fascination qu'exerce Madoff sur ses investisseurs et les gérants de fonds qui l'alimentent, comme par exemple les Français d'Access International.

Le voyage de Markopolos

En juin 2002, Harry part pour une tournée européenne avec les équipes de Thierry de La Villehuchet et de Bernard Madoff. Markopolos est encore chez Rampart et les Français d'Access International envisagent d'utiliser ses services pour gérer une partie de l'argent de leurs clients, au côté de Madoff et de quelques autres gérants de fonds avec lesquels ils travaillent. Ils emmènent donc Markopolos pendant dix jours à Londres, Paris, Genève, Zurich, pour le présenter à leurs clients et investisseurs éventuels. Analyste hors pair, Markopolos est un piètre vendeur : Access ne lui trouve aucun client parmi toutes les personnalités qu'il rencontre, responsables des AGF, de la Société générale, et même Jean-Paul Delattre, le gestionnaire de fortune de Liliane Bettencourt.

Mais le Bostonien trouve plus qu'exotique le milieu dans lequel il se trouve tout à coup plongé. En Américain typique, il semble à la fois fasciné et révulsé par l'idée même de noblesse européenne. Il en rajoute un peu d'ailleurs, notant, à son retour de voyage, qu'Access appartient à un groupe d'aristocrates français « de lignée royale », ce qui est quelque peu exagéré. Il en conclut, tout aussi hâtivement, qu'« Access avait sans doute plusieurs familles royales parmi les clients qui investissaient chez Madoff[1] ».

Harry Markopolos se lance aussi dans la sociologie de comptoir, en expliquant qu'il est, depuis ce voyage, persuadé que les pertes dues à Madoff sont plus élevées en France qu'aux États-Unis. « La culture européenne est telle, dit-il, que les familles bien nées, particulièrement les familles royales, sont beaucoup plus réticentes à admettre qu'elles ont été roulées dans la farine par un Américain d'extraction commune. » De toute évidence, Markopolos est en Europe comme au zoo.

Mais ce qui l'étonne le plus, c'est la fascination qu'il découvre, chez Access comme chez ses clients, pour Madoff. « Ils commençaient chaque réunion en disant : “Harry est exactement comme Bernie, sauf qu'il a des retours plus élevés et un risque plus fort”. » Il découvre aussi que la plupart des sociétés d'investissement qu'il rencontre se vantent d'avoir un accès à Madoff ; que toutes disent : « Madoff est fermé aux nouveaux investis-

1. Ce témoignage figure dans les documents remis par Harry Markopolos lors de son audition par la Chambre des représentants, le 4 février 2009.

seurs, mais nous, nous avons un accès particulier, il prend toujours l'argent qui vient de notre firme. »

Il découvre alors que le génial escroc a pour tactique de prétendre refuser des investisseurs, alors qu'il prend en réalité tout ce qu'il peut. « C'est pendant ce voyage, dit-il, que je me suis dit qu'il devait être engagé dans une pyramide de Ponzi et pas dans un autre type de fraude. »

En entendant ces éloges permanents, l'analyste bout. « Je pensais : "Bande d'imbéciles ! J'ai plus de profits avec moins de risque [que lui] parce que les miens sont réels et que ceux de Bernie sont une fraude !" Mais si j'avais dit cela, et s'ils avaient su que j'avais dénoncé Madoff deux fois à la SEC, les gens d'Access m'auraient lâché au premier carrefour. J'ai donc décidé d'utiliser ce voyage pour collecter des informations. »

Son comportement révèle aussi une des raisons pour lesquelles les accusations de Markopolos ne porteront jamais : sa personnalité des plus ternes, son attitude très en retrait ne font pas le poids... Il est révélateur que plusieurs des partenaires d'Access qui l'accompagnent dans ce voyage européen ne se souviennent pas de ce moment passé avec le futur héros de l'Amérique des investisseurs.

Ultracompétent et extrêmement persévérant, Markopolos n'est, à l'évidence, pas un génie de la persuasion – une différence de plus avec Madoff ! En lisant ses différentes dépositions auprès de la SEC, on comprend que les enquêteurs américains aient eu plus envie de lui envoyer des baffes que de lui décerner des lauriers. Ainsi, après avoir expliqué que de très nombreux dirigeants de banques à Wall Street sont persuadés que Madoff est un fraudeur, il livre quelques noms et ne dissimule pas une condescendance certaine vis-à-vis de ses interlocuteurs de la SEC. Il leur dit par exemple, à propos d'un cadre dirigeant de Citigroup, Leon Gross : « Il parle des dérivatives à haut niveau, donc posez-lui des questions simples appelant des réponses du type oui ou non... » On entend d'ici les soupirs d'exaspération des enquêteurs. Notre héros semble incapable de cacher son mépris.

Un piètre diplomate

Même si l'expertise professionnelle de Markopolos ne fait aucun doute, il y avait une multitude de raisons, pour qui en cherchait, de ne pas le prendre tout à fait au sérieux. Une certaine tendance à l'autopromotion (un danger auquel il saura admirablement échapper après l'explosion du scandale) par exemple. En 2005, alors qu'il tente d'alerter le *Wall Street Journal* sur l'affaire, il échange des e-mails dans lesquels il explique qu'un des angles qui pourra intéresser le journal économique est « l'itinéraire d'un informateur pendant six ans et demi, et comment il a dénoncé le cas trois fois sans être écouté par la SEC ». C'est de lui qu'il parle... À la chef du bureau Investigations de New York de la SEC, il ne peut s'empêcher de dire, comme pour souligner qu'elle ne peut décidément pas comprendre ce qu'il raconte, que « très peu de gens dans le monde ont la formation en mathématiques pour gérer ce type de produit, mais je suis une de ces personnes ».

Reste que si un peu de diplomatie aurait peut-être fait avancer la cause de Markopolos, cette arrogance supposée n'interdisait pas à la SEC d'aller, au moins, vérifier les éléments troublants soulevés par le vibrant informateur. À l'usure, pourtant, l'organisme de régulation finit par ouvrir une enquête à la suite du troisième rapport d'Harry Markopolos, le 6 janvier 2006. Les vérificateurs épluchent les livres de comptes, interrogent Bernard Madoff, son assistante, ainsi que Jeffrey Tucker, l'un des fondateurs de Fairfield, le principal fonds pourvoyeur de Madoff.

Si la SEC a très régulièrement audité l'activité de broker de Madoff, c'est la première fois qu'elle s'intéresse à lui comme gérant de fonds. L'enquête ne se passe pas tout à fait sans accroc. « M. Madoff a induit en erreur les investigateurs sur la nature de la stratégie employée par Fairfield » et leur a également « caché des informations sur certains comptes de clients ». En clair, Madoff est accusé d'avoir menti sur le nombre réel de ses clients pour échapper à l'obligation d'enregistrement auprès de la SEC en tant que « gestionnaire de fonds ». Le rapport du gendarme de la Bourse explique que la branche gestion de fortune de Madoff a seize clients pour 8 milliards de dollars. Les enquêteurs sont très loin du compte. Ils n'ont relevé que les hedge funds ou fonds de fonds qui ont pignon sur rue et doivent rendre publics leurs investissements. Des centaines de comptes et des dizaines de milliards de dollars échappent à leur très relative vigilance.

À la suite du rapport, Madoff accepte de s'enregistrer. Et on en restera là, car sur l'essentiel, l'existence ou non de la fraude, la SEC ne trouve rien à redire.

Un gendarme sourd, aveugle et muet

En réalité, les enquêteurs n'ont pas cherché au bon endroit. Parce qu'ils ont entendu les mêmes rumeurs que tout le monde, ils soupçonnent une fraude reposant sur cette variante du délit d'initié qu'est le front running. C'est dans cette direction qu'ils cherchent. Et ne trouvent rien. Le soupçon de pyramide de Ponzi, qui était connu de la SEC – Markopolos le leur avait assez répété –, aurait dû pousser ses enquêteurs à aller vérifier si Madoff réalisait bien les transactions qu'il disait faire pour le compte de ses clients. Il aurait suffi d'auditer les comptes en banque de la BLMIS, la société de Madoff, pour constater les mouvements d'argent qui se produisaient lorsqu'un client demandait à être payé de ses intérêts ou à retirer son capital placé. Cela n'a pas été fait.

C'est une avocate, qui a depuis quitté la SEC pour poursuivre une carrière dans le privé, qui était alors responsable du service chargé des enquêtes dans l'antenne new-yorkaise. La jeune femme, bardée de diplômes prestigieux (Yale University, Fordham University), fait désormais profil bas. Mais un tabloïd américain, le *New York Post*, l'a traquée jusque chez elle[1]. Au bord des larmes, elle s'indigne qu'on la prenne pour bouc émissaire « des échecs de l'économie américaine ». Elle n'a sans doute pas tort. Mais elle fait aussi, pour se défendre, cette réponse ahurissante : « Si on vous remet des livres de comptes faux, je ne sais pas comment vous faites pour trouver les vrais ? » Autrement dit : « Si on me ment, comment voulez-vous que je sache la vérité ?... »

Quelques mois après le rapport de Meghan Cheung, la responsable de la SEC, en juin 2007, Markopolos, toujours aussi remonté, lui avait envoyé un e-mail pour lui expliquer que Madoff levait de l'argent comme jamais. Une fois de plus, il tente de lancer l'alerte. « Quand Madoff va exploser, écrit-il, cela va être spectaculaire. » Ce le fut, en effet...

---

1. « The SEC Watchdog Who Missed Madoff », *New York Post*, 7 janvier 2009.

Conclusion

Jean-François Hénin nous reçoit dans un magnifique immeuble. Celui dans lequel il a installé les locaux de Maurel et Prom, l'entreprise d'extraction pétrolière qu'il dirige depuis quelques années et qui lui a permis de rebondir après son éviction du Crédit lyonnais en 1993. Hénin a laissé sur les murs les superbes tableaux aux cadres sculptés représentant de fiers trois-mâts dans une mer démontée. Ils appartenaient à la Compagnie mixte de navigation qui occupait autrefois les lieux. « C'est assez chic, non ? » demande à son visiteur celui que l'on a surnommé un temps le « Mozart de la finance », lorsqu'il a su prévoir la chute du dollar en 1984 et le krach d'octobre 1987. Et qui a été voué aux gémonies dans les années 90 après le désastre du Crédit lyonnais dont il a été l'un des acteurs.

Hénin a très bien connu Thierry de La Villehuchet et il éprouve pour lui une immense tendresse. En 1990, alors qu'il dirigeait Altus, une filiale du Crédit lyonnais, La Villehuchet lui avait amené Leon Black, la star des fusions acquisitions de Drexel Burnham Lambert. Et Hénin avait fait avec Black quelques-uns de ses plus jolis coups financiers...

En octobre 2008, lorsqu'il a déjeuné avec La Villehuchet au Jockey Club, ce dernier lui a une fois de plus vanté les mérites de « son » Madoff, tout en sachant que jamais Hénin ne céderait aux sirènes... Il lui avait dit « non » déjà tant de fois dans le passé.

Hénin évoque l'honnêteté mais aussi la légèreté de son ami. « Il n'aurait jamais dû mettre tous ses œufs dans le même panier. » Il tempête contre UBS qui refuse d'assumer ses responsabilités et de jouer son rôle de surveillance. Grogne contre les sociétés de gestion qui ont vendu le produit sans se poser de questions et sans soulever le couvercle de ce placement. Se désole pour ses amis touchés – il en a plusieurs. L'un d'eux a même perdu plusieurs millions d'euros. Il condamne aussi « le salaud » qui escroquait même des organisations caritatives...

Mais pour lui, cette affaire n'est pas un simple fait divers. C'est l'illustration des maux du système financier mondial. « Ces dernières années, avant la crise de septembre, les profits des banques atteignaient 25 % de leurs fonds propres. Tout le monde trouvait ça normal et applaudissait. Et personne ne se demandait comment elles parvenaient à réaliser de telles performances alors qu'au même moment les taux d'intérêt ne dépassaient pas 4 %... »

Son réquisitoire emporte la conviction : « Les banques se sont transformées en créateurs d'illusion. Elles ont tout simplement anticipé leurs marges futures sans tenir compte de l'économie réelle. C'est en partie comme cela que sont nées les subprimes. Le concept était simple : les banques pariaient sur le fait que des particuliers non solvables parviendraient à rembourser leurs crédits immobiliers uniquement grâce à une chose : parce que le prix de leur maison allait monter jusqu'au ciel. » Hénin s'enflamme : « Le cas Madoff n'est pas isolé. L'ensemble du secteur financier se drogue au Madoff depuis dix ans. »

Manque de vigilance des autorités de tutelle, cupidité des acteurs, crédulité des observateurs… Le procureur Hénin accuse : « Le pouvoir rend fou. L'argent rend idiot. Vous faites un livre ? Ne cherchez pas comment Madoff a réussi à berner tout le monde. Il s'est contenté de laisser venir à lui des gens qui cherchaient le nombre d'or et la martingale imparable et qui avaient oublié que sur le marché, il n'y a jamais de déjeuner gratuit. Que tout se paie. Toujours. Si personne ne fait le ménage, cela continuera. De plus belle. Vous aurez des types qui viendront vous vendre une trouvaille sensationnelle : une subtile formule mathématique démontrant que le nombre de jours d'ensoleillement en Europe du Nord, le nombre de petits pots pour bébés vendus en grande surface et le prix d'une action sont liés. Et il y aura toujours des pigeons. » Madoff avait simplement parfaitement tout compris : son époque toute dévouée au dieu argent et l'étendue des petites faiblesses humaines.

ANNEXES

1.

Le premier schéma, page suivante, établi par les auteurs, représente les relations de Bernard Madoff avec ses rabatteurs et ses clients.

Le deuxième schéma (p. 319), également établi par les auteurs, montre la relation de Bernard Madoff avec la sicav Luxalpha.

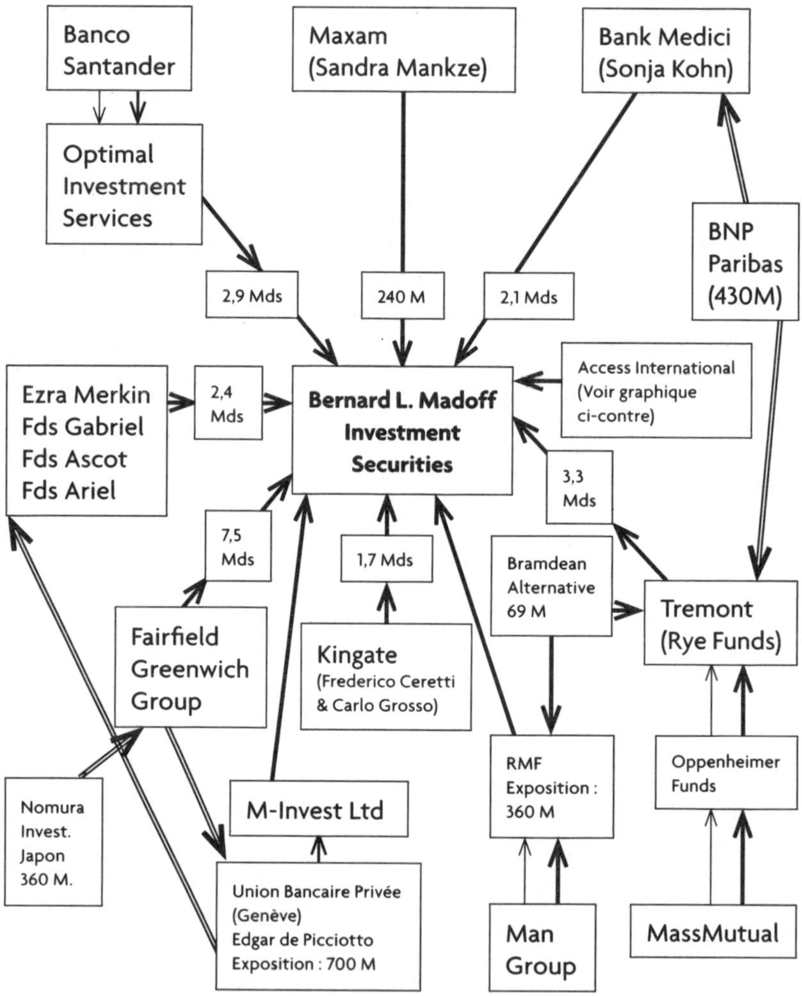

M : Millions de dollars

Mds : Milliards de dollars

→ : flux financier

⇒ : flux financier avec effet de levier

- - → : commercialisation

→ : filiale ou gestion directe

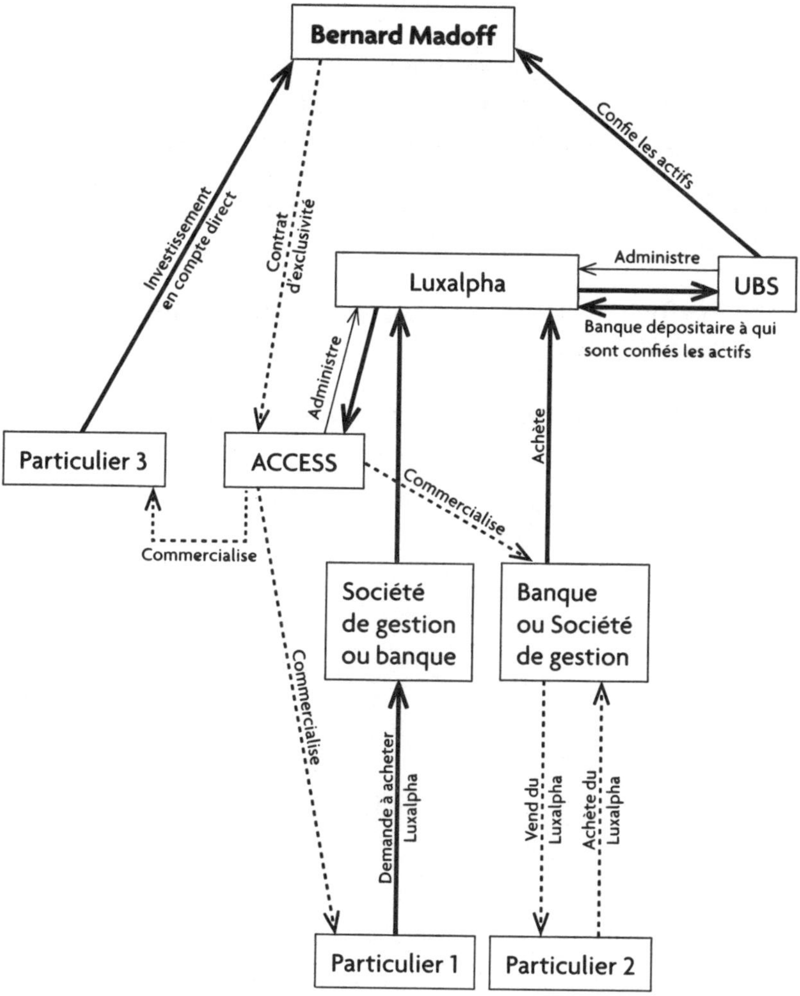

Bernard Madoff
Confie les actifs
Investissement en compte direct
Contrat d'exclusivité
Luxalpha
Administre
UBS
Banque dépositaire à qui sont confiés les actifs
Administre
Achète
Particulier 3
ACCESS
Commercialise
Commercialise
Commercialise
Société de gestion ou banque
Banque ou Société de gestion
Demande à acheter Luxalpha
Vend du Luxalpha
Achète du Luxalpha
Particulier 1
Particulier 2

2.

a) Performance du fonds Fairfield depuis sa création (courbe 1 sans effet de levier, courbe 2 avec effet de levier, courbe 3 : performance avec le SP 100). Extrait d'un document établi par la banque japonaise Nomura destiné à commercialiser le produit Madoff.

b) Performance de la sicav Luxalpha depuis sa création, de 2004 jusqu'à fin 2008.

c) Performance du CAC 40 sur la même période, de 2004 à avril 2009.

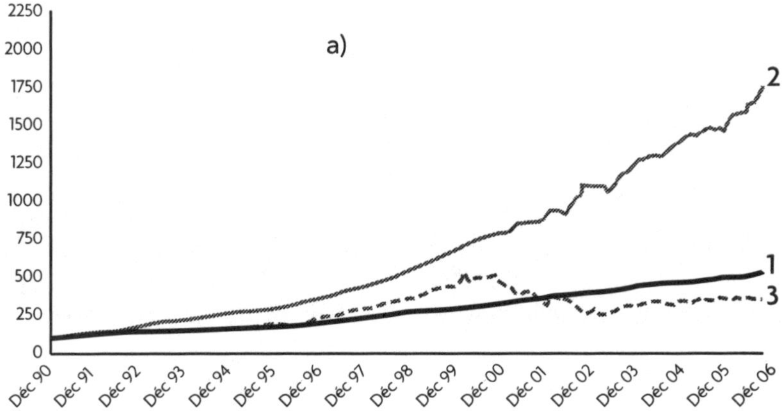
a)
2250
2000
1750
1500
1250
1000
750
500
250
0
1
2
3
Déc 90
Déc 91
Déc 92
Déc 93
Déc 94
Déc 95
Déc 96
Déc 97
Déc 98
Déc 99
Déc 00
Déc 01
Déc 02
Déc 03
Déc 04
Déc 05
Déc 06

c)

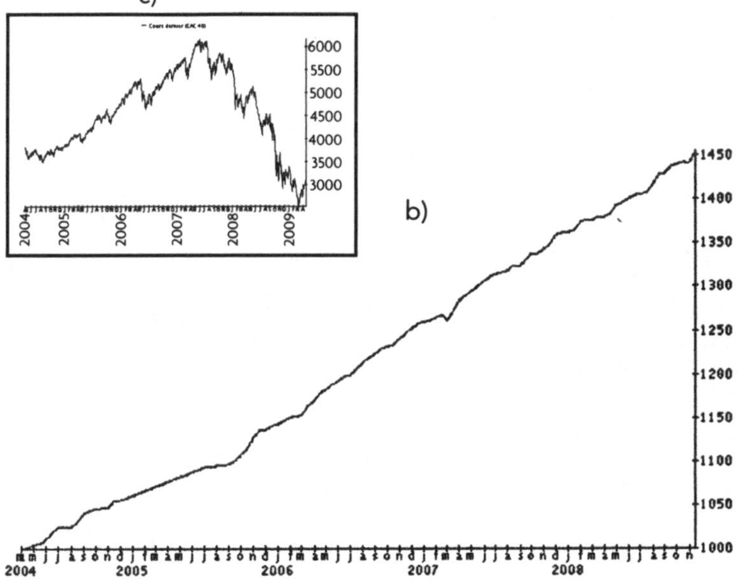
6000
5500
5000
4500
4000
3500
3000
2004
2005
2006
2007
2008
2009
b)
1450
1400
1350
1300
1250
1200
1150
1100
1050
1000
2004
2005
2006
2007
2008

3.

Ci-contre, les premières pages du rapport annuel de la sicav Luxalpha du 31 décembre 2007 qui montrent qu'UBS était, sur le papier, très impliqué dans sa gestion.

Le deuxième document, page suivante, est un extrait du rapport annuel de la sicav Luxalpha (31 décembre 2007) qui montre la répartition des commissions perçues par Access, UBS et Ernst & Young au cours de l'année 2007 dans le cadre de Luxalpha (en dollars).

Total des actifs	1 509 531 323
Dépenses	
Frais de management	11 974 912
Prime de performance	11 426 275
Frais dus à la banque dépositaire (UBS)	2 968 412
Frais dus à l'auditeur (Ernst & Young)	84 382
Autres frais et commissions	1 072 543
Frais de formation	28 008
Taxe d'abonnement due à l'État luxembourgeois	766 416
Total des dépenses	28 336 100
Gains réalisés	247 222 005
Augmentations des actifs après soustraction des frais	222 165 897

Management and Administration

Registered Office

33A, avenue J.F. Kennedy,
P.O. Box 91, L-2010 Luxembourg*
R.C.S. Luxembourg N° B 98 874

* until 29 July 2007: 291, route d'Arlon, L-1150 Luxembourg

Board of Directors

Roger Hartmann, Chairman of the Board
Managing Director
UBS (Luxembourg) S.A., Luxembourg

Pierre Delandmeter, Director
Attorney at law, Luxembourg

René Egger, Director
Managing Director
UBS (Luxembourg) S.A., Luxembourg

Alain Hondequin, Director
Executive Director
UBS (Luxembourg) S.A., Luxembourg

Patrick Littaye, Director
Member of the Board
Access International Advisors (Luxembourg) S.A., Luxembourg

Hermann Kranz, Director
Managing Director
UBS (Luxembourg) S.A., Luxembourg

Day to Day Manager

Isabelle Asseray (until 1st May 2007)
Director, UBS Fund Services (Luxembourg) S.A., Luxembourg

Valérie Bernard
Director, UBS Fund Services (Luxembourg) S.A., Luxembourg

Emmanuel Duterme (since 1st May 2007)
Associate Director, UBS Fund Services (Luxembourg) S.A., Luxembourg

Christophe Hilbert
Associate Director, UBS Fund Services (Luxembourg) S.A., Luxembourg

Management Company

UBS Third Party Management Company S.A.,
33A, avenue J.F. Kennedy,
P.O. Box 91, L-2010 Luxembourg*
R.C.S. Luxembourg N° B 45 991

* until 29 July 2007: 291, route d'Arlon, L-1150 Luxembourg

Board Members: Andreas Jacobs, Managing Director (until 8 October 2007), UBS AG, Member and Chairman, André Valente, Managing Director (since 9 October 2007), UBS AG, Member and Chairman, Dirk Spiegel, Executive Director, UBS AG, Member, Gerhard Fusenig, Managing Director, UBS AG, Member, Aloyse Hemmen, Executive Director, UBS Fund Services (Luxembourg) S.A., Member, Gilbert Schintgen, Executive Director, UBS Fund Services (Luxembourg) S.A., Member.

Investment Advisor to the Management Company

Access Partners S.A.,
49, boulevard du Prince Henri,
L-1724 Luxembourg

Custodian Bank and main Paying Agent

UBS (Luxembourg) S.A.,
33A, avenue J.F. Kennedy,
P.O. Box 2, L-2010 Luxembourg*

* until 29 July 2007: 36–38, Grand-Rue, L-1660 Luxembourg

Distributor

UBS (Luxembourg) S.A.,
33A, avenue J.F. Kennedy,
P.O. Box 2, L-2010 Luxembourg*

* until 29 July 2007: 36–38, Grand-Rue, L-1660 Luxembourg

Administrative Agent

UBS Fund Services (Luxembourg) S.A.,
33A, avenue J.F. Kennedy,
P.O. Box 91, L-2010 Luxembourg*

* until 29 July 2007: 291, route d'Arlon, L-1150 Luxembourg

Statement of Net Assets

Net assets at the end of the financial year	**1 509 531 323.62**

Statement of Operations

Expenses	
Management fee (Note 2)	-11 974 912 10
Performance fee (Note 2)	-11 426 275 73
Custodian bank fees (Note 2)	-2 968 412 05
Taxe d'abonnement (Note 3)	-766 416 19
Government fees (Note 2)	-6 611 18
Audit fees, legal and economic advice (Note 2)	-84 382 22
Publications, printing costs and publicity (Note 2)	-3 302 78
Amortization of formation expenses (Note 1)	-28 008 20
Other commissions and fees (Note 2)	-1 072 543 93
Interest on liquid assets and bank overdraft	-5 236 57
Total expenses	**-28 336 100.95**

Total realized gain (loss)	**247 222 005.51**
Net realized gain (loss) of the financial year	**228 249 942.25**

Net increase (decrease) in net assets as a result of operations	**222 165 897.12**

4.

Extrait du programme du voyage de Harry Markopolos, « l'homme qui savait », organisé par Patrick Littaye et Thierry de La Villehuchet en 2002 pour faire la tournée des clients européens d'Access.

ACCESS INTERNATIONAL ADVISORS LIMITED

Suite 61 Grosvenor Close, Shirley Street P.O. Box N-7521 Nassau, Bahamas

GLT 06.18.02

Schedule for Harry Markopolos

Rampart

Wednesday 19 2002 **BOSTON/ LONDON**

6 pm Departure from Boston British Airways Flight 212 Terminal E

Friday 21, 2002 **LONDON / PARIS**

8.30 am Libre

10.30 am **Barclays** *Michel of Yugoslavia will attend the meeting*
Meeting with Eleonor Dashicourt
Murray House London EC3N 4HH UK
44 20 7977 [redacted]

Monday 24, 2002 **PARIS**

12.30 pm Lunch with Christophe Schmitz, Luc Lauriau and Thierry de La Villehuchet

3 pm **Mr Bertrand Savatier** *Mr Cyrille d'Avout will attend the meeting*
John Locke Investments
Cyrille Finances
2 rue des Italiens

5 pm **Oddo Asset Management** *Mr Cyrille d'Avout will attend the meeting*
Meeting with Philippe Oddo
12 Boulevard De La Madeleine 75009 Paris
Tel 33 1 44 51 [redacted]
Fax: 33 1 44 51 [redacted]

Hotel Elysee Matigon
3 rue de ponthieu 75008
+33 (1) 42 25 73 01
+33 (1) 42 56 01 39

Tuesday 25, 2002	PARIS

10.30 am **Altigest** *Thierry de La Villehuchet will attend the meeting*
Meeting with Mr Lescoat
23 rue d'Antin 75002
33 1 42 66 [redacted]
Meeting with Mr Lescoat

4.30 pm **Tethys**
Meetin with Jean Paul Delattre *Patrick Littaye will attend the meeting*
5 Rue Du 8 Mai 1945 Clichy
92586 CEDEX France Office 33 1 47 56 [redacted]

Wednesday 26, 2002	PARIS/GENEVA

4 pm **Fund Invest** *Thierry de La Villehuchet will attend the meeting*
Meeting with Roer Galor
22, rue de Villereuse Genève
Office 41 592[redacted]

Thursday 27, 2002	GENEVA

8.30 am **Aforge** *Thierry de La Villehuchet will attend the meeting*
Meeting with Mr Hervieux Causse
7 Rue Francois Versonnex
41 22 707[redacted]

10 am **HSBC** *Michel of Yugoslavia will attend the meeting*
Meeting with Mr Messier
2 place du lac
41 22 705[redacted]

2.30 pm **JP Morgan** *Michel of Yugoslavia will attend the meeting*
Meeting with Mr Ribordi
8 Rue De La Confederation, Po Geneva 1211
41 22 744[redacted]

4 pm **Banque Piguet** *Philippe Junot will attend the meeting*
Meeting with Mr Tosi
5 Place De L'universite
41 22 311[redacted]

5.

Jeffrey Tucker, l'un des cofondateurs de Fairfield Greenwich Group, le plus gros des fonds nourriciers de Bernard Madoff, lui écrit le jour même où Madoff fait sa confession à ses fils. Quelques jours plus tôt, Madoff avait protesté contre les demandes de retrait de capital très importantes. Tucker tient à rassurer son ami et lui dit qu'il fera tout pour augmenter les levées de fonds en sa faveur. C'est trop tard…

« Cher Bernie,

À la suite de notre conversation téléphonique du 8 décembre, j'ai jugé approprié de vous envoyer cette note.

Nous comprenons complètement la frustration de vos traders en ces temps particuliers. La réduction de l'effet de levier dans le monde est plus importante que jamais. Malheureusement, les demandes de retraits dans notre industrie depuis la banqueroute de Lehman ne sont pas basées sur la performance ou la valeur. Nous croyons au contraire que ces demandes sont gouvernées par la panique. La meilleure preuve en est la performance de Sentry pour 2008, supérieure à tous ses rivaux et au marché. […]

Enfin, veuillez accepter nos excuses pour ne pas vous avoir tenu informé des demandes de retraits de capital à temps. Nous ferons tout pour améliorer la communication entre nos firmes.

Notre firme dépend beaucoup de notre relation avec la vôtre. Vous êtes notre plus important partenaire et un ami immensément respecté. Nous sommes prêts à nous engager à nous consacrer exclusivement à Sentry et Emerald. Tout au long de 2009, nous ne nous engagerons dans aucune autre levée de fonds. Notre mission est de rester en affaires avec vous et de conserver votre confiance. »

Fairfield Greenwich Group

Fairfield Greenwich Limited
55 East 52nd Street, 33rd Floor
New York, New York 10055
Main (212) 319-6060
Fax (212) 319-0450
www.fggus.com

December 10, 2008

PERSONAL & CONFIDENTIAL – BY HAND

Bernard L. Madoff Investment Securities LLC
885 Third Avenue
New York, NY 10022
Attn: Mr. Bernard L. Madoff

Dear Bernie:

Further to our telephone conversation of December 8, 2008, I thought it appropriate to send you this note.

Finally, we apologize for failing to keep you informed of pending redemptions in a timely manner. We will strive to improve communications between our firms through more frequent reporting of redemptions and subscriptions as received.

Our firm is very dependent on its relationship with your firm. You are our most important business partner and an immensely respected friend. As a firm, we are prepared to commit to dedicating ourselves exclusively to Sentry and Emerald. Throughout 2009, we will engage in no other fund-raising initiatives. Our mission is to remain in business with you and to keep your trust.

Best regards,

Jeffrey Tucker

encl.

Un ami d'Ezra Merkin lui écrit un e-mail le 14 décembre (ci-contre), trois jours après l'arrestation de Madoff. Merkin avait placé 2,4 milliards de dollars de ses clients chez Madoff, la plupart du temps sans le leur dire. Merkin tentera ensuite de s'expliquer auprès de ce client. Sans grand succès apparemment, car le 7 janvier, celui-ci lui enverra un autre e-mail beaucoup moins conciliant : « Vous avez pris des frais de gestion sustantiels alors que vous ne gériez pas les fonds, vous n'étiez rien d'autre qu'une boîte aux lettres... »

« Cher Ezra,

Je ne sais vraiment pas comment commencer cet e-mail. Tout d'abord, j'espère que vous allez bien, personnellement, et avez la force de supporter cette catastrophe.

Au fil des ans, ma famille, spécialement mon père et moi-même avons développé une relation chaleureuse avec vous et nous avons appris à respecter vos avis perspicaces.

En fait, notre confiance en vous était si grande que la plus grande part de notre trust familial était chez vous et que j'ai personnellement investi mes propres fonds chez vous (ce que je n'avais pas fait avec d'autres gestionnaires de fonds). Comme vous pouvez l'imaginer, les histoires qui circulent sur toute l'affaire et en particulier sur vous et votre fonds sont grotesques ; des gens que nous connaissons tous les deux prétendent que vous êtes au mieux un charlatan et au pire totalement de mèche avec Madoff.

Ce serait malhonnête de ma part de cacher que nous sommes profondément choqués, déçus et frustrés par vous et votre fonds, mais nous ne pouvons accepter ce qui se dit sur vous. Nous ne doutons pas que vous faites tout ce qui est possible pour rendre nos fonds. Vous avez clairement des décisions difficiles à prendre ; si vous voulez mon avis, je suggère que vous adoptiez une démarche dynamique plutôt que d'attendre que la populace commence à demander vengeance.

Nous ne connaissons pas les faits, et nous sommes donc dans l'incertitude la plus totale. Nous comprenons aussi que vous êtes sous une avalanche, mais en même temps, je vous demande de me contacter dès que vous pourrez. Plutôt que d'entendre des histoires déformées et des allégations, je préférerais entendre la vérité de votre bouche.

En toute amitié. »

From: [redacted]
Sent: Sun, 14 Dec 2008 15:48:24 GMT
To: Ezra Merkin
CC: [redacted]
Subject: Please be in touch

Dear Ezra,

I really do not know how to start this email to you. First of all I hope that you are personally well and have both the strength and support to cope with the catastrophe.

Over the years, my family, specifically my father, [redacted] and myself have developed a warm relationship with you and we learned to respect your insightful advice.

In fact, our trust in you was so great that our family trust's largest holding in any single fund manager was with you and I personally invested my own funds in you (something I have not done with any other fund manager). As you can imagine, the stories that are circulating about the whole affair and in particular you and your fund are grotesque with people we know in common claiming that you are at best a charlatan and at worst that you were totally in sync with Madoff.

It would be dishonest of me to hide our deep sense of shock, disappointment and frustration in you and your fund but we cannot accept the basis of the claims that are being bandied about. We do not doubt that you are taking every step possible to return our funds. You clearly have some tough decisions here; for what it's worth, I suggest that you be proactive rather than wait for the rabble to seek blood.

We do not have the facts and therefore are very confused. We can appreciate that you are under an avalanche gasping for air but at the same time, I ask you to contact me at your earliest convenience. Rather than hear distorted stories and allegations, I would prefer to hear the truth from you. My cell is [redacted].

In friendship,

[redacted]

6.

Extrait du bulletin de souscription de la sicav Luxalpha. On y trouve la mention, que certains souscripteurs ont signée, les informant que les fonds étaient transférés chez Bernard Madoff.

LUXALPHA SICAV
Société d'investissement à capital variable
Registered office: 291, Route d'Arlon, Luxembourg, L-1150,
R.C. Luxembourg B. 98.874

BULLETIN DE SOUSCRIPTION

À: UBS Fund Services (Luxembourg) S.A.
Agent d'Administration Centrale
291, Route d'Arlon
L – 1150 Luxembourg.
Tel : (+352)441010 6595 Fax: (+352) 441010 6417 /6418
À l'attention de : Mrs Carol Kohll

1. INFORMATIONS CONCERNANT LE SOUSCRIPTEUR

Nom complet de la Société ou de la Personne ____________________

2. ADRESSE DU SOUSCRIPTEUR

Adresse: ____________________

Ville: ____________________ Province/Région ____________________

Pays: ____________________ Code Postal: ____________________

Téléphone: ____________________ Fax: ____________________

E-mail : ____________________

9. DECLARATIONS ET SIGNATURE

Toute référence au "Fonds ou son représentant" signifie le Fonds ou son représentant séparément et/ou conjointement.

Je/Nous déclare(ons) par la présente et accepte(ons) ce qui suit:

Droits et Responsabilités

- Je/Nous reconnais(sons) par la présente et accepte(ons) que:

  (i) conformément aux lois luxembourgeoises, la notion de dépositaire utilisée pour décrire la mission générale du dépositaire (UBS (Luxembourg) S.A.) doit être entendue non pas dans le sens de "garde" mais dans le sens de surveillance;
  (ii) par conséquent, UBS (Luxembourg) S.A. n'est pas le gardien des avoirs du Fonds puisque les avoirs sont gardés par le courtier américain dans un compte séparé au nom du Fonds, dans un but de couverture des options lancées par le Fonds au sein de sa stratégie, conformément aux règles américaines relatives au nantissement des options de couverture;
  (iii) le risque de pertes et profits suite à un défaut (même peu probable) du courtier américain est supporté entièrement par les actionnaires et sujet à la réalisation de son obligation de surveillance conformément aux règles luxembourgeoises. UBS (Luxembourg) S.A. a seulement les devoirs limités de rembourser les sommes perçues par le courtier américain. UBS (Luxembourg) S.A. ne garantie pas le remboursement des avoirs en cas de défaut.

- Le présent bulletin de souscription et toute souscription ultérieure seront régis par la loi luxembourgeoise.

Signé le :

Signature(s)
Nom (en lettres capitales)

Lexique

Asset management : gestion d'actif. Un "asset manager" est l'organisme ou la personne auprès de laquelle les investisseurs placent leur argent en vue de l'investir en bourse ou dans d'autres produits financiers.

Class action : recours collectif ou "action de groupe". Cette notion juridique américaine permet à des victimes de se regrouper pour attaquer collectivement une entreprise ou un individu. Fréquemment employé en droit de la consommation.

Distressed debts (créances douteuses) : Ce sont des dettes pour lesquelles la capacité à rembourser du débiteur est douteuse. En tant que produits financiers, elles offrent des opportunités d'investissement à haut risque mais potentiellement très profitables, en raison de leur taux d'intérêt très élevé.

Due diligences : Vérifications préalables à une opération. Les « due diligences » font partie des obligations qu'un gestionnaire de fonds a envers les clients qui lui confient leur argent. Il doit s'assurer qu'il place l'argent ainsi investi dans des fonds ou des organismes répondant à des critères minimum de « saine gestion ». Le défaut de « due diligence » est la base de nombreuses poursuites judiciaires contre des intermédiaires qui ont conduit les victimes à investir chez Madoff.

Hedge fund (fonds de couverture) : fonds d'investissement appliquant des méthodes dites alternatives pour réduire le risque. Mais le terme est désormais utilisé pour un très grand nombre de fonds, certains appliquant des stratégies à haut risque. De par leur nature spéculative et très sophistiquée, les hedge funds sont en principe réservés à des investisseurs institutionnels ou aux grandes fortunes, mais leur explosion dans la décennie qui a précédé la crise de 2008 en a diffusé l'usage auprès du grand public, via une série de fonds intermédiaires.

Fonds de fonds : fonds d'investissement qui eux-mêmes investissent dans d'autres fonds. La pratique est censée diminuer le risque, grâce à une diversification accrue.

Fonds nourricier (feeder fund) : fonds apportant ses actifs à un autre fonds. Il n'y a pas ici de notion de diversification, le fonds nourricier est en totalité ou quasi-totalité investi dans le « fonds maître ». Le système permet souvent des montages financiers utilisant des fonds « off shore » (hébergés dans des paradis fiscaux). L'utilisation de fonds nourriciers a permis à Madoff de dissimuler l'ampleur des sommes qui lui étaient confiées.

Effet de levier : consiste à acheter un actif en empruntant une partie de la somme (comme on achète une maison en s'endettant). L'endettement permet de multiplier la plus-value réalisée. Il multiplie également le risque. Les banques qui acceptent de prêter dans ce type d'opération se garantissent sur les titres achetés. C'est ainsi que certaines banques européennes, sans jamais avoir investi chez Madoff ni même un de ses « fonds nourriciers », se sont retrouvées impactées via les prêts consentis à des investisseurs, ou à des fonds.

Banques touchées indirectement par Madoff	Perte (il s'agit ici des sommes prêtées par les banques ; l'exposition de leurs clients est deux ou trois fois ce montant)
Fortis (Pays-Bas)	1,2 milliard de dollars
Natixis (France)	600 millions de dollars
Royal Bank of Scotland	490 millions de dollars
BNP-Paribas	430 millions de dollars
BBVA (Espagne)	370 millions de dollars
Nomura (Japon)	360 millions de dollars
Dexia (Belgique)	100 millions de dollars
Société générale, Groupama, Crédit agricole	environ 10 millions de dollars chacune

***Front running* :** pratique illégale de la part d'un agent de bourse qui achète ou vend des titres pour son propre compte en profitant des informations recueillies grâce aux ordres envoyés par ses clients. Lorsqu'un client passe un ordre d'achat important sur une action, il est probable que le prix de ladite action va monter. Si le broker, quelques secondes ou minutes avant d'exécuter cet ordre, achète de son côté la même action pour son propre compte, il pourra ensuite la revendre en profitant de la plus-value engendrée par la transaction de son client. Cette pratique s'apparente à du délit d'initié et est donc illégale.

***OPCVM (Organisme de placement en valeurs mobilières)* :** fonds réglementés (équivalents des mutual funds américains) européens. Les sicav (société d'investissement à capital variable) en sont une variété. C'est par le biais d'OPCVM que la plupart des particuliers européens victimes de l'escroquerie ont investi chez Madoff. Luxalpha (géré par Access International) ou encore Thema Fund (Bank Medici) étaient des OPCVM.

Options : une option financière est un « produit dérivé » qui donne droit de vendre ou d'acheter un actif financier (une action par exemple) à un prix fixé à l'avance (strike) pendant une période donnée ou à une date fixée.
On distingue :
– option d'achat (call) : elle confère le droit d'acheter l'action.
– option de vente (put) : elle confère le droit de vendre l'action.

Over the counter (ou OTC): marché “hors cote”. Les titres ou valeurs ainsi échangés le sont de gré à gré hors du système d'une bourse. Bernard Madoff prétendait acheter les options utilisées pour sa stratégie de cette manière.

Penny stock : actions de faible valeur (penny : un centime), échangées sur le marché hors cote.

Pyramide de Ponzi : Charles Ponzi, financier italo-américain de Boston, proposa en 1920 à plus de 40 000 investisseurs de spéculer sur des “coupons de réponses internationaux”. Ces coupons avaient été créés par l'Union postale universelle pour permettre à un individu dans un pays d'offrir à son correspondant le prix de la réponse. Un Italien pouvait ainsi acheter le coupon-réponse dans son pays, le joindre à sa lettre et son correspondant aux États-Unis pouvait ensuite échanger ce coupon dans un bureau de poste contre un timbre international. Ponzi avait découvert une faiblesse dans le système, fondée sur les turbulences suivant la Première Guerre mondiale. Les difficultés économiques avaient créé des disparités de change dont Ponzi proposait de profiter. Il expliquait à ses clients qu'il faisait acheter des coupons-réponses en Italie, se les faisait envoyer aux États-Unis où il les échangeait contre des timbres américains qui, en raison de la hausse du dollar par rapport à la lire italienne, valaient nettement plus. Il n'avait plus qu'à revendre les timbres

américains pour empocher la plus-value. En théorie, le système pouvait fonctionner et rapporter les 40 % de rendement promis par Ponzi à ses clients. Seulement, il était en pratique impossible, puisqu'il vendit beaucoup plus de supposés coupons qu'il n'en existait sur le marché.
En réalité, Charles Ponzi se contentait de payer les intérêts de ses premiers investisseurs avec l'argent frais apporté par les nouveaux investisseurs. C'est ce système qu'on appelle depuis pyramide de Ponzi.

Split strike conversion : stratégie d'investissement que Bernard Madoff prétendait utiliser. Elle consiste en l'achat d'un panier de valeurs (30 à 40), en même temps que d'options d'achat et d'options de vente afin de couvrir le risque.

Spread : en matière de transactions boursières, le spread indique la différence entre le prix offert à l'achat et le prix offert à la vente pour un même titre. L'ampleur du "spread" indique la liquidité d'un marché. C'est sur ce "spread" que se rémunèrent les "market makers".

Subprimes : crédit, particulièrement immobilier, consenti à un emprunteur qui n'offre pas les garanties suffisantes pour bénéficier du taux le plus avantageux et paie donc une « prime supplémentaire » sur le taux d'intérêt.

Teneur de compte (Custodian) : organismes utilisés notamment par les investisseurs institutionnels qui ne souhaitent pas laisser les titres qu'ils possèdent en dépôt chez leur gérant de portefeuille. Cette pratique est censée réduire le risque de fraude. Les banques HSBC et UBS sont poursuivies par des clients pour lesquels elles étaient teneur de compte d'actifs investis chez Madoff.

Teneur de marché (market maker) : intermédiaire en Bourse (ou sur le marché des devises) qui assure en permanence la contrepartie (achat et vente). C'était une des fonctions principales de l'activité légitime de Madoff.

Trust fund : fonds, créé en général par disposition testamentaire, géré par un tiers, chargé de le transmettre, in fine, à la personne désignée à la création du fonds.

Table

DES MÊMES AUTEURS

L'Arrogance française
Balland, 2003

Composition Nord Compo
Impression : Imprimerie Floch, mai 2009
Éditions Albin Michel
22, rue Huyghens, 75014 Paris
www.albin-michel.fr

ISBN : 978-2-226-19292-9
N° d'édition : 25961 – N° d'impression : 73944
Dépôt légal : juin 2009
Imprimé en France.